U0526196

碳中和革命
未来 40 年中国经济社会大变局

曹开虎　粟灵　著

电子工业出版社
Publishing House of Electronics Industry
北京·BEIJING

内 容 简 介

对于中国而言，碳中和既是挑战，也是机遇。一方面，从碳达峰到碳中和，发达国家有 60～70 年的过渡期，而我国只有 30 年左右的时间，时间紧任务重；另一方面，我国作为全球最大的发展中国家和世界第二大经济体，在过去四十余年改革开放中已积累起新一轮变革的经济基础和技术实力。

本书是一本兼具专业性和可读性的科普读物，我们试图以通俗易懂的文字讲清碳中和的来龙去脉和深远影响。本书将通过六大章节回答以下问题：① 我们为什么要提出碳中和？② 我们凭什么能够实现碳中和？③ 为实现碳中和，我们将做出怎样的努力？④ 碳中和世界是怎样一幅画面？⑤ 面对未来世界我们该如何做？⑥ 碳中和时代下，国际能源格局将会如何演变？

未经许可，不得以任何方式复制或抄袭本书之部分或全部内容。
版权所有，侵权必究。

图书在版编目（CIP）数据

碳中和革命：未来 40 年中国经济社会大变局 / 曹开虎，粟灵著 . — 北京：电子工业出版社，2021.11

ISBN 978-7-121-42156-3

Ⅰ.①碳… Ⅱ.①曹… ②粟… Ⅲ.①二氧化碳－节能减排－影响－经济发展－研究－中国 Ⅳ.① F124

中国版本图书馆 CIP 数据核字（2021）第 202231 号

责任编辑：雷洪勤
文字编辑：王天一
印　　刷：北京市大天乐投资管理有限公司
装　　订：北京市大天乐投资管理有限公司
出版发行：电子工业出版社
　　　　　北京市海淀区万寿路 173 信箱　邮编：100036
开　　本：720×1000　1/16　印张：19.5　字数：300 千字
版　　次：2021 年 11 月第 1 版
印　　次：2021 年 11 月第 2 次印刷
定　　价：69.80 元

凡所购买电子工业出版社图书有缺损问题，请向购买书店调换。若书店售缺，请与本社发行部联系，联系及邮购电话：（010）88254888，88258888。
质量投诉请发邮件至 zlts@phei.com.cn，盗版侵权举报请发邮件至 dbqq@phei.com.cn。
本书咨询联系方式：wangtianyi@phei.com.cn。

序1 | Preface

碳中和要让科学精神在中国大地上真正生根

政府间气候变化专门委员会（IPCC）2021年8月9日发表的第六次评估报告指出，人类的影响使大气、海洋和陆地变暖是明确的。研究表明，如果没有人类燃烧化石燃料，2020年的西伯利亚热浪和2016年亚洲的酷热本不可能发生。在2003年巴黎热浪期间的753起死亡事故中，有506起可能归咎于气候变化。

科学家们一直在预测气候变化加速的可能性，但他们的警告常常被忽视。地球气候正接近不可逆转的转折点。自IPCC第五次评估报告以来，全球碳排放量居高不下，这一趋势仍在继续。为实现被视为对一些脆弱社区和生态系统生存至关重要的目标，未来10年需要大幅减少二氧化碳排放，到2050年实现净零排放。

2020年9月22日，习近平主席在第七十五届联合国大会一般性辩论上表示："中国将提高国家自主贡献力度，采取更加有力的政策和措施，二氧化碳排放力争于2030年前达到峰值，努力争取2060年前实现碳中和。"在中国的带领下，越来越多的国家加入到响应碳中和的号召中。

碳达峰、碳中和目标体现了我们国家的大国重任担当。这意味着从现在开始我们要爬坡，到2030年爬到顶峰，然后又要开始下坡，到2060年达到碳中和。这个过程中，怎么进行爬坡设计至关重要。从现在到2030年，每年的斜坡都会有所不同。上坡的坡度（斜率）和下坡的坡度（斜率）与经济发展和民生息息相关，如果处理不好，甚至会影响到能源安全。因此，设计好这些斜坡就要求相关的能源生产和消费等环节共同努力。在这个过程中需要运用到综合思维，需要各个方面发挥作用。

多年来，我一直在研究先进电机驱动、电动汽车、智慧能源、四网四流融合等方面工程哲学和关键技术。这些都将是实现碳达峰、碳中和的重要手段。尤其是"四网四流"，我相信这个理论能够提供一个特殊的贡献，即在综合思维方面，一起来设计好这个斜坡的坡度，一定要拥有跨行业的思维，才能产生可建设性，保证上坡和下坡都顺畅，并且可以争取提前达标。

四网四流融合是突破性的环形思维取代线性思维，这个融合理论是2012年我在德国波茨坦市的可持续发展先进研究院任资深研究员时提出来的。研究院两边都是湖，当时我在湖边散步时就思考，一定要找出人的行为、能源和信息的互动关系。

数字生产力是第四次工业革命区别于前三次工业革命的典型特征，需要得到经济基础与上层建筑的共同支撑。能源网、信息网、交通网是经济基础的三个支柱，而人文网是上层建筑的重要组成部分。通过四网（能源网、信息网、交通网、人文网）四流（能源流、信息流、物质流、价值流）融合，可以将人的主观能动性和能源革命、信息革命、交通（出行）革命联动起来，其核心是解决第四次工业革命的可持续发展问题。通过建立"人—机—物理系统"形成的新的生产关系，发掘第四次工业革命的数据红利所能带来的巨大生产力,并在前三次工业革命生产力总和的基础上爆发出指数级的增长。

推动碳中和、推动第四次工业革命,必须特别重视创新驱动和人才强国。我国科学技术进步巨大,但很大程度上取得的成果是已有知识的扩展,或在模仿的基础上发展。这也是一定历史阶段的必经之路。德国开始工业化时也学习了英国,日本明治维新也学习西方。但它们后来都有自己的创新,甚至后来者居上。碳中和要求我们高度重视科学和创新,要让科学精神在中国大地上真正生根,在中国文化中生根。

实现碳达峰、碳中和是一场广泛而深刻的经济社会系统性变革。实现碳中和不仅需要政府、科研机构完成顶层设计,更需要企业和民众的深度参与。围绕碳达峰、碳中和,我国学术界、产业界已经展开了广泛的讨论,并形成了多项成果,对我国乃至全球应对气候变化拥有重大意义,但是这些成果多偏于学术。《碳中和革命:未来40年中国经济社会大变局》作者以深入浅出的故事形式将碳中和方面的专业知识"翻译"成通俗易懂的语言,拉近了与读者的距离,对于提升民众对碳中和的参与度意义重大。

《碳中和革命:未来40年中国经济社会大变局》回答了为什么要实现碳中和、如何实现碳中和,以及碳中和将对经济社会产生的方方面面影响,并提出了诸多解决方案。本书着重阐述了全球视野下的中国碳中和之路,其中重点提到的电动汽车、智慧能源、氢能、数字技术等方面都是我以毕生精力从事的科学事业。

更重要的是,作者还秉持人文理念,为我们讲述中国乃至世界在碳中和领域的科技创新故事,并为中国面向碳中和的未来教育革新建言献策。

希望这本书能唤起更多人加入创新驱动的碳中和时代大潮中来。我们憧憬，未来40年碳中和引发的中国经济社会大变局，将是一场真正以科学精神为根本驱动力的伟大革命。

陈清泉

中国工程院院士，英国皇家工程院院士

世界电动汽车协会创始主席

2021年9月9日

序2 | Preface

碳中和将是人类历史上最伟大的一次变革

2020年9月22日,国家主席习近平在第七十五届联合国大会一般性辩论上发表讲话指出,中国将提高国家自主贡献力度,采取更加有力的政策和措施,二氧化碳排放力争于2030年前达到峰值,努力争取2060年前实现碳中和。

中国这一庄严承诺在国内和国际社会产生广泛影响。可以说,碳中和将是人类历史上最伟大的一次变革。纵观历史,人类自工业革命至今200余年,过去积淀的辉煌与文明大部分建立在煤炭、石油等化石能源基础之上。当今的全球政治经济格局同样脱胎于此。现在,人类急需用30~40年时间颠覆原有的生产生活体系,因为地球留给我们的剩余时间已经不多。

许多人认为碳中和是突然提出的,实际上并非如此。我是国内为数不多从20世纪80年代就参与气候变化研究的人员之一,亲历了IPCC(政府间气候变化专门委员会)6次评估报告,以及《联合国气候变化框架公约》《京都议定书》《巴黎协定》形成的全部过程。1992年全球达成的《联合国气候变化框架公约》就明确了人类应对气候变化等目标,即力争将地球的温升控制在 2℃以内，并为此制定了按照共同但有区别责任和各自能力的减排原则。1997 年达成的《京都议定书》对发达国家减排做了制度性的安排。2015 年达成的《巴黎协定》则是按照共区原则和自主贡献的精神，全球共同走低排放发展之路的宣言。这些都是全球应对气候变化具有一定法律约束力的文件。这三个文件是人类对气候变化的问题从科学认知到政治共识，再到具体行动不断深化的体现。碳达峰是全球应对气候变化问题的阶段性目标，碳中和是应对气候变化问题的最终目标。

中国这一承诺展现了作为全球第二大经济体的大国担当，也表明中国在展现气候雄心方面向前迈出了一大步。对于我国而言，挑战与机遇共存。我们要用不到 10 年时间实现碳达峰，用不到 30 年时间完成从碳达峰到碳中和。相比之下，一些发达国家早已实现碳达峰，可以用 60~70 年时间从碳达峰向碳中和过渡。而我国碳达峰和碳中和的速度更快、力度更大、任务更艰巨。

但是应对气候变化、实现碳中和是人类社会发展的大方向，是保护人类家园最低限度的行动。全球所有国家都将付诸行动，并且刻不容缓。

碳达峰与碳中和的本质是一场告别资源依赖的发展转型。碳中和的目标要求人类由化石能源支撑的发展方式向非化石能源支撑的发展方式转化，不仅实现发展与化石能源及其二氧化碳排放脱钩，甚至要与各种矿产资源脱钩，实现各种资源的循环利用。因此，实现碳中和不仅要实现增长方式、能源系统和生活方式的绿色低碳转型，还要实现经济和产业的循环发展，从资源依赖走向技术依赖，从而将人类活动对大自然的损害降到最低。

碳达峰与碳中和进程已经成为当今世界绿色低碳转型的竞技场。全球已有 100 多个国家企业加入联合国发起的"联合国气候雄心联盟：净零 2050"运动，成为全球碳中和的先行者。在这些引领者的带动下，一场以碳中和为目标的竞赛大幕已经拉开，这场竞赛将推动全球范围内的绿色低碳转型和可持续发展。

碳达峰与碳中和工作是我国新时代高质量发展的重要目标。中国实施积极应对气候变化国家战略，坚持推动绿色发展和低碳转型，将应对气候变化视为推动构建全球人类命运共同体的责任担当和实现可持续发展的内在要求。习近平总书记多次强调，应对气候变化，不是别人要我们做，是我们自己要做。做好碳达峰碳中和工作是我国高质量发展的基本要求，也是保护地球家园需要采取的最低限度行动，各行各业都要行动起来，迎接并进入低排放发展的新时代。

2021年是"十四五"的开局之年，也是"两个百年"目标交汇与转换之年。做好碳达峰、碳中和工作，是我们的使命。同时，做好这项工作，对我国实现能源转型，推动经济高质量发展意义重大。

很高兴在这个重要的时间节点上看到《碳中和革命：未来40年中国经济社会大变局》书籍的出版，这本书用通俗易懂的语言描绘了碳中和的来龙去脉和深远影响。相信这一应运而生之作，可以成为中国碳中和革命的火种和路标之一，聚合有识之士，拥抱伟大时代。

中国能源研究会常务理事
国家应对气候变化战略研究和国际合作中心首任主任
李俊峰
2021年9月9日

前言 | Introduction

未来四十年，中国经济社会将迎来系统性变革，社会财富也将随之发生大规模转移。

我们将见证一个伟大的时代，见证一个变革的时代。在"顺势者昌，逆势者亡"的历史规律下，创业英雄将层出不穷；紧抓机遇、纵横捭阖的企业也将借势而进，成为产业翘楚；前瞻布局、运筹帷幄的国家也将乘势而上，走向世界舞台中央。

即将发生的沧桑巨变源于中国向全世界的庄严宣告。

2020年9月22日，国家主席习近平在第七十五届联合国大会一般性辩论上承诺："中国将提高国家自主贡献力度，采取更加有力的政策和措施，二氧化碳排放力争于2030年前达到峰值，努力争取2060年前实现碳中和。"

这一表态让"碳中和"概念在全国范围内迅速走红，并在国际社会掀起热浪，引发广泛热议。

碳中和是国际社会共同应对全球气候变化的一项重要举措。二氧化碳是一种主要的温室气体，它是全球变暖的最重要原因之一。自工业革命以来，人类累计排放的二氧化碳已超过2.2万亿吨，全球平均气温上升1.1℃。要实现本世纪末1.5℃温升控制目标，从2020年起全球剩余碳排放空间只能控制在5000亿吨二氧化碳当量以内。按照2019年全球排放

591亿吨二氧化碳当量计算,到2030年前就将超过这一警戒线。

气候变暖已经导致冰川融化、海平面上升、极端天气发生频率显著增加、生态环境破坏等一系列问题。这些气候灾害离我们并不遥远。2021年7月,世界上很多地区都处于"水深火热"之中。先是美国和加拿大遭受罕见的热浪侵袭,气温一度高达49.6℃,造成约250人丧生。随后德国遭遇特大洪水,河道决堤,多所房屋倒塌,约20万个家庭受灾停电。

极端气候显著增加甚至引发了全球医学界历史上首次集体呐喊。2021年9月,英国《柳叶刀》、美国《科学公共图书馆·医学》等全球超过200家医学卫生期刊发表联合社论,呼吁各国立即采取紧急行动,把全球平均气温较工业化前水平升高控制在1.5℃之内,否则将造成"灾难性"和"不可逆转"的伤害。

如果任由二氧化碳继续大规模排放,气候变化将给人类及我们赖以生存的地球带来灭顶之灾。

这要求我们立刻采取行动,通过清洁能源替代、能效提升、植树造林等一系列手段,大幅降低温室气体排放,促使二氧化碳的排放量与吸收量相抵,从而让全球于2050年左右实现二氧化碳净零排放。

对于中国而言,碳中和既是挑战,也是机遇。一方面,我国经济已经全面进入新的发展阶段,将实现经济由高速增长向高质量发展的转变。但是从碳达峰到碳中和,发达国家有60~70年的过渡期,我国只有30年左右的时间,时间紧任务重;另一方面,我国作为全球最大的发展中国家和世界第二大经济体,在过去四十余年改革开放中已积累起新一轮变革的经济基础和技术实力。

我们历时一年,对上百位企业家、专家进行了访谈,查询了数千篇论文,参考了数万篇专业性文章,试图以通俗易懂的文字讲清碳中和的来龙去脉和深远影响。

本书将通过六大章节回答以下问题：

1. 我们为什么要提出碳中和？

2. 我们凭什么能够实现碳中和？

3. 为实现碳中和，我们将做出怎样的努力？

4. 碳中和世界是怎样一幅画面？

5. 面对未来世界我们该如何做？

6. 碳中和时代下，国际能源格局将会如何演变？

刚接触碳中和概念的读者朋友，可以循序渐进地逐章细读；对碳中和概念已有所研究的读者，可以选择自己感兴趣的章节来阅读。

由于篇幅所限，难免挂一漏万，书中的内容可能还有不尽如人意之处，真诚地欢迎广大读者朋友提出宝贵意见。

现在，让我们一起开启碳中和之旅，深度探索碳中和的奇妙世界。

目录 | Contents

第一章 | **何以碳中和** / 001
Chapter 1 | 第一节　中国宣言 / 002
第二节　气候"灰犀牛" / 016
第三节　零碳大博弈 / 029
第四节　重塑中国 / 041

第二章 | **技术大爆炸** / 053
Chapter 2 | 第一节　跨越新能源临界点 / 054
第二节　"西电东送"再升级 / 069
第三节　储藏新"石油" / 080
第四节　电动汽车进化论 / 095
第五节　氢能崛起 / 111
第六节　从信息文明到智慧文明 / 121

第三章 | **碳中和的账本** / 135
Chapter 3 | 第一节　转型成本会增加吗 / 136
第二节　加大技术投入 / 151

第四章 碳中和的机遇 / 165
Chapter 4

第一节　零碳能源世界 / 166

第二节　零碳新工业体系 / 177

第三节　零碳智慧出行 / 200

第四节　新建筑革命 / 208

第五节　智慧城市 / 219

第六节　新农业与新农村 / 231

第五章 我们怎么办 / 243
Chapter 5

第一节　企业转型进行时 / 244

第二节　风口上的人 / 256

第三节　教育革新 / 265

第六章 碳中和时代的国际能源新秩序 / 275
Chapter 6

后　记　未来已来 / 289

参考文献 / 293

第一章
Chapter 1

何以碳中和

第一节 中国宣言

> 我宣布中国将力争于2030年前实现二氧化碳排放达到峰值、2060年前实现碳中和，这意味着中国作为世界上最大的发展中国家，将完成全球最高碳排放强度降幅，用全球历史上最短的时间实现从碳达峰到碳中和。这无疑将是一场硬仗。中方言必行，行必果，我们将碳达峰、碳中和纳入生态文明建设整体布局，全面推行绿色低碳循环经济发展。
>
> ——习近平

谁是世界首富？

1821年，这项殊荣属于前工业化时代的广州十三行商人伍秉鉴。

1921年，82岁高龄的"石油大王"洛克菲勒依然独孤求败。

2021年，新能源的洪荒之力把埃隆·马斯克推上浪潮之巅。

马斯克像一名振臂高呼的旗手，正在引领一场史诗级的超越。过去一年中，他所执掌的电动汽车明星企业特斯拉，市值超越3个丰田、8个奔驰、13个宝马，成为全球市值最高的车企。与之相伴，中国动力电池新贵宁德时代市值超越中国石油，光伏新星隆基股份市值也超越了世界煤炭霸主中国神华。

资本市场是一座洞悉未来的瞭望塔。排行榜上的新旧势力交替，折射出场外能源大变革的暗流涌动。

而随着我国"双碳"目标横空出世，我们每个人都将不可避免地卷入这场能源大变革的时代浪潮。

▶ "双碳"目标

2020年9月22日，国家主席习近平在第七十五届联合国大会一般性辩论上首次提出"双碳"目标。"中国将提高国家自主贡献力度，采取更加有力的政策和措施，二氧化碳排放力争于2030年前达到峰值，努力争取2060年前实现碳中和。"

这一表态很快在国际社会掀起热浪。我国国内关于"双碳"的讨论也随之升温。

所谓碳达峰，是指二氧化碳排放达到峰值后不再增长，实现稳定或开始下降。根据世界资源研究所2017年发布的报告，当时全世界已有49个国家实现碳达峰，占全球碳排放总量的36%。其中，欧盟已于20世纪90年代实现碳达峰，峰值为45亿吨；美国则在2007年实现了这一目标，峰值为59亿吨。而我国实现碳达峰的预测峰值将超过110亿吨。

所谓碳中和，是指二氧化碳达到人为碳排放和碳去除的平衡，即二氧化碳净零排放。一方面，我们要通过清洁能源取代化石能源、提升能效等方式降低碳排放；另一方面，我们要通过植树造林、CCUS（碳捕集、利用与封存）技术等提升碳去除水平。目前，大多数发达国家将碳中和目标锁定在2050年。

从碳达峰到碳中和，发达国家大多需要60年，而留给我国的却是仅仅一半的时间和超过一倍的峰值。加之我国将面临经济社会现代化建设和碳减排的双重挑战，实现"双碳"目标无疑任重而道远。

但我国彰显大国责任与担当的努力并未因此止步。

两个多月后，习近平主席又在气候雄心峰会上重申"双碳"目标。他进一步宣布："到 2030 年，中国单位国内生产总值二氧化碳排放将比 2005 年下降 65% 以上，非化石能源占一次能源消费比重将达到 25% 左右，森林蓄积量将比 2005 年增加 60 亿立方米，风电、太阳能发电总装机容量将达到 12 亿千瓦以上。"

这一宣告相比 5 年前的目标，非化石能源消费比重提高了 5 个百分点，森林蓄积量提高了 15 亿立方米。国家领导人向国际社会公开承诺"双碳"目标，彰显出我国在《巴黎协定》框架下继续扮演全球气候治理领导者的决心与信心。

2015 年出炉的《巴黎协定》约定，签约国每五年要提交一次新的国家自主贡献目标。当年 6 月，中国政府即向联合国提交了《强化应对气候变化行动——中国国家自主贡献》，确定了到 2030 年的自主行动目标：二氧化碳排放 2030 年左右达到峰值并争取尽早达峰；单位国内生产总值二氧化碳排放比 2005 年下降 60%～65%，非化石能源占一次能源消费比重达到 20% 左右，森林蓄积量比 2005 年增加 45 亿立方米左右。

时隔五年，又到了该提交国家自主贡献目标的时候。这一次，中国决定由国家领导人亲自出面做出承诺，而提出的目标相较五年前也更具挑战性。

碳中和的长远目标则可以追溯到联合国领导的 IPCC（政府间气候变化专门委员会）于 2018 年发布的一份报告。这份报告指出，到 21 世纪末，如果要把全球平均气温较前工业化时期上升幅度控制在 2℃以内，必须在 2070 年左右实现碳中和；如果要把温度上升幅度限制在 1.5℃以内，则需于 2050 年左右实现碳中和。我国根据自身实际情况，选取中间值 2060 年作为碳中和目标的实现节点。

配合国家领导人在国际舞台上的中国宣言，我国国内也开始掀起一场自上而下的"双碳"热潮。

2020年中央经济工作会议、2021年国务院政府工作报告、国家"十四五"规划、中共中央政治局会议等相继将碳达峰、碳中和作为重点任务强调。各省2021年政府工作报告和"十四五"规划也纷纷给出符合本地实际的"双碳"目标路线图。

不过，对大多数中国人而言，这两个即将在未来数十年间深刻影响自己人生的陌生词汇，还只是率先从资本市场射出一道既炫目又缥缈的光芒。在2021年年初A股经历"倒春寒"的大背景下，碳中和概念股却炙手可热，新上市的南网能源也成为A股首只10倍股。

那么，"双碳"目标在党和国家大局中又是如何定位的呢？2021年3月的中央财经委员会第九次会议给出了答案。

会上，习近平总书记强调："实现碳达峰、碳中和是一场广泛而深刻的经济社会系统性变革，要把碳达峰、碳中和纳入生态文明建设整体布局，拿出抓铁有痕的劲头，如期实现2030年前碳达峰、2060年前碳中和的目标。"

这次会议，将"双碳"目标定位为"党中央经过深思熟虑做出的重大战略决策，事关中华民族永续发展和构建人类命运共同体"。

另一个值得关注的亮点是，这次会议一改过去"控制能源消费总量"的表述，代之以"控制化石能源总量"，水电、风电、光伏发电等清洁能源的成长原则上将不再受限。

▶ 第四次工业革命

"双碳"目标提出后，很多人对之表示疑惑，不知道它与前些年曾风靡一时的"节能减排"有什么区别。

如前所述，我国把"双碳"目标看作"一场广泛而深刻的经济社会系统性变革"。这彰显出我国要在第四次工业革命中扮演更亮丽角色的雄心壮志。

欧盟委员会前主席顾问杰里米·里夫金曾在其著作《第三次工业革命》中阐述过他的敏锐观察：历史上数次重大的经济革命都是在新的通信技术和新的能源系统结合之际发生的。

在此基础上，部分学者提出了"第四次工业革命"的概念。

18世纪晚期，蒸汽机发明使用和机械化生产，推动第一次工业革命，人类社会由农业文明进入工业文明，煤炭取代薪柴成为世界主导能源。

19世纪晚期，内燃机、发电机发明使用，推动第二次工业革命，石油消费量快速上升，电气化时代拉开序幕。

20世纪60年代后期，电子信息技术发明使用和自动化生产，推动第三次工业革命，人类社会从工业文明向信息文明转变，石油取代煤炭成为世界主导能源，天然气的重要性逐步提高。

21世纪10年代至今，物理与信息融合加速智能生产，推动第四次工业革命，人类社会正在经历从信息文明向智慧文明转变的阶段，太阳能、风能、水能、氢能等清洁能源将取代化石能源成为世界主导能源。

我国是前两次工业革命的缺席者和第三次工业革命的追随者。

在前两次工业革命构建的全球体系中，古老的中国因长期闭关锁国而急剧衰落，旨在自强求富的洋务运动终未能使中国与国际接轨。

第三次工业革命中，我国作为后起之秀，在由欧美发达国家定义的全球体系中，话语权还有待进一步提升。而全球石油资源大多被欧美发达国家和中东国家瓜分殆尽，中国石油对外依存度从2019年起一直处于70%

以上，能源安全面临严峻挑战。

因此，对于中国来说，第四次工业革命不仅是一场巨大的挑战，更是一次难得的机遇。

过去十余年中，中国在清洁能源和"云大物移智链"（云计算、大数据、物联网、移动互联网、人工智能、区块链六项技术）等数字化技术领域的提前布局，为中国积极参与并站在第四次工业革命最前沿赢得先机。目前，中国已经是全球水电第一大国、风电第一大国和光伏发电第一大国，在水电、风电和光伏设备制造领域也走在世界前列；特高压技术作为我国原创、世界领先、具有自主知识产权的重大创新，破解了清洁电力远距离运输的世界难题，为清洁能源在全国乃至世界范围内高效优化配置奠定基础；中国的新能源汽车和动力电池产业也处在世界第一梯队；华为等中国企业则在 5G 领域掌握了一定的主导权。

这些科技与经济领域的进步，推动中国在国际政治舞台上扮演更为重要的角色。在 2015 年《巴黎协定》谈判过程中，中国成为全球气候治理的领导者之一。G20 杭州峰会前夕，习近平主席与时任美国总统的奥巴马一起向时任联合国秘书长潘基文交存《巴黎协定》批准文书，成为载入史册的历史性时刻。

抚今追昔，继往开来，第四次工业革命将开启重塑中国的新时代。构建零碳能源体系、零碳新工业体系和零碳新经济体系，将有利于中国提升在全球产业链分工中的地位；推动能源网、交通网、信息网"三网融合"，将有利于经济社会的进步和人民生活水平的提高；发展碳排放交易市场和电力市场，将有利于打破石油美元的束缚，促进国际关系新秩序的形成。因此，我们要站在历史的高度重新审视"双碳"目标。

❯ 减碳药方

对于"双碳"目标，我们既要有愚公移山的信念，也要有大禹治水的智慧。

了解"双碳"目标，首先要对中国的碳排放现状有一个直观的认识。而中国的碳排画像，简单概括，就是高碳化的能源结构和重型化的产业结构。

我们常说的碳减排，重中之重就是降低能源活动的碳排放。因为能源活动是碳排放的最主要来源。2019年，我国能源活动碳排放高达98亿吨，在全社会碳排放占比达到87%。

而能源活动可以大致分为能源生产和能源消费两方面。我们把能源看成一类产品，它包括煤炭、石油、天然气、电等细分产品。能源生产包括很多，其中一个典型场景就是油气公司将石油炼化成汽油、柴油等产品。能源消费就是我们普罗大众来使用这些"产品"，主要涉及工业、交通、建筑三大领域，比如工业领域的炼钢、交通领域的燃油车、建筑领域的冬季采暖，都会产生大量的碳排放。

了解了这些基本知识，我们就可以开始介绍"高碳化的能源结构"和"重型化的产业结构"。

先看高碳化的能源结构。我国"富煤、缺油、少气"的能源资源禀赋，奠定了"一煤独大"的能源格局。国家统计局数据显示，2019年，我国煤炭占一次能源消费比重约为58%；以煤电为主的火电，发电量在全国规模以上电厂发电总量中占比高达72%。也就是说，无论是能源生产，还是能源消费，煤炭都占据着绝对优势。因此，实现"双碳"目标，必须把压缩煤炭放在至关重要的位置。

煤炭是第一次工业革命的主要能源，大多数发达国家都曾经历过"一煤独大"的历史发展阶段。但随着人类社会进入第二次和第三次工业革命时代，这些国家的能源格局中，煤炭逐渐被石油和天然气所取代。

但我国的能源发展历程不能走发达国家的老路。我国的油气资源禀赋不佳，时至今日，我国 70% 以上的石油和 40% 以上的天然气依然依赖进口，详见图 1-1 与图 1-2 所示，能源安全受到严重威胁，油气替代煤炭的思路缺乏现实基础。同时，绿色低碳发展已成为全球共识，在此背景下逆势提升油气比重，也不利于我国把握住第四次工业革命这一历史机遇。而我国探索了十余年的"清洁能源发电 + 特高压输电"的模式，是足以支撑这场波澜壮阔的能源转型的。

再看重型化的产业结构。目前，我国仍处于工业化和城镇化快速发展阶段。国家统计局发布的数据显示，2020 年，我国第二产业增加值占 GDP 的 37.8%，且高耗能产业占比较高；第三产业增加值占 GDP 的 54.5%，远低于世界平均水平。

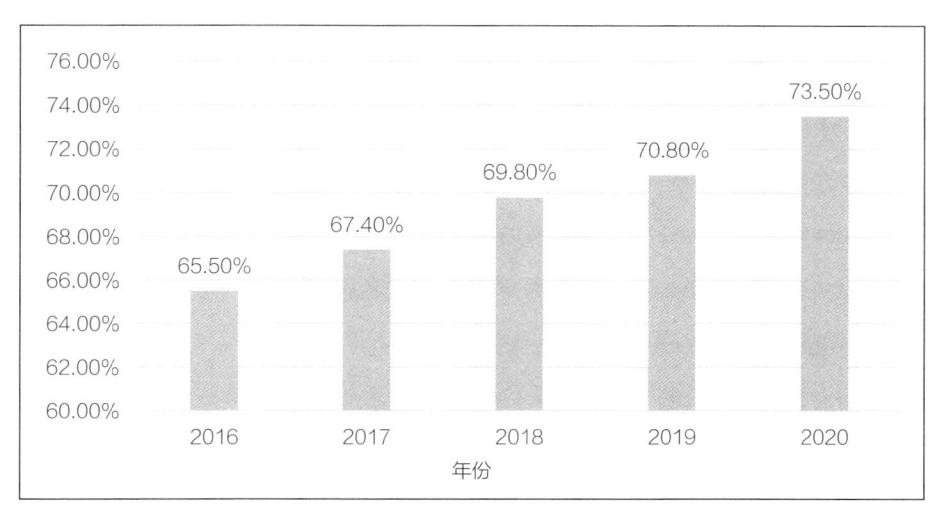

图 1-1　2016—2020 年我国石油对外依存度

数据来源：商务部、中国石油集团经济技术研究院

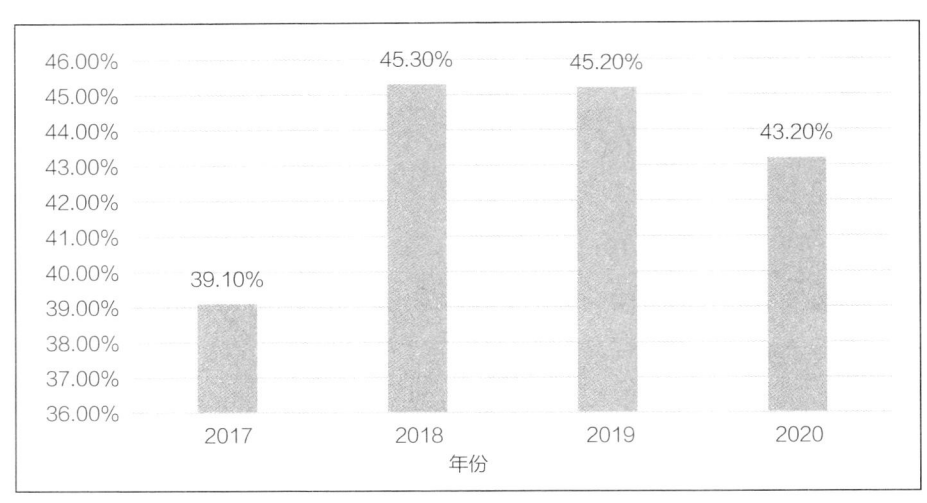

图 1-2 2017—2020 年我国天然气对外依存度

数据来源：中国石油集团经济技术研究院

这样的产业结构反映到碳排放数据中来。如前所述，能源活动在全社会碳排放中占比达 87%。其中，能源生产与转换占能源活动碳排放比重为 47%，工业领域占比为 36%，交通运输领域占比为 9%，建筑领域占比为 8%。而在工业领域中，钢铁、建材和化工三大高耗能产业占比分别达到 17%、8%、6%，详见图 1-3。

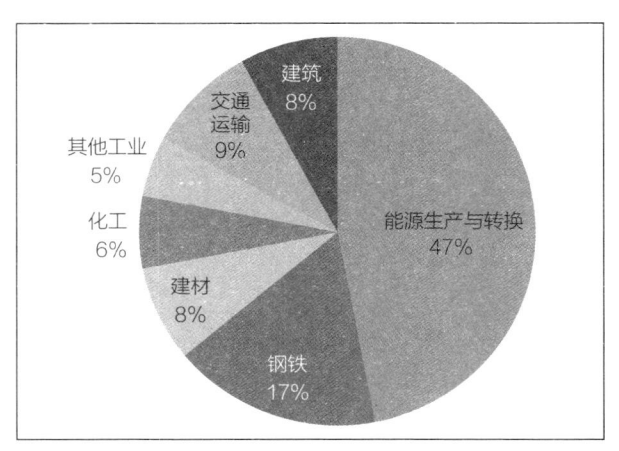

图 1-3 2019 年中国能源相关二氧化碳排放领域构成

数据来源：全球能源互联网发展合作组织

也就是说，能源行业和钢铁、建材、化工三大高耗能产业的合计碳排放，占据了全社会碳排放总量的 2/3。

基于上面这幅碳排画像，我们应当以"两个替代"作为实现"双碳"目标的根本途径。所谓"两个替代"，即能源生产清洁化替代和能源消费电气化替代。

能源生产清洁化替代，必须加快以清洁能源替代化石能源，构建以新能源为主体的新型电力系统。而在化石能源有序退出的过程中，我们要推动 CCUS 等碳移除技术取得突破，避免去煤化硬着陆，在一定程度上节省能源转型成本。

如果说"能源生产清洁化替代"主要依靠能源圈内部的努力，那么"能源消费电气化替代"则需要全社会的广泛参与。当然"电气化"只是能源消费领域变革的一个方面，但可能是目前来看最重要的一个方面。

能源消费的变革主要从工业、交通、建筑三大领域着手。

先说工业领域，我们要加快构建零碳新工业体系。从宏观角度来看，要着力培育新一代信息技术、高端装备制造、新材料、生物新能源、新能源汽车等战略性新兴产业，构建科技含量高、经济效益好、资源消耗低、环境污染少的新型工业体系；从微观层面而言，必须以技术创新促进碳减排，如加快发展电炉炼钢、氢能炼钢等。

再就是交通领域。新能源汽车尤其是电动汽车取代燃油车，成为能源和汽车两大产业未来发展的大势所趋。在此基础上，航空、水运、铁路等其他交通领域未来也可能开启电气化革命。

还有建筑领域。从这些年的煤改气、煤改电，到节能智能家电的应用，再到光伏屋顶与幕墙成为新时尚，绿色低碳正在悄然改变我们的生活。这场生活革命让"综合能源服务"概念开始炙手可热。

"两个替代"的路线图已经明确，实现"双碳"目标还需要一张更为清晰的时间表。大到国家，小到个人，如何把握目标推进的节奏，关系到整个社会及其每一分子的前途命运。

2021年5月，国家发改委新闻发言人金贤东曾在例行新闻发布会上透露，国家发改委正在抓紧编制2030年前碳排放达峰行动方案，研究制定电力、钢铁、有色金属、石化化工、建材、建筑、交通等行业和领域碳达峰实施方案，积极谋划绿色低碳科技攻关、碳汇能力巩固提升等保障方案，进一步明确碳达峰、碳中和的时间表、路线图、施工图。

值得一提的是，很多研究机构在官方行动方案尚未公布之前已经发布了相关研究成果。全球能源互联网发展合作组织在《中国碳中和之路》著作中指出，要实现碳中和目标，未来能源生产和能源消费都将迎来颠覆性变革。

在能源生产方面，预计2030年、2050年、2060年我国电源总装机将分别达到38亿千瓦、75亿千瓦和80亿千瓦，清洁能源发电比重持续上升。2030年、2050年、2060年清洁能源装机将分别增至25.7亿千瓦、68.7亿千瓦和76.8亿千瓦，2060年实现超过96%的电源装机和发电量均由清洁能源承担，详见表1-1。

表1-1 我国电源装机容量预测（单位：亿千瓦）

年份	合计	光伏	光热	风电	常规水电	抽蓄	核电	生物质及其他	煤电	气电	燃氢
2020	22	2.53	0.0052	2.81	3.7	0.31	0.49	0.29	10.79	0.99	0
2030	38	10	0.25	8	4.4	1.13	1.1	0.8	10.5	1.85	0
2050	75	32.7	1.8	22	5.7	1.7	2	1.7	3	3.3	1
2060	80	35.5	2.5	25	5.8	1.8	2.5	1.8	0	3.2	2

（表中合计项数值已四舍五入）
数据来源：全球能源互联网发展合作组织《中国碳中和之路》

在能源消费方面，预计 2030 年前，我国全社会用电量年均增速为 3.6%，2030 年达到 10.7 万亿千瓦时。2030—2050 年全社会用电量年均增速保持在 2.0% 的水平，2050 年达到 16 万亿千瓦时。2050—2060 年全社会用电量年均增速为 0.6%，2060 年全社会用电量 17 万亿千瓦时。其中，2030—2060 年，我国工业、交通、建筑领域用能方式加快转向电能，累计增加用电量分别达到 0.9 万亿千瓦时、2.4 万亿千瓦时、3 万亿千瓦时，全社会 2/3 的能源消费均为电能，实现能源消费体系转型。全球能源互联网发展合作组织对我国能源消费总量及结构进行了预测，详见图 1-4。

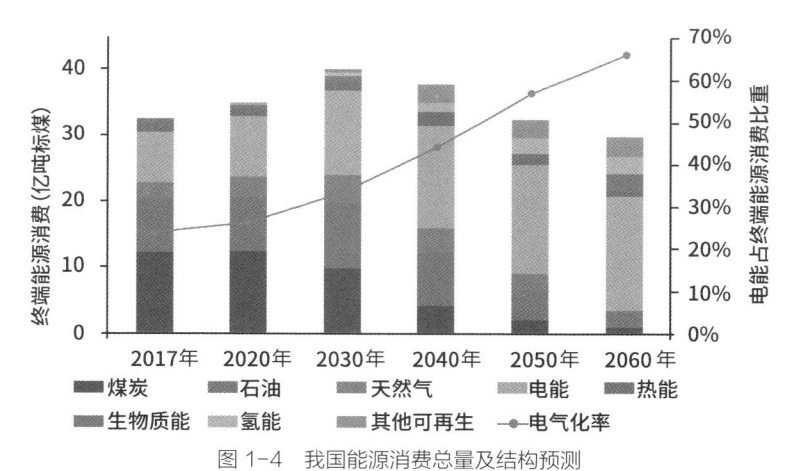

图 1-4 我国能源消费总量及结构预测

数据来源：全球能源互联网发展合作组织《中国碳中和之路》

▶ 碳中和的意义

围绕"双碳"目标，我们已经详细阐释了"是什么""为什么""怎么办"。接下来，我们将尝试论述我们对碳中和意义的理解。

第一，碳中和是赓续民族伟大复兴的历史夙愿。承诺"双碳"目标，彰显出中国在《巴黎协定》框架下继续扮演全球气候治理领导者的决心和信心。巴黎对我国具有特殊意义。1919年，我国曾作为第一次世界大战的战胜国参加巴黎和会。但在会上，英法等发达国家却主张把德国在山东的权利转让给日本。巴黎和会点燃了"五四运动"的导火索，惊醒了沉睡的中华民族。96年后，当我国再次在巴黎登上国际舞台时，我们再也不是当初那只任人宰割的羔羊，而是积极为构建人类命运共同体承担大国责任的领军力量之一。最终出炉的这份《巴黎协定》，也不再是弱肉强食的霸王条款，而是充分尊重了包括广大发展中国家在内的各方意见、旨在实现合作共赢的一次全人类胜利。前辈们的历史夙愿终于在此刻得以达成。

第二， 碳中和是一首用个体沉浮祭出行业前行的冰与火之歌。能源革命的浪潮汹涌而来，我们为浪潮之巅的宁德时代、比亚迪、隆基、协鑫、金风、远景们欢呼，但我们也应当铭记倒下的尚德、赛维、汉能、华锐们曾经做过的贡献；我们为电动汽车、锂电池、单晶硅等主流技术路线高歌，但我们也应当致敬那些在竞争中或是被淘汰、或是羽翼未丰的非主流们；我们拥抱清洁能源的新时代，但我们也不能忘记过去数百年间煤炭与石油为人类文明发挥的巨大作用。

第三， 碳中和将使人们的生活方式迎来翻天覆地的变化。曾经定位高端小众市场的电动汽车，如今已成为上千万人口的普通"坐骑"；曾经仅见于大型地面电站的光伏板，如今已装饰了千家万户的屋顶；曾经只在科幻大片中亮相的智能家居，如今也走进了我们的日常生活。在不久的将来，无人驾驶电动汽车、智能微电网、V2G（电网在用电低谷时为电动汽车充电，用电高峰时电动汽车将电返送到电网）充电桩、个人碳排放交易等更多炫酷的概念都会成为我们生活中的"新常态"。

第四， 碳中和为我们创造出一个事业与财富的双重风口。2021年以来，碳中和概念已经在股市掀起过数轮狂欢。但这只是一个开始。事业型风口将为有志于深耕碳中和领域的"弄潮儿"提供一个事业与财富共同奋进的超级赛道；财富型风口则将通过资本市场、电力市场、碳交易市场等，让更多人享受到财富增值的普惠红利。

第二节 气候"灰犀牛"

> 如果不消除碳排放，那么我们所要承担的后果会跟新冠肺炎疫情所造成的生命损失和经济灾难一样。到21世纪中叶，气候变化可能变得跟新冠肺炎一样致命。而到2100年，它的致命性可能达到该流行病的5倍。
>
> ——前世界首富、微软联合创始人　比尔·盖茨

2021年7月，一场突如其来的大洪水袭击了位于塔克拉玛干沙漠的中国石化西北油田玉奇片区，油区道路多处冲堤溃坝，电线杆倾斜，近50辆勘探车辆、3万套设备被淹，淹水面积达300多平方千米。

如果说塔克拉玛干的洪水离我们还稍显遥远，那么2021年河南郑州"7·20"特大暴雨则足以触目惊心。在这次特大暴雨中，郑州国家观测站观测到的最大日降雨量高达624.1毫米，接近该站年平均降雨量641毫米，也就是说，相当于一天下了将近一年的雨量。

300多人在暴雨中遇难。残酷的现实警示着我们：气候危机不是耸人听闻的荒诞传言，而是用一个个鲜活的生命画下的血红的感叹号！

气候危机这头致命"灰犀牛"正狂奔而来。自工业革命以来，人类累积排放的二氧化碳超过2.2万亿吨，全球平均气温上升1.1℃，海平面高度和海洋热容量屡创新高，冰川持续融化。飓风、山火、洪水、干旱、极

端高温热浪、极端寒冷天气等各类极端天气发生频率近年来已显著增加。

化解气候危机的窗口期稍纵即逝，我们如果再无所作为，到 21 世纪末，人类新增累积排放的温室气体将超过 4 万亿吨二氧化碳当量，平均温升超过 3.2~5.4℃。气候危机也将如多米诺骨牌一般，触发生态系统、能源资源、健康安全、经济社会等多个领域的全面危机。

然而，各方势力在过去二十余年中始终未能走出碳减排的"囚徒困境"。科幻大片中的灾难场景正在加速从银幕走向现实，但我们或许并没有影片中太空移民那般幸运。

▶ 问题缘起

人类对气候变化的关注由来已久。

早在 19 世纪中叶，约翰·廷德尔等欧洲科学家从对瑞士冰川的观察出发，开启了对地球温度的思考。

廷德尔曾创造性地提出"温室效应"的雏形：地球大气层的存在并不会阻挡阳光射入地球，但当地表吸热后，它所产生的热红外辐射在返回地球外层空间时却会受到大气层的阻碍，其结果就是热量在地表逐渐累积。

不过，最早发现大气层温室效应的其实并不是廷德尔，而是一位来自美国的女性科学爱好者尤尼斯·富特，她于 1856 年就揭示了二氧化碳和水蒸气在温室效应中的重要作用，并前瞻性地预测，二氧化碳浓度的改变会影响全球温度。然而，由于当时社会对女性的不平等对待，富特的研究成果在当时并没有引起重视。

19 世纪末，在廷德尔去世后，瑞典化学家斯万特·奥古斯特·阿雷尼乌斯接过气候研究的接力棒。在那个没有超级计算机的年代，后者通过大量烦琐的计算，揭示出碳含量与地球温度之间的关系。阿雷尼乌斯本人也因此被视为预测全球气候将会变暖的第一人。

根据他的研究结论，如果大气中的碳含量水平减少一半，那么地球温度就会下降大约 4~5℃；如果大气中的碳含量增加一倍，那么地球温度就会上升 5~6℃。

阿雷尼乌斯的理论在大约 40 年后被英国气象学家盖伊·斯图尔特·卡伦德再次证实。卡伦德的研究结果显示，大气中的二氧化碳含量的确正在增加，而这将导致气候变化，更具体地说就是会导致全球变暖。这一结论后来成为人们所熟知的"卡伦德效应"。

不过，不同于当今世界的普遍共识，无论是阿雷尼乌斯还是卡伦德都对全球气候变暖持欢迎态度。他们认为，全球变暖不但可以防止地球冰纪再次到来，而且有助于寒冷地区人们的生活。此外，全球变暖还有利于提高粮食产量，从而满足快速增长的人口对粮食的需求。

时光流转，进入 20 世纪下半叶，全球变暖相关研究取得长足发展，美国则取代欧洲成为这一领域科研的主导力量。"计算机之父"冯·诺伊曼开创了利用计算机进行气候建模，为研究全球气候变暖提供更为现代化的数学工具；美军首席海洋专家罗杰·雷维尔与同事一起发表《大气与海洋间的二氧化碳流动以及过去几十年大气二氧化碳浓度增加的问题》，肯定了阿雷尼乌斯与卡伦德关于全球变暖的猜想；美国地质化学家查里斯·大卫·基林则直接绘制出显示大气碳浓度正在上升的基林曲线，为现代气候变化研究和当前的能源系统转型奠定了基础。

随着研究的深入，科学家们一改前辈们的乐观态度，积极扮演起气候危机"吹哨人"的角色。

雷维尔在上述那篇著名论文中警告："人类现在正在进行一种以前不可能发生和未来也不能再现的大规模地球物理试验。"后来，在有关全球变暖的论述中，这句话成为"引用次数之最"。

1969 年，基林也大声疾呼："如果现在的碳趋势继续下去，我认为 30 年后人类世界将会面临着比现在更大的直接性危险。"

科学家们不再满足于科学研究，他们把关注焦点从科学领域转移到政治领域，第一代气候社会活动家也随之产生。其中的代表人物，除了基林和雷维尔，还有伍德维尔和罗伯·麦克唐纳。

1980 年，这四个代表人物撰写出一份气候报告呈给时任美国环境质量理事会主席斯波茨。报告称，除非人类能够立即采取应对措施，否则未来几十年世界气候将面临明显变暖的危险，而气候在很短的时间内发生大的改变对人类不会带来什么明显的好处。同时，他们还提供了四点计划：问题认定、能源节约、植树造林、减少碳燃料使用。基于当时的能源发展水平，最后一点主要是指使用天然气来替代煤炭。

斯波茨将报告呈交白宫和美国能源部，但他并没有得到预期的回应。彼时，伊朗国内革命和两伊战争将全世界拉入第二次石油危机。为维护国内能源安全，减少对伊朗石油和天然气的依赖，美国卡特政府正在推行鼓励煤炭、限制天然气的政策。此后的里根时代，美国政府更是削减了用于气候研究的开支。

不过，科学家们试图化解气候危机的努力并未因此止步。1988 年，IPCC 成立，冯·诺伊曼的年轻同事伯特·伯林成为该组织的领军人物。包括当时在国家发改委能源研究所工作的李俊峰等我国专家也参与其中。

两年后，IPCC 向联合国大会提交了首份气候评估报告。这份报告为联合国召开里约峰会奠定了理论基础。此后三十余年中，IPCC 又发布了五份评估报告，构建起历次气候变化国际谈判行动框架。

2007 年，IPCC 在众望所归中获得诺贝尔和平奖。然而，在颁奖台的聚光灯之外，全球气候危机的魔咒依然没有解除。

▶ 温室"魔咒"

气候危机极有可能引发人类和地球系统的全面危机，成为致命的"灰犀牛"。而了解气候危机，首先要认识大气温室效应。

来自太阳的热量以短波辐射的形式直接穿越大气层到达地球表面，地表吸收热量后升温，并向大气释放长波辐射热量，这些长波热量很容易被大气中的温室气体吸收，这就使得地球表面的大气温度升高。这种增温效应类似栽培植物的玻璃温室，因此得名"温室效应"。

大气中的温室气体主要有二氧化碳、甲烷、一氧化二氮、氯氟碳化合物、臭氧等。这些温室气体早已存在于大气层，科学家们将这种最原始的温室效应称为"天然的温室效应"。

然而，这一平衡在人类进入工业时代后被打破。自工业革命以来，人类活动释放大量温室气体，导致大气温室气体的浓度急剧升高，从而造成温室效应日益增强，科学家们将这种人为活动引起的温室效应称为"增强的温室效应"。

IPCC发布的报告显示，人类排放尤其是煤炭、石油、天然气等化石能源排放，是导致大气温室气体浓度上升和全球变暖的主要原因。

一组数据可以直观地展现人类当前面临的温室效应困境。工业革命以来，人类累积排放的二氧化碳超过2.2万亿吨；2020年大气中二氧化碳浓度已上升至417.1ppm（百万分率），创历史新高；全球平均气温已经比工业革命前高1.1℃，其中海洋表面温度升高了约0.8℃，陆地地表温度升高了近1.8℃。世界气象组织发布了1850—2019年全球平均气温变化趋势，详见图1-5。

为了研究未来经济社会发展路径和温室气体排放趋势，IPCC曾模拟出一系列典型浓度路径情景（RCPs）。

如果延续现有政策，全球在21世纪继续保持高化石能源需求和高温室气体排放，那么，到21世纪末，人类累积排放的温室气体将超过4万亿吨二氧化碳当量，温室气体浓度达到1370ppm，平均温升超过3.2~5.4℃。

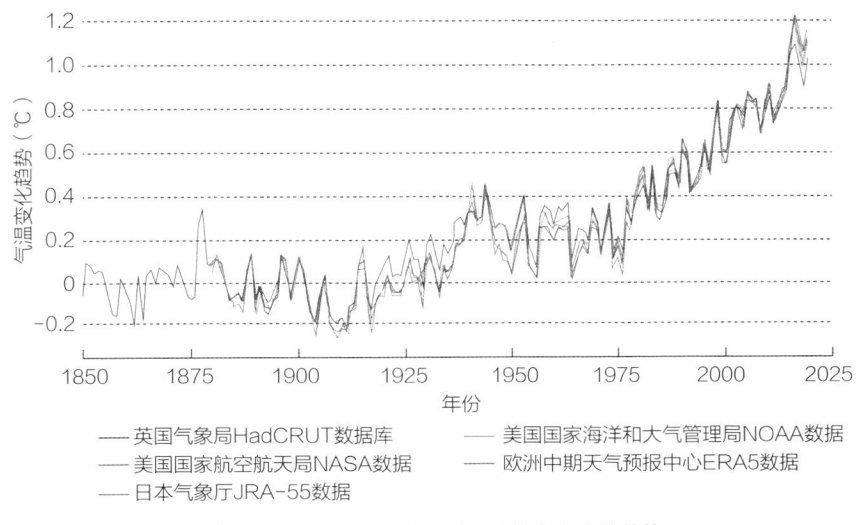

图 1-5　1850—2019年全球平均气温变化趋势

数据来源：世界气象组织

如果选择"2℃目标温室气体排放情景"，使温室气体排放保持在非常低的水平，并于21世纪下半叶温室气体实现净零排放，那么，到21世纪末，温室气体浓度将控制在490ppm，平均温升不超过2℃。

如果选择"1.5℃目标温室气体排放情景"，使温室气体排放保持在最低水平，并于21世纪中叶温室气体实现净零排放，那么，到21世纪末，温室气体浓度将恢复到400ppm以内，平均温升不超过1.5℃。

科学家用理性的数据为化解气候危机开出最佳药方。然而，早在"计算机之父"冯·诺伊曼开创计算机气候建模的时候，他或许不曾料到，其为人类做出的另一大贡献"博弈论"会在之后数十年的气候谈判中表现得如此淋漓尽致。

2015年，旷日持久的气候大博弈终于让国际社会在《巴黎协定》中达成共识：把全球平均气温较前工业化时期上升幅度控制在2℃以内，并努力把温度上升幅度限制在1.5℃以内。然而，根据这份协定，"1.5℃目标温室气体排放情景"仅沦为一个象征性的努力目标。而从当前《巴黎协定》签署国做出的国家自主贡献减排承诺来看，2℃的安全阈值也岌岌可危。

气候变化一旦超过2℃安全阈值，恶性循环的潘多拉魔盒将彻底打开。

珊瑚礁等生态链关键物种和北极生态系统将濒临灭绝，全球生物多样性也将面临高风险，这种影响是不可逆转的。在此情境下，生态系统极有可能迅速恶化，高温热浪、极端降水等极端天气气候事件风险升高，全球各区域的粮食和水资源分布不均的问题将更为突出。

而如果温度加速提升，原本由冰盖、冻土层和海洋储存的温室气体也将加速排放进入大气；北极冰面和南极、格陵兰陆面冰盖消融，使得原本被反射的太阳辐射被海洋和陆面大量吸收；亚马孙和北半球森林旋即枯死，大量原本该由森林吸收的碳量也进入大气层。温室效应在恶性循环中不断强化，冰盖消融还将造成大面积不可逆转的海平面上升，升高值或将超过15米。

当地球进入失控状态，气候变化超过5℃临界阈值，地球将由"温室"变成"热室"，北极将全年无冰，南极和格陵兰冰盖将完全融化，全球海平面升高将可能超过60米，上海、香港、伦敦、纽约、东京等国际大都市将沉入海底。气候系统、人类系统、生态系统、经济社会系统将被推向崩溃的边缘，地球与人类也将陷入全面危机。

▶ 多米诺效应

上面那幅末日图景并非危言耸听，事实上，现实中正在遭遇的气候灾害已足以拉响警笛。

2021年7月28日，国家防汛抗旱总指挥部秘书长、应急管理部副部长兼水利部副部长周学文在防汛救灾工作情况新闻发布会上表示，2021年以来，洪涝灾害已致国内3481万人次受灾、146人死亡失踪，7.2万间房屋倒塌，直接经济损失达1230亿元。

2020年以来，气候灾害在全球范围内疯狂肆虐。不只是中国，印度、孟加拉国、印度尼西亚等亚洲国家相继遭遇大规模洪涝灾害；非洲则为蝗灾所困；美国、澳大利亚、俄罗斯接连发生创纪录山火；大西洋破纪录地出现30场获得命名的飓风，欧洲与美洲深受其害，以至于世界气象组织给飓风命名的26个拉丁字母全部用完，不得不起用希腊字母符号命名。

温室效应不仅带来气候系统的一系列危机，还会如推倒多米诺骨牌般在地球系统和人类社会产生链式反应，从而引发全面危机。

地球系统是由大气圈、水圈、冰冻圈、岩石圈、生物圈五大圈层组成的有机整体。其中气候系统实质是地球系统的表层系统，包括大气、水、冰雪、岩石、生物五个系统。虽然气候系统在整个地球系统中所占的物质和能量比例很小，但对外部冲击最为敏感，因而最易受人类活动的影响。

地球系统五大圈层正在温室效应中急剧变化。

（1）大气圈

首先是大气圈的降水模式变化和极端天气气候事件频发。

IPCC第五次评估报告显示，20世纪50年代以来，全球变暖至少一半以上是由人类活动造成的。全球变暖破坏了气候系统的稳定状态，显著改变了全球各地的大气环流和大洋环流，导致极端高温、暴雨洪涝、干旱、台风等各类极端事件发生的频率、强度、分布及持续时间显著增加。

2015—2019年，热浪一直是最致命的气候灾害。它的影响力波及所有大陆，某些地区极端高温发生的概率甚至增加了10倍以上。从中国气象局气候变化中心发布的1901—2020年中国地表年平均气温距离平均值，即可看出显著的变化趋势，详见图1-6。

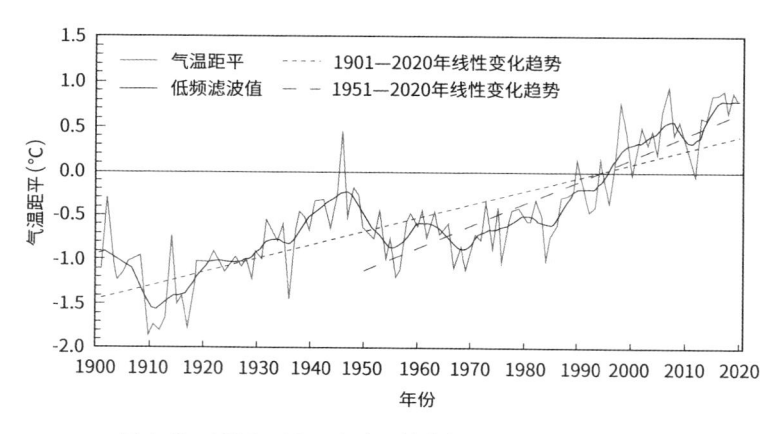

图1-6　1901—2020年中国地表年平均气温距离平均值
资料来源：中国气象局气候变化中心

降水模式变化则造成全球干湿分化趋势加重。北半球大部分地区、非洲和亚洲赤道周围、澳大利亚的西部内陆、南美南部地区的降水量在2015—2019年呈现过去60年中最高水平；南美北部、非洲南部和西南、印度季风地区和波斯湾以东、欧洲、北美中部和北部、澳大利亚东北部地区的降水量则呈现历史最低水平。我国升温速度高于同期全球平均水平，强降水、极端高温事件增多增强。1961—2020年，我国平均年降水量呈增加趋势，平均每10年增加5.1毫米。1961—2020年，我国江南东部、青藏高原中北部、新疆北部和西部降水量增加趋势尤为显著。

（2）水圈

其次是水圈平衡的持续恶化。

20世纪以来，全球海平面已上升0.19米。海平面呈加速上升趋势，卫星观测到的全球平均海平面上升速度，已从1997—2006年的3.04毫米/年增加到2007—2016年的4.36毫米/年。1980—2020年，我国沿海海平面上升速度为3.4毫米/年，高于同期全球平均水平，其中2020年为1980年以来的第三高位，详见图1-7。

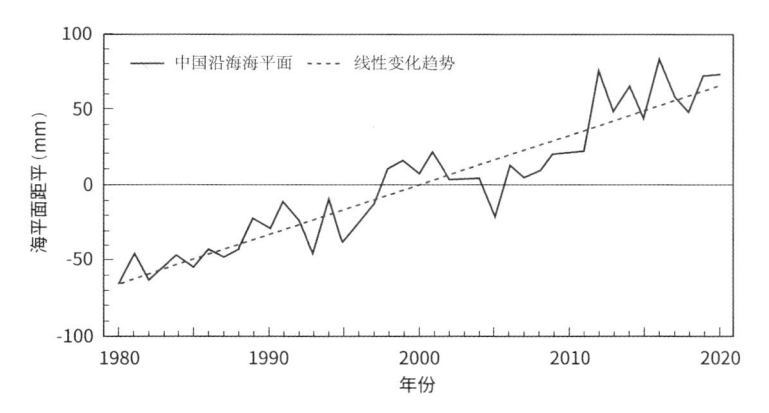

图1-7　1980—2020年中国沿海海平面距离平均值变化（相对于1993—2011年平均值）
资料来源：中国气象局气候变化中心

海洋作为地球上最大的储热库，其热含量也屡创新高，2019年全年平均值比2015年增加了1/3以上。1990—2020年，全球海洋热含量增加速度是1958—1989年增暖速度的5.6倍。

海水在吸收二氧化碳过程中不断酸化，自工业革命以来，海洋表层水的pH值从8.2下降到8.1，酸度已增加30%。

（3）冰冻圈

再次是冰冻圈的加速消融。

从我国国内看，我国天山乌鲁木齐河源1号冰川、阿尔泰山区木斯岛冰川和长江源区小冬克玛底冰川均呈加速消融趋势。2020年，乌鲁木齐河源1号冰川东、西支末端分别退缩了7.8米和6.7米。"世界第三极"青藏高原的雪线上升，冰川面积加速消减，每十年减少1314平方千米。1981—2020年，青藏公路沿线多年冻土区活动层厚度呈显著的增加趋势，平均每10年增厚19.4厘米。2004—2020年，活动层底部温度呈显著的上升趋势，多年冻土退化明显。

从世界范围来看，目前，北极夏季海冰面积正在以每十年约13%的速度减少，多年的海冰已几近消失；南极海冰面积在2019年5—7月连续三个月创下历史新低；格陵兰冰盖的消融速度近20年来剧增，仅2019年7月就有1790亿吨海冰消失。

冰川和冰盖储存了世界上75%的淡水，并封存着大量的温室气体，冰冻圈消融将强化温室效应的恶性循环。

（4）岩石圈

从次是岩石圈的荒漠化加剧。20世纪非洲的撒哈拉沙漠面积扩大了11%~18%；北极苔原冰川的边界在1950—2015年向北缩减约50千米，面积缩小了16%。

（5）生物圈

最后是生物多样性受到威胁。气候变化导致森林面积缩小，草原呈荒漠化趋势，沿海及海洋生态系统中的红树林和珊瑚礁减少。目前，全球有超过3.1万个物种面临灭绝风险，将近一半的植物、1/4的哺乳动物和1/8的鸟类正濒临灭绝。

人类与地球母亲之间的脐带关系，使地球系统的危机加速传染到人类社会。

随着极端天气气候事件日趋频繁，其造成的经济损失也在不断攀升。统计数据显示，当前气候相关灾害导致全球年均经济损失达到2500亿~3000亿美元。这项数值超过全球3/4以上国家2020年的GDP。气候变化对地势低洼的发展中国家和小岛屿国家影响巨大，部分小岛屿国家的经济损失可以占到GDP的8%~20%。

气候危机另一项直接影响是对人类生命健康的危害。1994—2013年，气候变化及相关天气气候灾害累计影响约20亿人，导致约60万人死亡。2015年，全球因为各类污染导致死亡的人数高达900万人，占同年全球死亡人数的16%。

比尔·盖茨在《气候经济与人类未来》一书中警告称，到21世纪中叶，气候变化可能变得跟新冠肺炎一样致命，即每年每10万人中约有14人命丧于此；而到2100年，它的致命性可能达到该流行病的5倍，即每年每10万人中约造成75人死亡。

此外，粮食安全在局部地区已开始受到严重威胁。1960—2013年，气候变化导致小麦、水稻、玉米等主要粮食作物减产9%~13%。2006—2016年，发展中国家的农业损失约占气候相关灾害所造成损失总量的1/4，大约2/3的作物损失都与洪水灾害相关，畜牧业约90%的损失都归因于干旱灾害。

到21世纪中叶，气候变化可能导致欧洲南部地区的小麦和玉米减产50%；在撒哈拉以南的非洲地区，农作物的生长季节可能缩短20%；在贫困地区，粮食价格可能上涨20%甚至更多，而在这些地区，很多人原本就已将一半以上的收入用以解决温饱问题。

更深层次的矛盾也在气候变化中不断激化。

目前，全球一半以上的人口、70%的经济活动和3/4拥有百万以上人口的大城市都分布在沿海地带。如果海平面上升，人类生存空间将遭受前所未有的压缩，危机也将一触即发。

气候变化导致的气候移民问题也值得关注。2007—2010年，叙利亚曾经历有史以来最严重的旱灾，约150万人被迫离开农村，前往城市，为始自2011年的武装冲突埋下隐患。受气候变化影响，当地发生旱灾的概率较之前高出3倍。截至2018年，约1300万叙利亚人为生计背井离乡。

未来战争史或将因为气候变化而改写。如果说石油是近几十年来战争与冲突最重要的催化剂，那么，未来对水、土地、粮食等资源的争夺则可能将人类推向新世界大战的深渊。

如今，我们已站在人类生存与文明延续的十字路口。化解危机的"最后窗口期"稍纵即逝，需要我们走出"囚徒困境"，在关于气候谈判的大博弈中走向合作与共识。

第三节 零碳大博弈

> 具有里程碑意义的《巴黎协定》今天正式生效,人类在应对气候变化方面创造了历史。我们在与时间赛跑。我们是切实感受到气候变化后果的第一代人,也是能够预防其最糟糕后果的最后一代人。
>
> ——联合国前秘书长 潘基文

即便是不熟悉气候议题的人大概也对《巴黎协定》耳熟能详。2020年11月,美国在前总统特朗普的坚持下退出该协定。短短两个月后,新总统拜登又在就职第一天签署行政令,宣布重返协定。这一出一进,让《巴黎协定》在大国博弈中备受瞩目。

事实上,中国的"双碳"目标,也是在《巴黎协定》框架下顺势提出的。这份具有里程碑意义的协定被视为过去数十年国际气候谈判的集大成之作。而《巴黎协定》的出炉,也标志着中国从全球气候治理的"后浪"成长为该议题的领导者之一。

中国参与全球气候治理的时间并不算短。早在1992年,时任国务院总理李鹏便参加了在巴西里约热内卢召开的联合国环境与发展大会,这是中国真正意义上第一次登上国际气候治理的舞台。不过,彼时的中国GDP还低于巴西,在发展中国家里位居第二,因此在由发达国家主导的全球气候治理舞台上,中国的话语权还有待进一步提升。

此后，中国接连参与了京都会议、哥本哈根大会等里程碑式的气候大会。随着综合国力的提升，中国在这座原本由欧美发达国家主导的舞台上争取到越来越多的话语权。但与此同时，冲突与责任也纷至沓来，发达国家要求中国作为全球最大的碳排放国承担更多减排责任，而第三世界则希望中国作为全球最大的发展中国家牵头引领一场更为公平的减排大博弈。

这场旷日持久的合纵连横把中国推向《巴黎协定》的聚光灯下，中国终于成为与美国并肩的两大主角之一。2016年G20峰会开幕前一天，中国国家主席习近平与时任美国总统奥巴马齐聚杭州，分别代表全球最大的发展中国家和最大的发达国家，向时任联合国秘书长潘基文交存《巴黎协定》批准文书。此次罕见的三人同框，为国际社会共同应对全球性问题、加强和完善全球治理体系、创新应对气候变化路径注入一针强心剂。

但关于碳减排的全球博弈并没有因此画上句号。

▶ 里约创举

零碳大博弈的故事要从里约峰会开始说起。

1992年6月，中国参加了举办地位于巴西里约热内卢的联合国环境与发展大会。这是继1972年斯德哥尔摩会议之后规模最大、级别最高的环境会议。183个国家的代表团和联合国及其下属机构等70个国际组织以及上万名非政府组织的代表参加会议，其中包括102位国家元首或政府首脑。

也是在这一年，邓小平南方讲话为中国改革开放事业注入新的活力。中国开始以更加积极开放的姿态参与到国际事务之中。参加里约峰会便是其中一项重要举措。

不过，中国彼时的经济发展状况，还不足以支撑其成为里约峰会的主角。

从能源形势上看，中国当时还是石油净出口国，这意味着我们的石油消费量尚不足以花光本土生产量，既没有如今石油对外依存度超过70%的能源安全隐忧，也没有碳排放体量巨大的顾虑。风电、光伏等日后让中国引以为傲的清洁能源替代技术尚未起步。零星的几座风电场还是由欧洲国家援建的。

里约峰会真正的主角是欧美发达国家，但发达国家之间却出现了严重分歧。

欧洲国家在温室气体减排方面态度较为激进，他们力求会议给出减排的具体目标和时间表。

时任英国首相撒切尔夫人成为最引人注目的急先锋。此时，她已取得与国内左翼煤矿工会斗争的胜利，这场斗争是其12年首相生涯中最具决定性意义的事件之一。为进一步削弱煤矿工会力量，她积极推动含碳较低的北海天然气取代煤炭发电。此次里约峰会，她力求在更为广阔的国际舞台上重申她与煤炭行业的斗争宣言。

美国国内在碳减排问题上却形成针锋相对的两派，这一格局直至今天仍在影响美国的气候议题决策，前后两任总统一出一进《巴黎协定》便是最新注脚。

上一节曾经提到，20世纪80年代，美国一些气候科学家已经自觉转变成第一代气候社会活动家。他们积极游说政府，以期制定应对气候变化问题的政策法律。

时任美国总统老布什也一直以"环境总统"自诩。他的欧洲盟友们正在以非常强势的态度就气候问题对其施压。而当时，他又急需谋求与欧洲盟友在一系列国际剧变中的紧密合作。

但来自经济界的反对声却不绝于耳。总统经济顾问理事会主席甚至警告老布什，限制碳排放是一个"拿美国经济作赌注"的决定，它将使本已陷入衰退的国家经济置于"巨大的危险境地"。

美国的态度成为这场峰会最受关注的焦点。老布什在几经权衡后终于现身里约峰会，并代表美国首先在《联合国气候变化框架公约》上签字。几个月后，美国参议院也通过了该条约。

这份具有开创性的公约，确定了"共同但有区别的责任"原则。根据这一原则，发达国家将采取具体措施限制温室气体排放，并向发展中国家提供资金以帮助其履约；发展中国家则只需提供其温室气体排放的观察记录，不承担具有法律约束力的限控义务。

时人或许未曾料到，这个当时被国际社会普遍接受的原则，日后会成为零碳减排大博弈中最主要的战场。

▶ 京都僵局

1997年，国际社会又趁热打铁，召开了京都会议。

此前两年，IPCC发布第二份长达2000页、参考了10000篇科研论文的气候评估报告。报告称："按当前的趋势发展下去，到2100年全球气温将升高2℃。"国际权威期刊《科学》杂志评价道："这是官方首次承认温室效应对全球正在产生作用。"这份报告为京都会议设定了行动框架。

然而，从里约峰会到京都会议的五年间，世界经济形势发生巨变，发达国家与发展中国家之间的减排矛盾也日益激化。

中国与巴西在胶着竞争中共同跃升为全球第七和第八大经济体，二者与前六个发达国家的差距也在不断缩小。尤其是中国，1992—1996年GDP年均增长高达12.1%。如果说十年前还根本不用担心来自发展中国家的排放增长，那么十年后国际社会再也无法置之不理了。

但发展中国家也有自己的坚定立场。他们认为，1860年至1990年，全球大约75%的二氧化碳排放都来自工业化国家，而这些国家的人口仅占世界人口的20%，这意味着发达国家的人均二氧化碳排放比发展中国家高出12倍。因此，发展中国家坚决拒绝承担具体的减排义务，以免过早放弃经济发展的权利。

美国的反应来得尤为激烈。京都会议召开之前数月，美国参议院以95票全票赞成的结果通过了《伯德-哈格尔决议》。这一决议要求美国政府不得签署同意任何"不同等对待发展中国家和工业化国家的、有具体目标和时间限制的条约"，因为这会"对美国经济产生严重危害"。《京都议定书》在美国的最终命运由此埋下伏笔。

欧洲则试图在原有框架下继续引领气候议题。京都会议召开前两年，时任德国环境部长、当今德国总理默克尔曾主持召开柏林气候会议。会议强行出台了《柏林公约》，重申里约峰会"共同但有区别的责任"，约定发展中国家不承担减排义务。默克尔本人也在开幕词中重点强调了工业化国家应在全球气候治理中承担首要责任。

但此时的国际政治格局已发生变化，美国单极霸主地位日渐稳固，欧洲国家再难像五年前那样掣肘美国。欧美谈判很快陷入僵局。尽管时任美国副总统戈尔亲自到访京都，与欧、日双方达成减排共识，但这些并不具有法律效力的共识在美国国内毫无悬念地屡遭碰壁。美国政府直接将《京都议定书》束之高阁，甚至都没有提交至参议院等待批准。

就像京都在日本战国时代的兵戈抢攘中落寞地维持着旧贵族的体面，《京都议定书》最后也更像是欧洲"Old Money"们的一份自我修养指南。

"难产"的《京都议定书》直到2005年才迎来它的第55个签署国，从而达到生效条件。俄罗斯总统普京扮演了助产师的角色。彼时，俄罗斯正在为加入 WTO 而争取国际支持。

不过,《京都议定书》的影响却是深远的。

京都会议上,美国参考治理酸雨问题的经验,提出碳排放交易制度。此项提议最初受到欧洲人的强烈谴责,他们认为出售污染许可违背伦理道德。但不久后,欧洲就以热情的态度拥抱了碳排放交易体系。如今欧洲已成为世界最大的碳排放交易市场,欧元的地位也随之上升。相比以美元为基础的原油市场,碳排放交易市场拥有更为广阔的发展前景。碳排放交易制度现已成为全世界普遍接受的解决方案,而国际金融市场也暗流涌动。

欧洲碳减排还为中国光伏制造业兴起提供了最初的市场土壤。光伏成为当时中国为数不多的可以称雄全球的高科技产业。凭借在欧洲的积累,光伏制造企业"海归"后,与中国本土发电央企联手,共同推动中国成长为全球太阳能发电第一大国。

《京都议定书》生效当年,中国还通过了《可再生能源法》,以法律形式规定"国家将可再生能源的开发利用列为能源发展的优先领域"。可再生能源是指风能、太阳能、水能、生物质能、地热能、海洋能等非化石能源,属于我们通常所说的"清洁能源"。

同年,国家能源局出台规定,风电设备国产化率未达到 70% 以上的风电场不允许建设。此后,中国风电制造业蓬勃发展起来,2020 年全球前十大风机企业有七家来自中国;中国也自 2010 年起成为全球风能发电第一大国。

此外,中国特高压在争议中技术不断成熟、项目陆续落地,让长距离输送清洁电力、解决能源供需矛盾成为可能。

从某种意义上说,《京都议定书》为中国争取到了发展与转型的宝贵时间。从《京都议定书》提出到《巴黎协定》达成的 18 年间,中国已从政策架构、经济积累、市场培育、技术储备、人才培养、文化传播等多个角度为承诺"双碳"目标做好提前布局。

▸ 哥本哈根激战

《京都议定书》遭遇的重大挫折迫使国际社会放慢脚步,重新调整气候谈判的节奏。这场阵痛,在2009年的哥本哈根气候变化大会达到矛盾集中爆发的顶点。

那一年的丹麦没有童话,只有合纵连横的战国策。2009年9月21日,小岛屿国家联盟(AOSIS)的成员国联合发表声明,要求各国必须努力把18世纪中叶以来,全球气温升高的幅度控制在1.5℃之内。对很多国家而言,将气温的安全警戒增幅从此前普遍认可的2℃降至1.5℃,意味着温室气体减排压力的进一步增大,然而对于小岛屿国家联盟的成员国来说,减排压力却等同于生存希望。

当年10月17日,作为小岛屿国家联盟成员国,马尔代夫共和国的总统召开全球首个"水下会议",如图1-8所示,总统、副总统、内阁秘书和11名部长用防水笔在塑料白漆板上签署一份"SOS(紧急求救)"文件,呼吁所有国家减少二氧化碳排放。这次会议的目的是为了吸引人们关注这样一个可能的前景——海平面上涨或许会在一个世纪内淹没这个印度洋岛国。马尔代夫的岛屿平均只高于海平面2.1米。

图1-8 马尔代夫总统在水下签署文件,呼吁全世界减少二氧化碳排放

在小岛屿国家联盟呼吁将温控指标进一步降低的同时，包括时任中国国务院总理温家宝、时任美国总统奥巴马在内的113个国家的政府首脑远赴丹麦哥本哈根出席会议。以"基础四国"（巴西、南非、印度、中国）为首的发展中国家与以美欧为首的发达国家展开激烈交锋。

此时，中国已经是全球第三大经济体、碳排放第一大国和能源消费第一大国。巴西和印度的经济体量也在飞速增长。美国与欧洲意见高度一致，试图祭出"碳排放"大旗以遏制新兴发展中国家的发展。

而发展中国家则指责发达国家违约，没有向发展中国家提供所承诺的资金和技术支持；部分发达国家的碳排放也不减反增。此外，发展中国家代表再次从人均和历史的双重角度驳斥发达国家的诉求。

温家宝总理在大会上的讲话，代表了彼时大部分发展中国家的意见。

他说："'共同但有区别的责任'原则是国际合作应对气候变化的核心和基石，应当始终坚持。近代工业革命200年来，发达国家排放的二氧化碳占全球排放总量的80%。如果说二氧化碳排放是气候变化的直接原因，谁该承担主要责任就不言自明。无视历史责任，无视人均排放和各国的发展水平，要求近几十年才开始工业化、还有大量人口处于绝对贫困状态的发展中国家承担超出其应尽义务和能力范围的减排目标，是毫无道理的。发达国家如今已经过上富裕生活，但仍维持着远高于发展中国家的人均排放，且大多属于消费型排放；相比之下，发展中国家的排放主要是生存排放和国际转移排放。今天全球仍有24亿人以煤炭、木炭、秸秆为主要燃料，有16亿人没有用上电。应对气候变化必须在可持续发展的框架下统筹安排，决不能以延续发展中国家的贫穷和落后为代价。发达国家必须率先大幅量化减排并向发展中国家提供资金和技术支持，这是不可推卸的道义责任，也是必须履行的法律义务。发展中国家应根据本国国情，在发达国家资金和技术转让支持下，尽可能减缓温室气体排放，适应气候变化。"

哥本哈根大会之后，中国的火电装机容量仍在飞速增长，到2016年，这项数据一举突破10亿千瓦，已经接近美国的发电总装机容量（包括火电、水电、气电、核电、风电、光伏发电等），后者是全球发电装机量第二大国。这意味着中国的火电装机量已足以"打败"几乎所有国家的发电总装机量。直观的数据让中国陷入严重的国际舆论危机难以辩白。

然而，中国在谈判会场之外的努力却往往被忽略。2008年北京奥运会将"绿色奥运"放在三大办奥理念之首。"鸟巢"也选用了中国本土企业尚德提供的光伏发电系统和阳光电源提供的光伏逆变器。2010年上海世博会期间，中国首个海上风电场——上海东海大桥风电场并网发电，该风电场全部使用华锐风电提供的国产海上风机。全球水电第一大国、风电第一大国、光伏发电第一大国的桂冠也陆续被中国收入囊中。

于是，哥本哈根大会以后，中国意识到要与国际社会进行更行之有效的沟通。从2012年的"十二五"规划开始，NGO（非政府组织）与国际智库对中国节能减排目标的建议得到了更多采纳，包括二氧化碳强度目标、能源总量限制、碳交易试点等，中国的减排努力也逐渐被国际社会认可。国家发改委还牵头进行了"面向2050年的中国低碳排放发展的战略研究"。

2014年，习近平总书记提出"四个革命、一个合作"的能源安全新战略，为构建清洁低碳、安全高效的能源体系提供新的理论指导。后来的"双碳"目标与这一新战略一脉相承。

中国开始以更加积极的态度参与到国际气候治理议题中来。气候治理也成为中国参与国际治理规则制定、改革国际治理体系最重要的舞台。

中国等待着一次特殊的亮相机会。

▶ 巴黎定音

历史的车轮驶入 2015 年，国际社会已经迫不及待地呼唤一场新的气候大会。

2013 年，全球大气二氧化碳浓度日均值超过 400ppm，是百万年来首次突破这一关口。次年年底，IPCC 发布第五份气候评估报告。报告认为，如果再不采取行动，全球变暖将超过 4℃。

2015 年 12 月 12 日，时任法国外长、联合国巴黎气候变化大会主席洛朗·法比尤斯敲下带有大会标志的绿色小锤，《巴黎协定》终于尘埃落定。这是史上第一份覆盖近 200 个国家和地区的全球减排协定。其长期目标是把全球平均气温较前工业化时期上升幅度控制在 2℃以内，并努力把温度上升幅度限制在 1.5℃以内。

透过《巴黎协定》文本，我们可以清楚看到中国的坚持获得认可：敦促发达国家提高其资金支持水平、"制定切实的路线图"等内容被写入决议，确保发达国家 2020 年前每年为发展中国家应对气候变化提供 1000 亿美元资金支持的承诺不至于流于形式。

而中国的一些让步也体现出更为成熟的政治智慧：联合国与一些发达国家和地区所关注的定期盘点机制，将于 2023 年启动，以后每五年一次以帮助各国提高力度，这体现了包括中国在内的新兴市场国家的让步。

这份协定充分尊重了各方意见：由小岛国和欧盟支持的 1.5℃之内升温目标被作为努力方向确定下来，但没有具体的落实目标和回顾机制；而时任美国国务卿克里在巴黎大会前就声明巴黎大会将不会达成"协议"，最终巴黎大会达成的也是"巴黎气候协定"，并把减排等目标放在了不具法律约束力的大会决定里。

值得一提的是，《巴黎协定》还认识到过去"自上而下"的强制性摊派机制的不可行性，创造性地提出"自下而上"的国家自主贡献模式，获得广泛认可。该协定在出炉不足一年的时间内就满足条件正式生效。

次年G20杭州峰会前夕，习近平主席与时任美国总统奥巴马一起向时任联合国秘书长潘基文交存《巴黎协定》批准文书，被传为佳话。

然而，好景不长。下一任美国总统特朗普上任不久后就宣布美国退出《巴黎协定》。在他的坚持下，美国于2020年11月4日正式"退群"，成为唯一一个退出该协定的国家。

特朗普指责中国和欧盟在碳减排问题上"言行不一"。国际能源署发布的2019年全球碳排放报告显示，当年美国能源相关碳排放比上年减少1.4亿吨，为全球之最。

反观中国的情况，作为全球排放第一大国，中国温室气体排放量占全球总量的比重从1970年的6%飙升至2017年的27%，人均排放水平也超过世界平均水平。因此，中国在碳减排方面遭遇沉重的国际舆论压力。

但从历史累积排放看，自工业革命以来，中国历史累积排放不到全球的14%，人均历史累积排放远低于发达国家水平。中国遭受的指责其实并不公平。

2021年4月，国家主席习近平同法国总统马克龙、德国总理默克尔举行中法德领导人视频峰会，合作应对气候变化是其中最为重要的一个议题。

习近平主席强调："应对气候变化是全人类的共同事业，不应该成为地缘政治的筹码、攻击他国的靶子、贸易壁垒的借口。中方将坚持公平、共同但有区别的责任、各自能力原则，推动落实《联合国气候变化框架公约》及其《巴黎协定》，积极开展气候变化南南合作。希望发达经济体在减排行动力度上做出表率，并带头兑现气候资金出资承诺，为发展中国家应对气候变化提供充足的技术、能力建设等方面支持。"

中国站在一个新的十字路口。对外，中国希望建立起与经济实力相匹配的政治威信，从积极参与全球气候治理入手，树立负责任的大国形象，进而推动国际秩序的重构；对内，中国则期望开启一场广泛而深刻的经济社会系统性变革，从而达到站在第四次工业革命最前沿、实现"强国梦"的目标。

于是，"双碳"目标在国际风云变幻中破茧而出。这个应运而生的新事物能在下一个四十年里重塑中国吗？

第四节 重塑中国

> 实现碳达峰、碳中和是一场广泛而深刻的经济社会系统性变革，要把碳达峰、碳中和纳入生态文明建设整体布局，拿出抓铁有痕的劲头，如期实现2030年前碳达峰、2060年前碳中和的目标。
>
> ——习近平

历史的车轮滚滚向前，人类社会在一次又一次技术革命中实现重塑与进化。领先者可以在新世界里笑傲江湖，掉队者则面临降维打击，甚至是灭顶之灾的风险。

时间拉回到1793年。这一年，英国使团在正使乔治·马戛尔尼的带领下到访中国。他们以祝贺乾隆80大寿为名，带来了600箱礼物。礼物中包括蒸汽机、棉纺机、织布机等工业革命最新成果。彼时，英国已率先开启第一次工业革命，并加冕"日不落帝国"，殖民地遍布全世界。

但此时的中国还沉浸在"天朝上国"的迷梦之中。以煤为动力的蒸汽机并没有引起中国人太多重视，这个世界煤炭储量第三大国的主力能源依然是薪柴。此后百余年中，当工业革命的火种在欧洲、美国甚至日本燎原的时候，中国却与其失之交臂，继续沿袭着数千年头号农业国的老路，最终跌入落后挨打的万劫深渊。

直到改革开放四十余年间，中国才加速狂奔，真正意义上完成了前三次工业革命的闯关升级。但在这个由发达国家定义的旧世界中，中国被能源危机扼紧咽喉，整个经济社会系统都受到掣肘。

如今，在第四次工业革命中重构一个新世界已成为人类社会的普遍共识。而中国理应成为这场大变革的重要参与者之一。过去四十余年的积累，让中国具备了自我重塑和参与构建人类命运共同体的经济基础与技术实力。未来四十年，中国期待一场新的蜕变。

▶ 重塑能源

"双碳"目标对中国的重塑起笔于能源产业。

山西芮城中条山南侧的60度荒坡上，太阳能光伏板绵延40余千米。这个素有"全球最大光伏电站"之称的新能源大基地占地面积近4万亩，总装机容量达到102万千瓦。

新能源成为山西奋力打造的一张新名片。在大多数人印象中，这个传统能源大省与"煤老板"一词紧密相连。来自山西的煤炭和火电曾为中国改革开放四十年的跨越式发展输送源源不断的工业血液。而这片埋藏着黑金的热土，也曾给予煤老板们冲刺个人财富顶端、创造商业传奇的机遇。

但这个空气中弥漫着浓重煤灰味的省份正在酝酿一场脱胎换骨的转型。2019年，中央全面深化改革委员会将山西确定为全国首个能源革命综合改革试点。中国电力企业联合会公布的数据显示，截至2020年年底，山西新能源发电装机容量达到3283万千瓦，位居全国第五，甚至高于该省火电的全国排名（第六）。而山西的新能源装机量在全省总量中占比已近1/3，远高于全国总体水平。

山西是中国能源产业变革的一个缩影。

早在1980年，山西就被国家定位成煤炭产业改革开放的重点省份。

三年后,国家出台《关于加快发展小煤矿八项措施的报告》,倡导"大中小煤矿并举"的政策。国家、集体、个人齐上阵,为"一煤独大"的能源结构夯实地基,也推动中国加速构建起以化石能源为基础的工业体系。

属于煤老板的"黄金十年"则肇始于2002年。当年,国家取消电煤指导价。此前一年,中国加入WTO,彻底掀开了原煤出口的盖子。市场化改革后,煤价迎来爆发式增长。许多矿工出身的煤矿主,就此摇身一变,成为腰缠万贯的煤老板。"2005胡润能源富豪榜"曾首次为这个神秘的富豪群体给出过一个量化的数字:在上榜的31名富豪中,有8名来自山西煤炭业,占比超过1/4。

然而,煤炭产业蓬勃发展也打开了潘多拉的魔盒。

国家能源局首任局长张国宝曾在自己的著作《筚路蓝缕——世纪工程决策建设记述》中历数煤炭"三宗罪":矿难使煤炭成为最危险的生产行业,2004年中国煤矿矿难死亡人数高达6027人,百万吨死亡率超过3人;煤炭和煤电造成瓦斯(主要成分为甲烷)、二氧化碳等大量温室气体排放;煤炭采掘造成地面沉陷,厂区与居民区被迫搬迁,国家不得不为之买单。

针对煤炭产业的一系列问题,国家决定重拳出击,一方面加大煤炭整合力度,另一方面则加快扶植新能源产业。

2005年,《可再生能源法》获得通过,以法律形式规定"国家将可再生能源的开发利用列为能源发展的优先领域"。同年,国家能源局出台规定,风电设备国产化率未达到70%以上的风电场不允许建设。

经过十余年发展,山西的能源结构得以重塑,并为全国能源革命树立标杆。

中国开启能源结构重塑的另一层考虑则是基于能源安全威胁。

从资源禀赋来看,我国"富煤、缺油、少气",时至今日,我国70%

以上的石油和40%以上的天然气仍依赖进口。2015年,中国超越美国成为全球第一大石油进口国。三年后,中国又超过日本成为全球第一大天然气进口国。但中国在国际市场并未建立起与其消费体量相匹配的话语权。而就在中国油气进口量节节攀升之时,美国却因页岩油气革命逐渐降低对油气进口的依赖。这使得中国的能源形势更为严峻。

2021年3月的苏伊士运河堵船事件再次刺痛中国石油危机的神经。数千千米甚至上万千米外海上关隘的风吹草动,都可能引发国内能源危机,其中尤以马六甲海峡为甚。为缓和能源危机,中国在版图的四个方向先后打通四条油气进口战略通道,即中国—中亚天然气管道、中俄原油管道、海上通道、中缅油气管道。但波谲云诡的国际局势和先天不足的资源禀赋,依然让中国难逃扼喉之困。

2014年6月,习近平总书记在中央财经领导小组第六次会议首提"四个革命、一个合作"能源安全新战略。

能源安全新战略从以下五个方面做出具体阐释。

- 第一,推动能源消费革命,抑制不合理能源消费。坚决控制能源消费总量,有效落实节能优先方针,把节能贯穿于经济社会发展全过程和各领域,坚定调整产业结构,高度重视城镇化节能,树立勤俭节约的消费观,加快形成能源节约型社会。
- 第二,推动能源供给革命,建立多元供应体系。立足国内多元供应保安全,大力推进煤炭清洁高效利用,着力发展非煤能源,形成煤、油、气、核、新能源、可再生能源多轮驱动的能源供应体系,同步加强能源输配网络和储备设施建设。
- 第三,推动能源技术革命,带动产业升级。立足我国国情,紧跟国际能源技术革命新趋势,以绿色低碳为方向,分类推动技术创新、产业创新、商业模式创新,并同其他领域高新技术紧密结合,把能源技术及其关联产业培育成带动我国产业升级的新增长点。

- 第四,推动能源体制革命,打通能源发展快车道。坚定不移推进改革,还原能源商品属性,构建有效竞争的市场结构和市场体系,形成主要由市场决定能源价格的机制,转变政府对能源的监管方式,建立健全能源法治体系。
- 第五,全方位加强国际合作,实现开放条件下能源安全。在主要立足国内的前提条件下,在能源生产和消费革命所涉及的各个方面加强国际合作,有效利用国际资源。

"双碳"目标与能源安全新战略一脉相承,二者从不同角度对重塑中国能源格局提出要求。

基于"双碳"目标,中国提出了"构建以新能源为主体的新型电力系统"。2019 年,在我国能源产业格局中,煤炭、石油、天然气等化石能源占能源消费总量的 85%,而不产生碳排放的非化石能源占比仅为 15%,其中风电、光伏发电等新能源的占比更低,详见图 1-9。

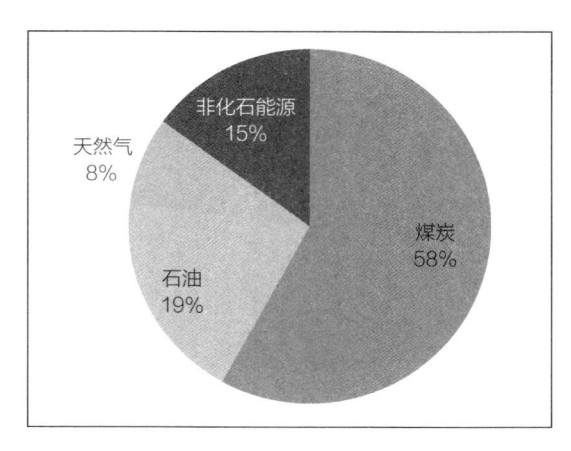

图 1-9 2019 年中国一次能源消费结构

数据来源:国家统计局

未来中国的能源结构将以新能源为主体。等到 2060 年实现碳中和时，中国风电装机容量将是现在的 12 倍多，太阳能会是现在的 70 多倍。如同 20 年前煤老板站在了造富的风口之上，如今，一个新的巨大的产业发展空间被打开，而在产业链的细分领域也将产生众多的新兴产业，创造大量就业机会。

▶ 重塑经济

"双碳"目标还将再次重塑整个中国经济。

过去四十余年改革开放把中国从传统农业国重塑成现代化的工业国家。中国的 GDP 由 1978 年的 3679 亿元增长到 2017 年的 82.7 万亿元，年均实际增长 9.5%，远高于同期世界经济 2.9% 左右的年均增速。中国 GDP 占世界生产总值的比重由改革开放之初的 1.8% 上升到 15.2%，多年来对世界经济增长贡献率超过 30%。目前，中国已成长为世界第二大经济体、制造业第一大国、货物贸易第一大国、商品消费第二大国、外资流入第二大国、外汇储备连续多年位居世界第一。

但与此同时，中国形成了以化石能源为基础的工业体系，以及依靠资源消耗和劳动力等要素驱动的传统增长模式。中国在全球产业链分工中的地位也不容乐观，存在着获取利润低、竞争力弱、总体处于产业链中低端的问题。

"双碳"目标重塑经济将首先在制造业铺开，使之从资源属性切换到科技属性。

2018 年 12 月，总部位于西安的光伏巨头隆基股份总裁李振国曾在第 24 届联合国气候变化大会上提出"Solar for Solar"的发展模式，即用清洁能源制造清洁能源。近几年，该公司在中国云南和马来西亚古晋的产能布局,已经实现了通过清洁低碳的水电来生产光伏产品。隆基股份还声称将继续寻找光照资源丰富、临海且具有地势落差的地方,通过"光伏+抽水储能",进一步推进"Solar for Solar"的产业模式布局。

不只是光伏制造,未来整个中国制造业都将借鉴这一生产模式。以手机生产为例,如果要实现碳中和,无论是负责组装的企业,还是为其提供零部件和原材料的环节,产业链上的每个环节都要实现碳中和。这将使产业链形成一个新的标准。

在碳中和大背景下,全球制造业将形成新的产业格局。中国也将以此为契机,实现经济结构的调整与发展方式的转变,从而提升在全球产业链分工中的地位。

其次,"双碳"目标对企业商业模式的重塑也正在悄然进行。

2021年第一季度,特斯拉实现净利润4.38亿美元,创造历史纪录。但细翻账本就能发现,其主营业务造车亏损1.91亿美元。反而是向其他汽车制造商出售排放权赚取的5.18亿美元支撑了公司利润。

同样的例子也发生在中国。"造车新势力"蔚来汽车在2020年出售碳排放额度所得的收入达到1亿元人民币。与净亏损50多亿元人民币的业绩相比,碳交易无疑是该公司所有业务中最大的亮点。

随着碳市场日趋活跃,碳交易将在包括新能源汽车在内的整个制造业掀起变革的风暴,进而重构全球制造业。

再次,"双碳"目标将对一些重点产业进行重塑。

最为翻天覆地的变化或许会发生在汽车产业。作为碳排放来源的重点产业之一,汽车产业将不可避免地面临颠覆性变革。到2060年实现碳中和时,燃油车将逐渐消失于历史进程之中,取而代之的是电动车和氢能车。

汽车产业是一个国家工业实力的集中体现,被称为"工业王冠上的明珠"。汽车产业在发达国家的GDP中往往占据着至关重要的地位，该产业与许多工业部门联系密切，并集中着许多科学领域里的新材料、新设备、新工艺和新技术。然而，在燃油车时代，作为"后浪"的中国汽车产业却大而不强。

新能源汽车革命让中国看到了弯道超车的机会。在这个新旧交替的过程中，整个产业链将被重塑，既有的汽车产业格局也将被打破。

在电动汽车的核心零部件动力电池领域，中国得以与日、韩三分天下，宁德时代、比亚迪、远景AESC等中国企业具备了强劲的国际竞争力。在氢能车的核心零部件氢燃料电池发动机领域，中国企业亿华通也建立起国际领先地位。这是中国在燃油车时代难以奢望的竞争优势。如果中国新能源汽车产业能在这场革命中强势崛起，那么我们也将享受一个汽车强国所带来的就业红利与消费红利。

最后要提到的是，"双碳"目标对中国经济更深远的影响在于对经济版图的重塑。

改革开放四十余年推动东南沿海地区率先发展，中西部地区则处在相对落后的发展状态。但"双碳"目标将改写这一经济格局。事实上，自21世纪初国家建设"西电东送"工程以来，西南地区就凭借水电优势加快赶超。

2020年前三季度，重庆GDP一度超越广州，冲到仅次于上海、北京和深圳的全国第四位。重庆是三峡工程所在地之一，也是"西电东送"工程最初确定的能源输出地之一。经过近20年的发展，重庆的经济发展取得了令人瞩目的成绩。尽管最终年度数据重庆惜败广州，但以重庆为首的西部城市，其经济发展必将伴随新一轮西部大开发而日新月异。

与重庆相似，四川、云南等原有的水电输出地正在崛起。如前所述，隆基股份将光伏制造基地建在云南，以享受当地廉价而清洁的水电。无独有偶，中铝、魏桥等高耗能企业也纷纷在云南投资设厂，从而带动了西南地区经济发展和就业增长。可以预见，在碳中和大背景下，未来将有更多高耗能企业将产业迁移到西部清洁能源生产地。

但这一现象引发了连锁反应。由于本地经济发展致使电力需求激增，西南地区逐渐从能源输出地向能源输入地转变，2020年重庆还一度陷入严重的电力短缺。畅通能源国内大循环势在必行，中国还需进一步拓展清洁能源的来源渠道。

中国太阳能、风能资源聚集在西部和北部地区，借助特高压输电技术，"西电东送"工程将绵延到更为深广的中国内陆腹地。而中国西部和北部地区在经济版图中的地位也将被重新定义。这些地区可以借鉴西南地区以清洁能源带动经济发展的路线，在新一轮西部大开发中找到属于自己的复兴之路。

▶ 重塑国际秩序

在过去数千年中，中国曾长期处在全球国家发展的第一梯队，直到工业革命改变了中国的命运。

我们不妨先来回忆一下历次工业革命是如何重塑世界的。

1765年，英国纺织工哈格里夫斯发明珍妮纺织机，拉开了第一次工业革命的序幕。技术革新迅速从纺织业扩展到采煤、冶金等许多工业部门。20年后瓦特改良的蒸汽机则将人类推入"蒸汽时代"。

第一次工业革命深刻重塑了整个世界。人类从农业文明步入工业文明，煤炭取代薪柴成为主力能源，大机器生产开始取代工场手工业，生产力得到突飞猛进的发展，资本主义生产关系得以确立。率先完成工业革命的英国很快成为世界霸主。

1840年前后，英国基本完成第一次工业革命，成为世界上第一个工业国家。这支新兴力量旋即发动鸦片战争，向中国发起挑战。鸦片战争重塑了原有的国际秩序，曾经不可一世的中国开始逐步陷入半殖民地的深渊，而以英国为首的西方工业化国家则建立起属于它们的世界霸权。不过，中国似乎并没有因此痛定思痛，以鸦片战争为契机加入第一次工业革命的世界浪潮，这也加速了中国在接下来一个世纪的坠落。

就在中国继续沉沦的时候，第二次工业革命在西方资本主义国家蓬勃兴起。这次工业革命以内燃机和发电机的发明使用为标志。1866年，德国人西门子制成发电机，电器成为补充和取代蒸汽机的新动力，人类由此进入"电气时代"。此后不久，以煤气和汽油为燃料的内燃机相继诞生，从而解决了交通工具的发动机问题，石油工业迎来大发展的新时代。

第二次工业革命加剧了"西方先进、东方落后"的局面。1900年前后，美、德、英、法、日等主要资本主义国家相继进入帝国主义阶段，资本主义世界殖民体系最终确立，世界逐渐融合成一个整体。但与第一次工业革命中英国一马当先不同，第二次工业革命几乎同时发生在几个先进的资本主义国家，工业化国家之间的差距不断缩小，英国此前确立的绝对优势地位开始动摇。既有的国际秩序受到冲击，帝国主义国家之间矛盾不断激化，最终导致第一次世界大战的爆发。

第二次工业革命对东亚秩序的影响是具有颠覆性的。日本借助明治维新实现逆袭，避免了沦为殖民地的悲惨命运，并成功跻身帝国主义之列，从而开启了半个多世纪的侵略史。而中国的洋务运动则以失败告终，"自强"与"求富"的梦想化为泡影。中日甲午战争不敌日本，给中华民族带来空前严重的民族危机，也大大加深了中国社会半殖民地化的程度。中国维持了数千年的东亚霸主地位被日本打破，进而酿成了"一战"后巴黎和会以及后来"二战"的苦果。

"二战"后，第三次工业革命浪潮涌动。这次工业革命以原子能、电子计算机、空间技术等的发明和应用为主要标志。随着电子信息技术发明使用和自动化生产，人类社会从工业文明向信息文明转变，石油取代煤炭成为世界主导能源，天然气的重要性逐步提高。

美苏争霸为第三次工业革命推波助澜，两个超级大国引领了这场革命，并在装备竞赛中不断推动自身乃至背后两大阵营的技术进步。苏联解体、冷战结束后，两极格局随之瓦解，取而代之的是"一超多强"的国际政治经济新格局，美国成为世界上唯一的超级大国。在这个以石油为工业血液的时代，美国利用石油美元体系绑架了世界经济，继续延续其金融霸权。

在第三次工业革命中，中国成为最引人注目的新兴力量。作为前两次工业革命的缺席者，这一次，中国终于没有掉队，而是以跟随者的身份奋起直追。新中国成立后，中国建立起完整的工业体系。改革开放后，中国又将这一具有中国特色的工业体系发扬光大。中国在原子能、电子计算机、空间技术等科技领域紧跟世界步伐，并逐步缩小与发达国家的差距。如今，中国已成为世界第二大经济体、制造业第一大国和最大的发展中国家，在"一超多强"的国际格局中占据一席之地。

回顾过往，每一次工业革命都是一场深刻的社会变革，推动了经济、政治、思想、军事、国际关系等诸多方面的变革。各方实力对比的此消彼长不断冲击旧的世界秩序，国际社会往往会在激烈而残酷的大博弈中寻找新的平衡。

这也是崛起中的中国当下正面临的巨大挑战。随着第四次工业革命吹响号角，多极化发展成为世界大势所趋，但这也注定是一个漫长曲折、充满复杂斗争的演变过程。

第四次工业革命将再次重塑整个世界。站在历史与全球两大视野构建的坐标系中，中国提出"双碳"目标这一重大战略决策。

刚刚开始的第四次工业革命，物理与信息融合加速智能生产，人类社会正在经历从信息文明向智慧文明转变的阶段，太阳能、风能、水能、氢能等清洁能源将取代化石能源成为世界主导能源。

这意味着到2060年中国实现碳中和时，可以摆脱对外部能源进口的依赖。"石油地缘政治时代"将被完全打破，传统石油出口国将面临全面利益丧失。而国际竞争的焦点也将逐渐转移到新能源和低碳技术价值链的控制上。因此，新一代信息技术、高端装备、新材料、新能源、节能环保等高新技术产业和战略新兴产业的突破与发展，对未来中国参与国际竞争具有至关重要的意义。

与前几次工业革命建立世界殖民体系不同，中国积极参与第四次工业革命，将促进中国式的"和文化"在世界范围内广泛传播。"双碳"目标与"一带一路"相结合，也将推动构建人类命运共同体，促进全球治理体系变革，从而共创一个和平、安宁、繁荣、开放、美丽的世界。

本书第六章将详细论述碳中和时代的国际能源新秩序。

第二章
Chapter 2

技术大爆炸

第一节
跨越新能源临界点

> （中国风电）在不到十年的时间内跃居世界首位，建立起完整的风电工业体系，以致外国人惊呼，一个国家建立起完整的行业体系往往需要几十年时间，而中国在不到十年就办到了。这不能不说是个奇迹。
>
> ——国家发改委原副主任、国家能源局原局长　张国宝

2008年北京奥运会，奥组委将"绿色奥运"列入三大办奥理念之首。为展现这一理念，奥运主场馆"鸟巢"在设计建设中，安装了由中国本土光伏公司无锡尚德提供的130千瓦光伏发电系统。相对于开幕式超过1万千瓦的用电需求，这个光伏系统的象征意义显然远远大于其实际意义。

当时或许不曾料到，14年后的2022年北京冬奥会，中国会在奥运历史上破天荒地提出"100%使用绿色电力"的目标。北京冬奥会举办地之一张家口，将以700万千瓦的新能源装机，全面满足北京及张家口地区的26个冬奥会场馆用电需求。

从130千瓦到700万千瓦，中国新能源行业在这14年间经历了跨越式发展。14年前，中国电力装机结构中，火电占比高达77.7%，水电占20.4%，风电和光伏发电则几乎可以忽略不计。14年后，中国已成长为当之无愧的全球风电第一大国和光伏发电第一大国，且发展势头依然强

劲。图 2-1、图 2-2 分别为 2010—2020 年中国及全球光伏发电累计装机容量与 2008—2020 年中国及全球风力发电累计装机容量。

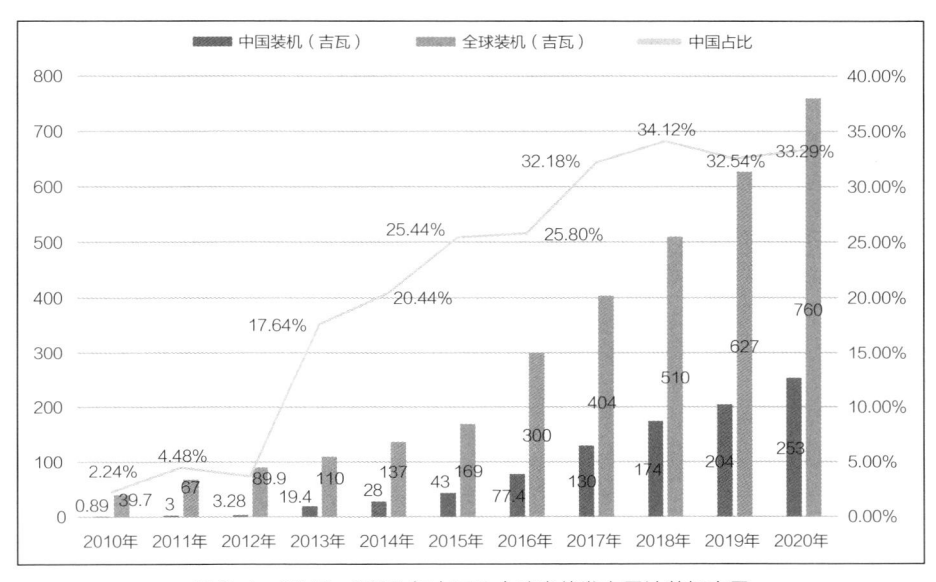

图 2-1　2010—2020 年中国及全球光伏发电累计装机容量
数据来源：国家能源局、国际可再生能源署

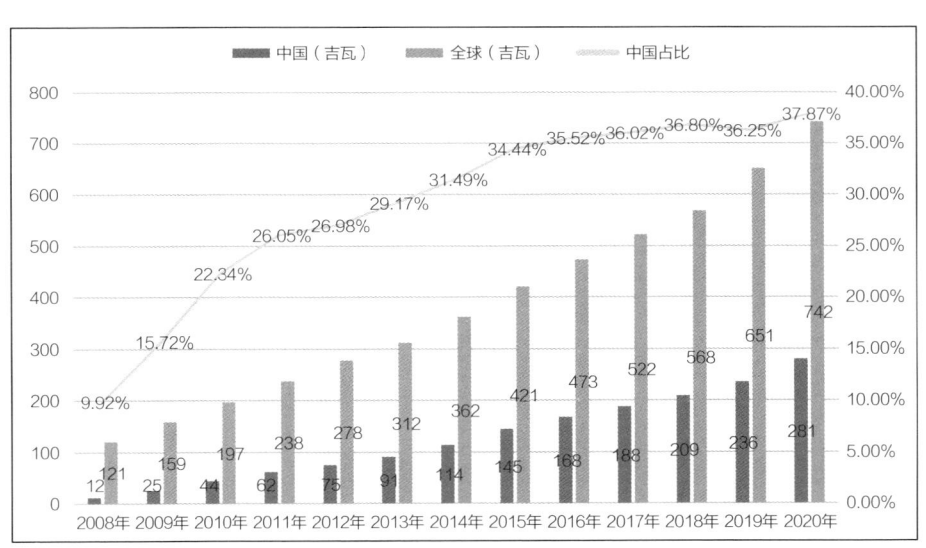

图 2-2　2008—2020 年中国及全球风力发电累计装机容量
数据来源：中国可再生能源学会风能专业委员会、全球风能理事会

新能源行业有两个关键角色："搞运营"的开发商，即发电公司，类似于通信行业的移动、联通、电信，航空行业的国航、南航、东航，铁路行业的中国铁路总公司；"做产品"的设备商，即光伏公司和风机公司，类似于通信行业的华为、中兴，航空行业的波音、空客，铁路行业的中车。

曾经有学者提出，不同行业的技术创新，摸索出两种截然不同的成功模式：以通信为代表的"单峰模式"和以铁路为代表的"双峰模式"。而中国的新能源行业恰恰是两条腿走路，光伏和风电分别沿着两种模式取得突破。

单峰模式，是指设备商在没有运营商显著扶持的情况下，率先"单峰"崛起，再反过来用产品和服务打动运营商。华为就是这一模式的典型代表。中国光伏行业走过了相似的发展路径。尚德、天合等光伏公司先是出海获得了国际市场的认可，推动中国自 2007 年起坐稳全球最大光伏制造国之位，然后再"海归"成为本土发电公司的核心供应商。在双方携手努力下，中国自 2015 年起即为全球光伏装机量第一大国，中国光伏制造业目前在全球也已建立起主导地位。

双峰模式，是指运营商主导全局，为设备商创造稳定的市场环境与投资回报，二者紧密配合，协作攻坚。这是一个极具中国特色的发展模式，高铁就是这一模式的典型代表，中国风电行业采取的也是这种模式。早年为打破国外风机公司对中国市场的垄断，国家发改委出台扶植政策，以龙源电力为代表的发电公司主导，与金风、华锐、远景、明阳等本土风机商合作攻关，从而取得国产化突破。中国自 2010 年起一直保持着全球风电装机量第一大国之位，龙源电力也从 2015 年起长期稳坐全球风电开发商头把交椅，而在 2020 年全球前十大风机商中中国公司占据七席。

新能源技术大爆炸，带动风电、光伏发电成本急速下降。如今，我国陆上风电和光伏已基本具备与火电平价上网的条件。国际可再生能源署曾发布报告，对全球可再生能源发电技术成本下降情况进行了分析，详见图 2-3。

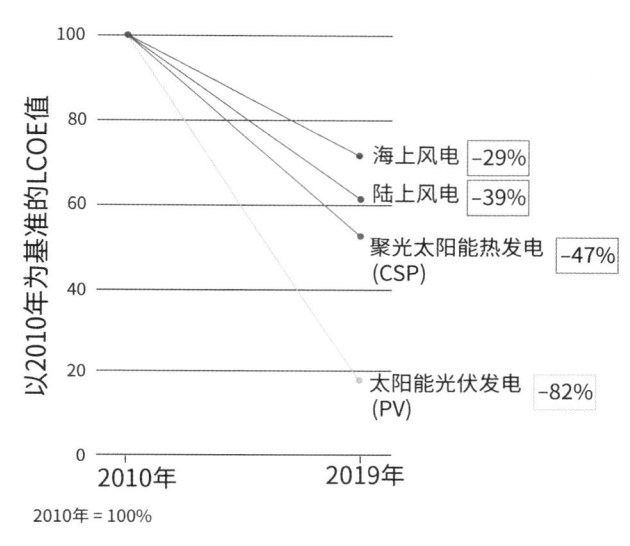

图 2-3　全球可再生能源发电技术成本下降

数据来源：国际可再生能源署

落基山研究所董事科本·卡尔霍恩提出，历史经验表明，当新的颠覆性技术的市场份额达到 3% 左右时，产业就到达了它的临界点。美国马车需求量峰值出现在汽车保有量达到 3% 的市场占比时，英国煤气照明需求峰值出现在电气照明市场份额达到 2% 时，而美国固定电话用量在无线电话市场份额超过 5% 时开始大幅下降。

2020 年，风电和光伏发电量已经占据中国发电量的 10%，表明其爆发的临界点已经到来。

▶ 光伏的征途

光伏的故事有一个不同凡响的开端。

1921年，爱因斯坦获得诺贝尔物理学奖。鲜为人知的是，他获奖并非因为著名的相对论，而是基于其对光电效应的研究。研究显示，光是由极其微小的光子组成的，当阳光照到太阳能光伏电池上时，光子就会被电池吸收。接着它们就会取代电池半导体材料中的电子位置。这些被替代的电子就会沿着规则的路线离开硅，从而形成电流。

爱因斯坦的研究为近一个世纪后光伏行业的大发展提供了理论基础。理论在现实应用中取得突破发生在1953年。美国贝尔实验室的两名科学家发现，表面涂上镓的硅板产生了爱因斯坦所描述的光电效应。不过，早年光伏电池主要应用于太空领域，作为卫星标准装备之一，光伏电池高昂的成本让地面应用望而却步。

光伏的商业化应用首先要感谢OPEC（Organization of the Petroleum Exporting Countries，石油输出国组织）。1973年，第四次中东战争爆发，以阿拉伯国家为主力的OPEC为打击对手以色列及其背后的西方国家，宣布实施石油禁运，从而引发第一次石油危机。在此背景下，西方国家纷纷开始寻找替代能源，光伏发电受到重视。首家商用光伏电池公司Solarex就是诞生于这一国际剧变之时。

中国的光伏故事则还要等到21世纪初。2000年，师从"全球太阳能之父"马丁·格林的施正荣，放弃了在澳大利亚如日中天的事业，毅然选择回国创业，前文提到的无锡尚德就此诞生。2001年，该公司第一条10兆瓦的光伏电池生产线投产，产能相当于此前4年中国光伏电池产量的总和。因此，施正荣算是凭一己之力将中国光伏产业与国外的差距缩短了15年。他本人也一度成为中国光伏产业的代言人。

中国光伏产业发展遵循的是"单峰模式"。因此，相比于风电行业，光伏行业似乎更多了一些个人英雄主义的色彩。

施正荣很快感受到什么是"时来天地皆同力"。2004年，德国重修

《可再生能源法》，出台力度空前的补贴政策。2005年，《京都议定书》正式生效。原本打算去纳斯达克上市的尚德被纽交所截和，成为第一家在美国主板上市的中国民营企业，融资近4亿美元，远超新浪和盛大。2006年，施正荣以186亿元的身家成为中国首富。

那些年的光伏，其造富能力堪比互联网。下面这份名单还能窥视当年盛况：尚德的施正荣，2006年中国首富；汉能的李河君，2015年中国首富；协鑫的朱共山，2009年中国能源界首富；赛维的彭小峰，江西首富；英利的苗连生，河北首富……

纵观中国光伏行业，大致可以分成两个阶段，其中"降成本"始终是行业发展的主题。第一个阶段，中国光伏企业打败外国竞争对手，迅速占领全球市场。这个阶段主要依靠的不是技术优势，而是低廉的人力成本。为了降低成本，中国企业甚至会采用低成本的人工而非昂贵的机器来从事生产。第二个阶段，中国光伏企业进入"内卷期"，站在同一起跑线上的选手才真正开始了技术竞赛。

我们先回到第一个阶段。当中国的光伏首富们还沉浸在资本的狂欢中时，这个新兴产业已经隐忧初现。

展开光伏产业链简图，大致分为"硅料—硅片—电池片—组件—系统及电站"五个环节。当时，中国光伏行业面临"两头在外"的困境。"两头"的硅料和电站在国外，中间利润较低的硅片、电池片、组件环节在国内。这意味着中国实际上正处在整个光伏产业链的较低端。

由于"两头在外"，中国光伏企业在欧美去补贴和"双反"（反倾销、反补贴调查）的暴风雨中遭遇灭顶之灾。2011年中国光伏出口额为358亿美元，两年后，这项数据断崖式下跌到123亿美元。中国光伏企业几乎全部陷入巨额亏损中。尚德也在这场风暴中最终走向破产。

从兴起之初，中国光伏"设备商"似乎就从未享受过类似风电行业的

"温室"待遇。不过，光伏公司在国际市场的优异表现，终于打动了下游"运营商"。2011年，原中电投与协鑫签订战略合作框架协议。当时的中电投是五大发电集团中实力最弱的一家，他们找到协鑫集团董事长、"世界硅王"朱共山，希望借此开启向新能源的战略转型。如今，原中电投重组成国家电投，该公司目前已是全球最大的光伏开发商和中国五大发电集团中唯一清洁能源占比过半的公司。

中国市场很快进入高速发展期，自2015年起，中国即成为全球光伏装机量第一大国。国内市场大爆发让光伏制造商们终于拥有了国内外双管齐下的战略缓冲优势，从而为其征战全球提供了坚实的后盾。

光伏产业在中国企业的加入后成本急剧下降。从2002年无锡尚德第一条光伏电池线投产，到2012年欧美发起"双反"，中国光伏度电成本从5元/千瓦时下降到0.8元/千瓦时，十年降幅为84%。

换成别的行业，成本下降到这个程度，产业基本会形成稳定的寡头格局。但光伏产业的激烈竞争却并未因此停步，更为残酷的技术竞赛蓄势待发。

光伏有两种技术路线：晶硅和非晶硅。非晶硅主要指薄膜电池，薄膜由于转化效率不高、性价比优势不足，所以相对冷门。目前光伏的主流路线还是晶硅。

晶硅又分为两种技术路线，即单晶和多晶。沿着上面提到的光伏产业链来看，过去数年间最重要的光伏技术革命就发生在"硅料—硅片"这段流程中。多晶硅料主要有两种加工方式：拉棒生成单晶硅棒，再切片成单晶硅片；或者铸锭生成多晶硅锭，再切片成多晶硅片。二者肉眼可见的区别，单晶硅电池片是深蓝色、正方形四角呈圆弧状；多晶硅电池片是浅蓝色、正方形。

2006年前后，单晶硅片仅比多晶硅片高2%的光电转化效率，但是多晶价格却比单晶低很多，且工艺也简单。因此，单晶硅片的市占率不断下滑，面临着被边缘化的风险。

单晶的逆袭首先应归功于国家政策导向。2015年，国家推出"领跑者计划"，对光伏组件转化率提出更高要求。当时，单晶产品80%可以满足要求，而多晶产品仅20%可以满足。这种明显的政策倾斜，被解读为国家在有意引导整个产业从门槛较低的多晶转向效率更高的单晶。

但自上而下的政策导向还需要自下而上的技术突破。隆基扮演了这场逆袭的主导者。就在2015年左右，隆基在硅片切割技术上取得巨大突破。他们经过反复研究，创造性地选用电镀金刚线替代传统的砂浆切割，而金刚线在当时主要用于切割蓝宝石。硅片厚度与切割时的损失量，是影响晶体硅电池成本甚至并网发电成本的第一个决定性因素。隆基进行全部切割设备替换后，单晶硅片成本下降10%~15%、综合成本下降30%，切割速度提高1倍以上。隆基创始人兼总裁李振国曾骄傲宣布："多晶硅即便价格降到0，我们也比他们有竞争优势。"

单晶的性价比优势带来市场需求的几何级增长。短短五年时间，单晶市场份额从不到两成增长到如今的九成。单晶已基本实现对多晶的碾压式超越。而隆基股份也成为有史以来市值最高的光伏企业，其市值目前已超越世界煤炭霸主中国神华。

但光伏产业因此进入"历史的终结"了吗？答案是否定的。这个"城头变幻大王旗"的行业似乎从来不缺试图颠覆格局的新生力量。曾经的多晶霸主协鑫另辟蹊径押注钙钛矿。作为下一代光伏技术的潜力路径，钙钛矿成为各大光伏企业正在争抢的新赛道。其他萌芽中的新技术也蓄势待发。

光伏产业在不断的技术迭代中逐渐集聚起足以与传统能源相抗衡的成本优势。但每一次新技术的成熟落地，都意味着新王的加冕和旧王的落寞。

光伏产业还有一个值得关注的细分领域——光伏逆变器。回到"硅料—硅片—电池片—组件—系统及电站"产业链简图，光伏逆变器与光伏组件等共同组成光伏系统。它能将光伏组件产生的直流电转换成我们日常使用的交流电，因而被称为"光伏发电系统的大脑和心脏"。目前全球光伏逆变器行业已形成两极格局，"两极"均来自中国。其中"一极"是阳光电源。该公司是早年光伏逆变器国产化浪潮的领军者，在实现技术国产化后，凭借成本优势称霸全球。另外"一极"则是大名鼎鼎的华为。华为中场跨界搅局，挑战阳光电源的霸主地位，二者在"内卷"中不断推动光伏逆变器产业的技术迭代和成本下降。

光伏系统的应用场景随着技术进步不断拓展。大规模光伏电站在西部太阳能资源丰富的地区地毯式铺开，与风电、水电等清洁能源一道，通过特高压工程输往东中部和南部地区。分布式光伏则在城市与乡村遍地开花，其中，工商业光伏在鳞次栉比的建筑物屋顶上为智慧城市运转而"造血"；户用光伏已成为乡村振兴的一个重要手段。

▶ 风电的进击

风力发电的原理，是利用风的动能带动风机叶片旋转产生机械能，再透过一整套系统最终促使发电机发电。风电涉及空气动力学、机械设计与制造、电气工程、自动化控制、材料学、海洋工程等多学科交叉，属于高新技术产业和战略性新兴产业。早年很多风电研发人员就是飞机研发出身。

人类对风能的利用由来已久。工业革命以前，风车就曾广泛应用于农业和工业，当时欧洲1/4的工业能源都来自风能。工业革命使煤炭成为主力能源，风车也逐渐被蒸汽机取代。从这个意义上说，如今煤电与新能源的此消彼长，也算是风能的一次"伟大复兴"。

在风电界有一种广为流传的说法：现代风电产业的诞生，要感谢OPEC、美国加州的税收减免政策和丹麦的农机产业。

1973年的第一次石油危机后，风电也同光伏一道异军突起。其中美国加利福尼亚州成为全世界风电"淘金者"蜂拥而至的圣地。加州坐拥三个巨型风田，被冠以"风电沙特阿拉伯"之名。而这个风能富集区恰恰是美国GDP第一大州，硅谷和好莱坞皆位于此，用电需求量大。在当时州长的极力支持下，加州政府出台了力度很大的税收减免措施。于是，截至20世纪80年代中叶，全球90%的风电投资都集中在加州，加州成为现代风电产业的诞生地。

不过，直到1987年，加州安装的90%的新风机都产自丹麦。丹麦风电产业根植于农机产业，当今全球最大的风机公司之一丹麦维斯塔斯最初就是一家农机设备公司。丹麦风机产业崛起的另一个关键因素是瑞索国家实验室，该实验室由爱因斯坦的宿敌、丹麦诺贝尔物理学奖得主玻尔发起成立，其初衷是为推动核能利用。后来由于丹麦对核能支持降低，部分科研人员不得不把研究方向转向风能，这大大提升了风能行业的科研实力。

20世纪80年代，丹麦人已经不再满足于在美国加州独领风骚，他们把目光投向中国这片新蓝海。丹麦政府援助中国建设了当时亚洲最大的风电场——新疆达坂城风电场，这个风电场后来培育出当今中国最大的风机公司金风科技。中国在山东荣成建设的国内第一座风电场，选用的也是丹麦风机。

然而，风电对于当时的中国来说还过于超前。那个年代，中国还是石油出口国，完全没有如今70%以上石油依赖进口的能源安全顾虑；煤炭在一次能源消费中占比尚在75%以上，电源结构以火电为主导、以水电为补充；1992年里约峰会也约定发展中国家无须承担减排义务。

真正意义上的"中国风电元年"要等到2005年。这一年，国际上《京都议定书》正式生效，中国国内《可再生能源法》获得通过。不过，丹麦人并没有等来加州式的市场大爆发，中国人很快将国产化摆在了风电行业发展的首位。同年，国家发改委出台政策，要求风电设备国产化率达到70%以上，不满足设备国产化率要求的风电场不允许建设。

当时，国产风机在中国市场的占有率仅有25%左右。实现风机国产化，先要解决"有没有"，再去解决"全不全""强不强"的问题。

相比光伏，风电在资金、技术等方面门槛更高，因而注定更适合选取"双峰模式"。为推动"双峰模式"落地，国家发改委还亲自出面，主持了"华能+华锐""龙源+金风"两组搭档的结对合作。

"双峰模式"取得立竿见影的成绩。"龙源+金风"组合稳扎稳打。2006年，龙源在新疆的一个国产化示范项目投产发电，该项目使用了40台金风生产的750千瓦风机，这是国内首次大规模应用国产化风机。"华能+华锐"组合势头更猛。也是在2006年，华锐风电下线了中国第一台国产化1.5兆瓦风机，并成功并网发电。次年，中国第一个国产化兆瓦级风电场——华能威海一期13台风机一次性通过预验收。

在华锐风电和金风科技的引领下，本土风机公司如雨后春笋般大量涌现。国产化政策出台后不久，这个原本被外资巨头垄断的市场，已尽是本土风机公司的天下。维斯塔斯等外资巨头战略性放弃中国市场的一个关键原因就是价格。与其他行业一样，风机国产化带来的最显著影响就是价格大幅下降。这也为风电日后承担起碳中和重任奠定了基础。

不过，早年风电"大跃进"发展中出现了一段令人痛惜的插曲。2011年春，甘肃酒泉、河北张家口等多地发生风机脱网事故，对当地电网造成严重威胁。关于风电"垃圾电"的指责汹涌而至，当时的行业龙头华锐的地位也开始江河日下。事故倒逼着风电行业开启全面"大体检"，下大力气提升风电并网技术的安全性、稳定性。

华锐风电的坠落并没有阻挡中国风电产业继续腾飞。值得一提的是早年中国风电行业"双峰模式"的主导——龙源电力。龙源电力原隶属于五大发电集团之一的国电集团，后来国电集团与神华集团合并成国家能源集团，龙源电力现为国家能源集团旗下子公司。

2005—2009 年，龙源电力与金风科技合作，在新疆、甘肃、内蒙古、黑龙江等"三北"地区（华北、东北、西北）风资源富集区共同推动 1.5 兆瓦国产风机的技术研发和市场运营。

解决好"有没有"的问题后，龙源电力开始在"全不全"上下功夫。随着风电技术、特别是风机技术的进步，加之中国"三北"地区弃风限电越来越严重的影响，2009 年前后，龙源电力开启"上山、下海、低风速"的战略转型，把版图从"三北"地区扩张到全国各地，同时也将更多的本土风机公司纳入生态圈。

2009 年，龙源电力在江苏如东建设全球首座海上（潮间带）试验风电场，为明阳、联合动力、远景、上海电气、海装、三一集团、金风、华锐 8 家当时中国主力风机公司提供海上风机试验平台。中国陆上风能资源富集区与高耗电区域呈逆向分布，"三北"地区的风电输往经济发达地区，需要大规模建设特高压工程等输电线路。而海上风能资源富集区却恰好与高耗电区域重合，沿海发达省份大多对海上风电兴趣浓厚。但海上风电比陆上风电技术含量更高，产业链更为复杂，龙源此举算是开创了"中国海上风电的黄埔军校"。

2010 年，龙源电力又与远景能源、联合动力在安徽来安试验开发低风速风电场，开中国低风速地区风电开发之先河。中国风资源 60% 以上为低风速地区，低风速风机在用电需求量较大的中东部地区具有广泛适用性，但国产风机在低风速领域却长期缺位。随着次年远景 99 台和联合动力33台低风速风机全部投产发电，国产风机终于填补了此项空白。远景也凭借低风速，"弯道超车"成为当今中国第二大风机公司。

2012年，龙源电力又与联合动力合作，建设西藏那曲高海拔试验风电场，这个平均海拔4600米的风电场是目前全球海拔最高的风电场。

"双峰模式"在中国风电行业掀起国产化浪潮。国家能源局首任局长张国宝在自己写的书中评论道："（中国风电）在不到十年的时间里跃居世界首位，建立起完整的风电工业体系，以至于外国人惊呼，一个国家建立起完整的行业体系往往需要几十年时间，而中国不到十年就办到了。这不能不说是个奇迹。"

在这个过程中，"运营商"与"设备商"相辅相成。龙源电力自2015年起稳居全球最大风电开发商之位；金风科技一度成为全球年度新增装机量最大的风机商；而2020年全球前十大风机商中中国公司占据七席，它们分别是金风科技（第二位）、远景能源（第四位）、明阳智能（第六位）、上海电气（第七位）、运达股份（第八位）、中车风电（第九位）、三一重能（第十位）。

放眼全球，如今只剩下维斯塔斯、GE和西门子歌美飒三家外资巨头。不过，我们需要承认，这三巨头无论在技术上还是国际市场的渗透上仍领先于中国企业。本土企业稳固如今之地位，主要还是依靠庞大的中国市场。这也导致风电领域中国市场与国际市场的长期割裂：海外三巨头很难打入中国市场，而中国企业在国际市场同样举步维艰。

中国风机界在"强不强"的问题上还任重而道远。其中一项重点便是风机大兆瓦化的技术攻坚。风机大兆瓦化被视为降低成本的主要手段之一。2021年起新核准的陆上风电项目取消国家补贴，海上风电的国家补贴也将于2022年取消。降成本成为风电行业在"后补贴时代"和"'双碳'目标时代"提升竞争力的重中之重。如果一台风机的功率变大，那么一座体量已定的风电场所需的风机数量就会变少,这可以有效降低用地、运输、安装、运维等方面的成本,这些优势在海上风电领域体现得尤为突出。图 2-4 为江苏盐城海上风电场。

图 2-4　江苏盐城海上风电场

全球风机大兆瓦浪潮至今仍由海外三巨头引领。2018 年,维斯塔斯率先推出 10 兆瓦海上风机,把全球海上风电引入"两位数"竞争时代。2019 年,GE 的 12 兆瓦海上风机样机在荷兰鹿特丹并网发电,成为目前全球已安装的最大风电机组。其 13 兆瓦和 14 兆瓦海上风机也已接连拿下订单。西门子也不甘示弱,2020 年,该公司发布一款 15 兆瓦机型,刷新全球最大风机纪录,其 14 兆瓦海上风机也于 2020 年拿下大单。

重压之下,"双峰模式"推动中国风机公司奋起直追。这一次,最亮眼的主角是三峡集团和东方电气,二者曾在水电领域长期合作攻坚,现在他们把这一模式移植到风电领域。2019年，东方电气成功研制出我国首台10兆瓦海上风机。次年，三峡集团为其提供了第一份批量订单，目前这台风机已在福建兴化湾并网发电。

近年来，越来越多的"运营商"加入风电大开发的浪潮之中。华能集团、国家电投集团、三峡集团是其中最突出的代表。在碳中和大背景下，这些电力央企是国家能源转型的主力军。它们具备比龙源电力更强大的资源整合能力，因而也肩负着与"设备商"一道在风电技术"强不强"上继续攻坚克难的重任。

第二节 "西电东送"再升级

> 加快发展特高压电网是构建中国能源互联网的关键。特高压技术作为我国原创、世界领先、具有自主知识产权的重大创新，破解了远距离、大容量、低损耗输电世界难题，是构建特大型互联电网、实现清洁能源在全国范围高效优化配置的核心技术。
>
> ——全球能源互联网发展合作组织主席 刘振亚

自 21 世纪初西电东送工程提议以来，关于"电从身边来"还是"电从远方来"的争论就一直连绵不绝。

"电从身边来"的支持者援引欧洲能源发展的案例，对分布式能源寄予厚望。近年来，欧洲能源系统正在由大型集中式发电站向小型本地化的绿色环保替代方案转型。加之欧洲原本就在碳中和领域走在世界前列，因此欧洲的做法往往备受全球关注与效仿。

"电从远方来"的倡议者则提出更具中国特色的解决方案，他们打磨出特高压这一利器，希望在畅通国内大循环的基础上进一步联通国内国际双循环。在我国，特高压是指 ±800 千伏及以上的直流电和 1000 千伏及以上交流电的电压等级。特高压电网具有远距离、大容量、低损耗等优势，输电能力可达到 500 千伏超高压输电的 2.4～5 倍，输电距离可达数千千米，堪称"电力界的高铁"。特高压技术成熟，有利于将富集在我国西部和北部地区的清洁能源资源输送到经济社会相对发达的东中部地区。

两种治理理念的背后是不同国家与地区之间历史文化底蕴的差异。

欧洲分布式的能源体系架构根源于其小国林立的社会形态。欧洲历史的大部分时期都是以分裂状态为主流，缺乏"全洲一盘棋"的社会基础，跨区域调配资源在现实阻力中成本高企。久而久之，欧洲人便形成了"充分挖掘身边资源""先身边后远方"的分布式思路。

但如果对古罗马历史有所了解就会发现，在欧洲历史上短暂的统一时期，也曾奉行过"全国一盘棋"的治理理念，"条条大路通罗马"至今仍被传为美谈。

不只是罗马帝国，历史上任何一个大帝国，诸如波斯帝国、阿拉伯帝国、蒙古帝国等，都无一例外地将畅通内循环的基础设施建设摆在重中之重的位置。跨区域优化资源配置，几乎是所有泱泱大国都会选择的国家战略。

中国也概莫能外。与欧洲相反，中国历史的大部分时期都是以统一为主流。即便是分裂割据时期，大多数时候这些割据政权放在世界范围内也够得上大帝国的标准。

统一的国家社会基础，奠定了"全国一盘棋"的治理理念。秦修筑驰道，隋与元开凿大运河，这些功在当代、利在千秋的伟大工程都曾在当世的口诛笔伐中玉汝于成，终于打通古代中国繁荣富强的任督二脉，为后世铸就巍巍丰碑。而特高压正是这一治理理念的延续。

从这个意义上看，我们也应该为特高压立一块无字碑，是非功过留给后人评说。

▶ 西电东送 1.0

西电东送的故事开始于 21 世纪初。

国家能源局首任局长张国宝曾在自己写的书中做过如下记录。

2000 年 8 月初的北戴河会议上，时任广东省委书记李长春带来一项重大议题——请求中央批准广东省在"十五"期间新建 1000 万千瓦发电机组。彼时，广东在改革开放的春风中高歌猛进。改革开放前广东的经济总量只有辽宁的 80%，但此时东北三省的经济总量已只有广东的 80%。电力需求随之飞速增长，缺电成为制约广东经济发展的瓶颈。1991 年至 1995 年的"八五"期间，广东年均电力增长高达 18.21%，"九五"期间增速也保持在 8.4%。同时，广东还承担着向香港、澳门和湖南南部供应部分电力的任务。广东省方面预测，"十五"期间其新增电力需求将达到 1400 万千瓦。

但在当年开启的"西部大开发"战略下，中央却另有一番思虑。时任国务院总理朱镕基极力主张"西电东送"。他建议在贵州、云南建设 1000 万千瓦发电机组，以水电为主，再将电送往广东。这样既可满足广东日益增长的电力需求，又为西南部经济落后省份找到一个新的经济增长点。

两种不同方式的考量，开启了之后数十年关于"电从身边来"还是"电从远方来"的大博弈。身边的火电可以带来 GDP、税收和就业，远方来的清洁能源则代表着更为高瞻远瞩的智慧。于是，2000 年北戴河会议上如何定调，具有至关重要的历史意义。

最后，江泽民总书记表态支持"西电东送"方案。而针对云南、贵州能否增供 1000 万千瓦电力给广东的疑虑，时任全国人大常委会委员长李鹏提出，可以增建一条从三峡到广东的输电线路，将三峡原准备全部送往华东地区的电力转送 300 万千瓦到广东。输电广东被锁上"双保险"，这一方案获得与会者的一致赞同。

张国宝等人连夜根据会议精神起草了一份西电东送报告。国务院很快批准报告，项目开始进入实施阶段。

依托当时相对成熟的超高压技术，南方电网与国家电网共同打响"五大战役"，分期分批配合电源建设完成向广东送电的输电线路建设。所谓"五大战役"，是指天生桥—广州±500千伏直流输电工程、天生桥—广东第三回500千伏交流输变电工程、贵州—广东500千伏交流双回输变电工程、三峡—广东±500千伏直流输电工程与贵州—广东±500千伏直流输电工程。2004年9月，"五大战役"所有电网项目圆满完成，比原计划提前了15个月，向广东送电1000万千瓦的承诺得以兑现。

西电东送工程的影响是深远的。它奠定了跨区域输电的整体基调，为特高压登场提前搭建了舞台。而特高压技术突破，则为实现"双碳"目标，以及能源领域畅通国内大循环、联通国内国际双循环熔铸出一把利器。

西电东送还为西南省份找到了新的经济增长点，西南地区凭借水电优势成功崛起。但这也引发新的问题，从而印证了之前部分专家的顾虑：未来西南地区发展了，无电可输或少输了要怎么办？

矛盾集中爆发于"白鹤滩争夺战"。白鹤滩水电站位于四川与云南交界的金沙江上，建成后将是仅次于三峡水电站（装机2240万千瓦）的全球第二大水电站，规划装机1600万千瓦。按照原计划，白鹤滩水电站将配套建设白鹤滩—江苏、白鹤滩—浙江两条±800千伏特高压直流输电工程，以满足华东地区日益增长的电力需求。但2020年3月，四川、重庆联合上书国家能源局，以"成渝地区双城经济圈建设"为由，请求将白鹤滩水电站电力全部留在川渝电网消纳。云南作为水电站所在地之一，也希望分得电力300万千瓦。

白鹤滩争夺战打响之时，重庆由于近些年经济的迅猛发展，同样面临着电力短缺的问题。而云贵等省廉价的水电，也吸引了众多高耗能企业将产业西迁，近年来其电力需求不断激增。这些原定的西电东送输出地已逐渐向电力输入地转变。

最终，国家能源局没有支持川、渝、滇三地的诉求，仅川、滇留存了少部分电量，白鹤滩水电站原有的电力外送方案总体上未受影响。

但发展中产生的问题，需要通过进一步的发展来予以解决。西电东送在走过 20 个春秋后，需要谋划出一盘更大的棋局。2020 年和 2021 年，重庆已连续两年将"疆电入渝"作为重点写入政府工作报告。西南地区把目光投向更为遥远的大西北，希望通过先进的特高压技术实现"输血"。

西部和北部是我国的新能源富集区。构建以新能源为主体的新型电力系统，"三北"地区的风电和西部地区的光伏发电将大有可为。我国陆上风能、太阳能资源技术可开发量分别超过 56 亿千瓦、1172 亿千瓦，截至目前开发率分别仅 4%、0.2%，还有广阔的发展空间。但输电线路建设相对落后制约了新能源大开发，西部和北部地区的"弃风""弃光"问题凸显。

一边是西部和"三北"地区丰富的新能源难以外送，另一边是东中部甚至部分西南省市电力严重短缺，畅通国内电力大循环已迫在眉睫。以特高压为技术支撑的"西电东送 2.0"呼之欲出。

▶ 特高压突围

不过，从超高压支持的"西电东送 1.0"升级到特高压支持的"西电东送 2.0"并非易事。时至今日，特高压输电依然还在争议中前行。

特高压登上历史舞台很大程度上得益于中国加入 WTO 后出现的全国性用电荒。彼时，由于下游用电需求激增，而中游电网投资建设严重滞后，导致电力供需矛盾不断激化，难以满足企业和民众的用电需要。

《走进特高压》一书中记载：为破解燃眉之急，刚刚主政国家电网的刘振亚力推特高压。2003年，在国家发改委考察电力项目的中巴车上，他专门坐在时任国家发改委主任马凯旁边，向后者详细陈述了"特高压破解电荒难题"的思路，建设"电力高速公路"——特高压电网，彻底扭转中国电力发展长期受制于煤炭运力的难题。

大规模、长距离输煤一直是中国能源资源配置的主要方式，铁路新增运力的70%以上用于煤炭运输。这种现象主要是基于中国能源资源禀赋与负荷逆向分布的国情而产生的。我国能源富集地区距离东中部电力需求中心1000～4000千米。

刘振亚的提议受到国家发改委的高度重视。2005年6月，国家发改委专门在北戴河组织了一场特高压输电技术研讨会。来自全国各地的200多名专家参加了此次为期三天的研讨会，阵容基本覆盖了全国的顶尖智库。面对国家电网厚达半米的论证资料，部分电力界泰斗级老专家毅然坚持反对意见，正反双方讨论激烈。

在那个中国科学技术全方位落后于西方发达国家的年代，特高压显得过于超前。自20世纪60年代开始，美国、苏联、日本、意大利等国都曾开展过特高压输电技术的研究与开发，但最终只有苏联和日本真正建成了交流特高压线路，且两国出于种种原因都未进入大规模商业化运行，甚至原有线路也降压运行。中国如果执意要原创攻坚特高压，风险与收益都是当时的人所难以预估的。

张国宝在自己写的书中详细记录了这段争论的情况。

反对者们最初的反对理由有两条。第一条理由认为，美国在科索沃战争中使用了石墨炸弹攻击电网，如果中国建设特高压电网，未来美国使用石墨炸弹可能造成更大范围内的停电。持这一观点的专家还专门找到军事科学院，希望后者出具一份材料支持其观点，但后者并没有给出。第二条理由则认为特高压对人体有害，但这点也没有从技术角度获得支持。

于是，反对者们很快又提出了另外两大问题。第一个问题还是出于电网安全的考虑。2003年，美国东部地区发生了北美有史以来最严重的一次停电事故，专家们担忧建设特高压交流电网将可能造成更大范围内停电的安全隐患。第二个问题则上升到政治层面。当时，国家正在推进第二次电力体制改革，将原国家电力公司拆分2家电网公司、5家发电集团和4家辅业集团。关于是否要将国家电网进一步拆分的争论甚嚣尘上，而特高压技术的思路却是将不同区域电网联结成一体。反对者们质疑这是否与改革精神相悖。

他们认为，在能源资源分配不均的状况下，输电并非唯一途径，从经济性考虑，远距离运输煤炭或许更为可观。

但煤炭大省山西的政府代表却积极表态支持建设特高压电网，因为燃煤发电比单纯卖煤更具经济性。

支持者们更多还是从能源资源优化配置的角度来考虑。东部沿海地区除核电站外，建设大型火电和水电的机会不多，需要在内陆地区建设大型煤电基地、水电基地、核电基地，然后通过特高压把电送出来。十余年后，中国国情又发生变化，日本福岛核电站发生事故迫使中国放缓核电发展脚步，而"三北"地区的风电大基地和西部地区的光伏发电大基地蓬勃发展起来，特高压的重要性越发凸显。

张国宝晚年回忆起这场争论时，特别提到"二滩弃水"。四川的二滩水电站曾是中国最大的水电站，但由于当时中国还不具备特高压外送技术，二滩的水电只能在四川境内消纳，彼时经济低迷的四川并不需要这么多电，因此导致资源极大浪费。与"二滩弃水"形成强烈反差的却是其他诸多省份陷入用电荒。于是，张国宝成为特高压的积极支持者。

针对反对者们提出的电网安全问题，中国电科院后来开发了电力系统分析综合程序，用计算机模拟电网安全。该项目获得国家科技进步一等奖。这个系统证明特高压是有利于电网安全的，而非增加不安全因素。

三天的研讨会上，大部分专家还是赞同了国家电网建设特高压的方案。会议决议由国家出面组织研究特高压技术，并同意上马特高压示范工程。但仍有6名专家坐在反对席中不肯离开。回京后，他们又上书国务院领导，申明反对理由。于是国务院领导再次批示国家发改委要认真论证。

四个月后，国家发改委又组织召开了第二次论证会。这次论证会上，包括史大桢、陆延昌等在世的电力部老领导均受到邀请，他们也纷纷表态支持特高压。受到邀请的反对者中仅有陈望祥一人出席。这位中国电力企业联合会首任秘书长受到会议组织者的特别尊重。他孤身一人直面数百位特高压支持者的勇气也受到钦佩。但陈望祥毕竟是少数派。

事实上，与超高压相比，特高压在输电距离、输电容量、输电损耗、单位容量走廊宽度、单位造价等硬性指标方面都具有显著优势。特高压在与输煤相比时，由于我国西部与北部地区大型煤电基地的电力是通过特高压输送到东中部地区的，因此到网电价也比当地煤电标杆上网电价更具竞争力。此外，特高压输电工程的电磁环境指标均符合国标要求，噪声明显低于超高压。

在多数支持者们的努力下，特高压工程正式启动。特高压也于2005年年底写入国务院发布的《国家中长期科学和技术发展规划纲要（2006—2020年）》。

2006年，晋东南—南阳—荆门1000千伏特高压交流试验示范工程获得国家发改委核准。2009年1月，该工程正式投运，成为世界首条实现商业化运营的特高压输电线路。次年，四川向家坝—上海±800千伏特高压直流输电工程建成投运，成为世界上首个特高压直流输电工程。此后数年，陆续有多条特高压工程开建。

但就在特高压建设高歌猛进之时，特高压真正的核心"三华联网"却依然如空中楼阁。

我国的电网主要分为东北电网、华北电网、华中电网、华东电网、西北电网、南方电网六大区域电网。所谓三华联网，是指通过交流特高压，构筑华北、华东、华中同步电网。简单而言，直流特高压仅能实现不同区域电网间"点对点"的异步连接，类似于直达特快列车，从始发站直通终点站，中途不停车、不上下人流；只有"逢站必停"的交流特高压才能让原本割裂的区域电网真正融合为一个统一整体。这使得交流特高压成为特高压之争的焦点。2010年年底，曾有23位老专家联名上书直陈"三华联网"的弊端。"三华"控制着全国70%的经济规模和装机容量，近75%的电力用户和近2/3人口的电力消费市场。兹事体大，国家最高层也一直持慎重态度。

直到现在，我国特高压依然呈现出"强直弱交"的格局。交流特高压仅限于同一区域电网内部，跨区域送电则采用直流特高压。

但特高压终究是顶着巨大压力蓬勃发展起来了。2013年，中国经历了半个多世纪以来雾霾天数最多的一年，国务院适时出台《大气污染防治行动计划》。在此背景下，支持者们找到了推进特高压的新理由——用西部地区清洁的风、光、水电驱散东部的雾霾，特高压成为拉动"以电代煤"的引擎。2014年，国家能源局提出加快推进大气污染防治行动计划12条重点输电通道建设，其中9条为特高压线路。

经过十余年发展，截至2020年年底，我国已建成"14交16直"、在建"2交3直"共35个特高压工程，在运在建特高压线路总长度4.8万千米，比绕地球赤道一圈还长。输电能力超过了整个法国的电力装机容量。其中，国家电网区域内，特高压累计线路长度已超过3.5万千米，详见

图 2-5。

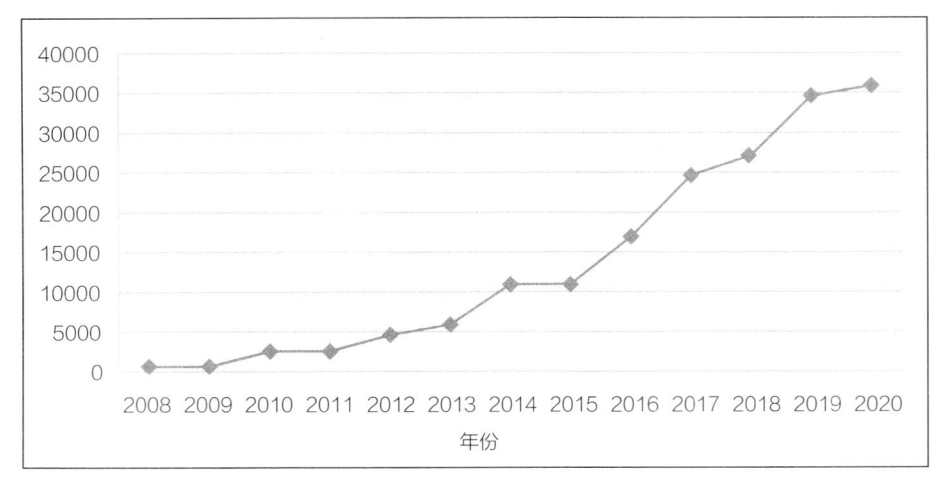

图 2-5 国家电网公司特高压累计线路长度（千米）

数据来源：国家电网公司

2020 年 12 月 30 日，±800 千伏青海—河南特高压直流输电工程全面竣工。这是世界上首个专门为输送清洁能源而建设的特高压工程。在"双碳"目标提出的大背景下，这一工程成为未来"清洁能源大基地＋特高压"模式的一个标杆。

十余年前的那场激烈交锋，孕育出特高压这一我国原创、世界领先、具有自主知识产权的重大创新。"特高压交流输电关键技术、成套设备及工程应用"和"特高压 ±800 千伏直流输电工程"先后获得 2012 年度和 2017 年度国家科技进步奖特等奖。随着 2019 年准东—华东（皖南）±1100 千伏特高压直流输电工程投运，特高压输电距离首次突破 3000 千米，电压等级、输送容量等指标也刷新世界纪录。

特高压还带动了中国整个输变电装备制造业的大发展。曾经在相当长的时间里，我国超高压工程的大部分设备都严重依赖国外进口。前文提到

"西电东送 1.0"里三峡至广东的工程设备就采购自瑞士 ABB 公司。前无古人的特高压工程倒逼着本土装备制造业技术攻坚,特高压的变压器、开关、绝缘等关键设备在历练中都实现了国产化。

如今,特高压和高铁、5G 分别成为我国能源、交通、信息通信三大基础产业重大技术创新典范。由于特高压原本没有国际标准,国际电联采纳中国标准作为 ±800 千伏直流和 1000 千伏交流的国际标准。国家电网还中标巴西美丽山特高压直流项目,将这项中国原创技术落地到国外。未来在全球能源互联网建设过程中,我们期待特高压工程在全世界遍地开花。

第三节 储藏新"石油"

> 预计到2030年,中国风电、太阳能发电总装机容量将达到12亿千瓦以上,风电、太阳能等可再生能源发展全面提速。然而可再生能源发电随机性、波动性大,规模化并网影响电网稳定运行,新能源+储能模式将为可再生能源大规模发展和并网提供有力支撑。同时,储能系统作为能源存储转换的关键,可以提高多元能源系统的安全性、灵活性和可调性,是构建能源互联网的核心。
>
> ——宁德时代新能源科技股份有限公司董事长　曾毓群

新王加冕往往意味着一个新时代的来临。2021年5月4日,当93岁高龄的李嘉诚惜别稳坐了21年的香港首富宝座之时,新晋香港首富、53岁的曾毓群在青年节的欢歌中吹响碳中和革命的号角。

曾毓群是谁?这个打败"李超人"的新面孔很快吸引了来自全国乃至世界的关注目光。曾毓群是中国新能源界的领军人物之一,他所创办的宁德时代是全球最大的动力电池制造商,也是宝马、丰田、特斯拉等车企的核心供应商之一。早在曾毓群超越李嘉诚之前,宁德时代就已于2020年年底市值超越中国石油,成为中国能源圈在资本市场上的新宠儿。

两场史诗级的超越为曾毓群加冕成中国储能界的代言人。所谓储能,即指能量存储,是通过某种介质或者设备,将一种能量形式用同一种或者转换成另一种能量形式存储起来，以备在需要时以特定能量形式释放出来的循环过程。广义的储能包括电、煤、石油、天然气、氢等的存储。狭义的储能，则是我们通常所说的与电力系统相关的储能，其中最为常见的就是电池。现在我们还习惯于把动力电池和电力系统储能做区分，但随着电动汽车入网技术（V2G）的突破和梯次利用的推广，未来动力电池与电力系统储能的界限将趋于模糊，因此本节也将二者合并讨论。

在实现"双碳"目标的长征中，储能是一支举足轻重的主力军。在"能源生产清洁化"方面，储能可以为新能源大规模发展和并网提供有力支撑。使用过太阳能热水器的人大多经历过这样的情境：在炎热夏天想冲凉时，水却热得发烫；寒冷冬天想驱寒时，水却冰凉刺骨。光伏发电和风电也有类似的特征，发电的"供"与用电的"需"在时间上并不完全匹配，储能就像仓库一样把电存储起来以备不时之需。而在"能源消费电气化"方面，动力电池堪称电动汽车的灵魂，肩负着新能源汽车取代燃油车的历史重任。

储能是一个庞大的家族，而锂电池是这个家族中最具潜力的"后浪"。储能的故事，我们先从锂电池说起。

▶"锂电池之父"

1973 年，第一次石油危机深刻改变了世界。在本章第一节中，我们讲述了这次危机催化出光伏和风电产业大爆发的故事。需要指出的是，在这套"电能替代石油"的能源解决方案中，西方国家将"研发新一代的二次充电电池"也摆在了至关重要的位置。

充电电池发明已久且应用广泛。早在 1859 年，法国人加斯顿·普兰特就发明了铅酸电池；40 年后，瑞典人沃尔德马·尤格尔又发明了铬镍电池。由于成本、功率密度、低温性等方面的优势，二者在与当时其他技术路线的竞争中脱颖而出。但这两种电池也存在着致命的缺陷：容量小、能量密度低、循环寿命短、不支持大电流放电，这使得它们因体积庞大而很难应用于小型产品上；此外，废弃的铅、镉、硫酸等可能造成严重的环境污染。

在新一代充电电池技术路线竞争中突出重围的是锂电池。2019年，诺贝尔化学奖授予约翰·古迪纳夫、斯坦利·惠廷厄姆、吉野彰三位"锂电池之父"。锂电池技术研发之路最初也由此三人引领。

20世纪70年代初，斯坦利·惠廷厄姆在斯坦福大学的相关研究受到石油巨头埃克森美孚关注，后者将之招致麾下，秘密研究新一代电池技术。惠廷厄姆和他的团队不负众望地研制出世界上第一块可充电的锂电池。他们创造性地采用硫化钛作为正极材料，金属锂作为负极材料，通过锂离子在电池正、负极之间穿梭往来形成电流。充电时，锂离子从正极移动到负极，放电则回到正极，如此往复循环。

1976年，埃克森美孚申请了锂电池发明专利。锂电池重量轻、容量大、无记忆效应等优点，使之具备了"明日之星"的潜质。但是，硫化钛的电化学属性极不稳定，电池在充电过程中非常容易起火爆炸；在反复充放电的过程中，电池内部材料会分解破碎，衰减极快。因此，埃克森美孚未能挖掘出这项伟大发明的产业化价值。

但惠廷厄姆的发明已经为业界注入一针强心剂，同行们纷纷开始寻找避免充电燃烧和内部粉碎的法门。

古迪纳夫便是其中之一。他是牛津大学无机化学实验室主任。按照他的思路，解决问题的关键是要在金属氧化物中找到硫化钛的替代者。1980年，古迪纳夫终于确定了最佳材料是钴，这是一种遍布非洲中南部的银白色金属。使用钴酸锂做正极材料的电池，是当时市场上任何同类电池载电量的几倍。经过四十余年发展，如今，钴酸锂电池已广泛应用于手机、笔记本电脑等 3C 电子产品之中。而特斯拉第一款汽车产品 Roadster 使用的也是钴酸锂电池。

钴酸锂电池和锰酸锂电池是当下 3C 产品的两大主流电池路线。后者也出自古迪纳夫的实验室。钴酸锂电池虽然有着诸多优势，但其缺点也十分突出。价格昂贵的钴抬高了电池成本，还易造成环境污染，其抗过冲和循环性能也较差。古迪纳夫带领团队试图寻找一种比钴更便宜的替代金属。在他的启发下，学生迈克·萨克雷研发出锰酸锂电池。

不过，古迪纳夫并没有就此止步。进入 90 年代，古迪纳夫和他的团队继续寻找可以代替钴酸锂的正极材料物质。他们开始系统地调换化学元素周期表中的各种金属元素，最终将名单缩减到一个极小的范围——铁和磷的组合。于是，磷酸铁锂横空出世，这是当下动力电池的两大主流技术路线之一。

细数如今锂电池四大技术路线，钴酸锂、锰酸锂、磷酸铁锂和三元锂，其中三种竟然都诞生于古迪纳夫的实验室，这里也成为当之无愧的"世界锂电池的摇篮"。

业界公认的三元锂电池技术的真正开创者和发明者是加拿大人杰夫·达恩。2001 年，他发明了可以规模商业化的镍钴锰三元复合正极材料，从而使这种材料突破了走向市场的最后一步。

如前所述，锂电池的三位先驱中，惠廷厄姆研制出世界上第一块可充电的锂电池，古迪纳夫在正极材料研究中立下汗马功劳，那么，吉野彰又做出了什么贡献呢？

我们把时针拨回到钴酸锂刚刚诞生的 20 世纪 80 年代初。当时，锂电池的负极材料使用的还是锂金属，它能提供相当高的能量密度。但是金属锂会和有机电解液发生反应，使负极材料逐渐粉末化，直至最终失去活性，而且这种材料的安全性也令人担忧。

日本化学家吉野彰就是在负极材料研发上一举奠定行业地位的。他开创性地用碳（石墨）代替金属锂作为锂电池的负极，结合钴酸锂正极，从根本上改善了锂电池的容量、循环寿命，并降低了电池成本。

在这项研发的基础上，1991年，索尼发布了人类历史上第一款商业化的锂电池，一夜之间轰动全球。应用了锂电池的索尼相机更加轻便美观，很快风靡世界。

锂电池从此开启了属于自己的时代。

▶ 中国弄潮儿

如果说锂电池技术是由美、英、日等国开创，那么锂电池产业化则主要由中、日、韩三国引领。其中，中国是全球锂电池行业规模最大、成本下降最快的国家。我们在这里仅探讨动力电池与电力系统储能两个细分领域的发展情况。

中国动力电池崛起之路与风电行业具有一定的相似性，都是国家出台强有力的国产化扶植政策帮助抵御外资巨头的冲击，从而使本土企业在相对"温室"的环境里逐渐站稳脚跟，进而快速建立完整的工业体系。

2011年，曾毓群回到家乡福建省宁德市创办了今天的宁德时代，专注于动力电池的研发与生产。公司成立之初就遇到"天时地利人和"的条件。

第二年，国务院发布《节能与新能源汽车产业发展规划（2012—2020年）》。随后，在一系列补贴+限牌+限行等扶植政策的推动下，中国新能源汽车产业迎来大爆发。但国内动力电池生产商却被打了个措手不及，这些厂商除了极少数是专业动力电池制造商，大多都是从传统消费类锂电池临时转型而来。

中国连年增速超过 300% 的动力电池需求量让日韩企业嗅到商机。韩国的 LG 化学和三星 SDI 甚至把工厂开到了中国本土，日本的松下也虎视眈眈。他们与国际一线新能源汽车品牌有着长期合作关系，积累了丰富的规模化量产及配套经验，背后也不乏大财团和政府的鼎力支持。相比之下，包括宁德时代在内的中国动力电池生产商当时都还力量薄弱。

眼看中国市场即将成为日韩企业的天下，中华人民共和国工业和信息化部（以下简称工信部）出台了一系列政策。2015 年 11 月，工信部发布直接与新能源汽车补贴挂钩的《汽车动力蓄电池行业规范条件》企业目录，日韩动力电池厂商无一上榜。2016 年发布的第 5 批《新能源汽车推广应用推荐车型目录》中，搭载非国产动力电池的 5 款车型被一次性移出官方推荐目录。彼时，刚刚起步的中国新能源汽车产业还高度依赖政府补贴，工信部的政策引导让车企纷纷转而拥抱国货。

包括宁德时代在内的中国本土动力电池企业在国产化扶植政策中茁壮成长。2017 年，全球锂电池出货量达到 143.5 吉瓦时，中国占比超过一半。其中，全球动力电池出货量为 58.1 吉瓦时，中国占比已接近 2/3。这一年，全球动力电池企业前十强中有七家是中国企业，其中宁德时代一举超越日本松下，摘得当年的桂冠。

更重要的是，在短短几年间，中国就建立起完整的动力电池工业体系，覆盖从最上游的钴矿、锂矿开采及冶炼，到中游的正极材料、负极材料、隔膜、电解液四大材料生产，再到下游的动力电池电芯生产、模组和 Pack 集成以及锂电设备制造等全产业链。

形势变化后，国家开始考虑引入日韩企业增强"鲶鱼效应"。2019 年 6 月 21 日起，工信部废止《汽车动力蓄电池行业规范条件》。此前一年，日韩电池企业首次进入国内动力电池行业"白名单"。与此同时，中国新能源汽车补贴大幅滑坡，国家计划从 2023 年开始彻底取消补贴。

中国动力电池企业在激烈竞争中优胜劣汰。2020 年全球动力电池前十强名单出炉，宁德时代、比亚迪、中航锂电、远景 AESC、国轩高科、亿纬锂能六家中国企业上榜，其中宁德时代继续蝉联冠军。细看这份名单，中国的宁德时代、韩国的 LG 化学和日本的松下处在第一梯队，市场份额遥遥领先于其他选手。而第二梯队中，远景 AESC 其实是中国企业刚刚收购日本的日产 AESC 而来的。严格来说，中国上榜企业只能算是占据半壁江山，第一梯队则是中、日、韩"三国杀"，这是最新的全球动力电池行业格局，详见图 2-6。

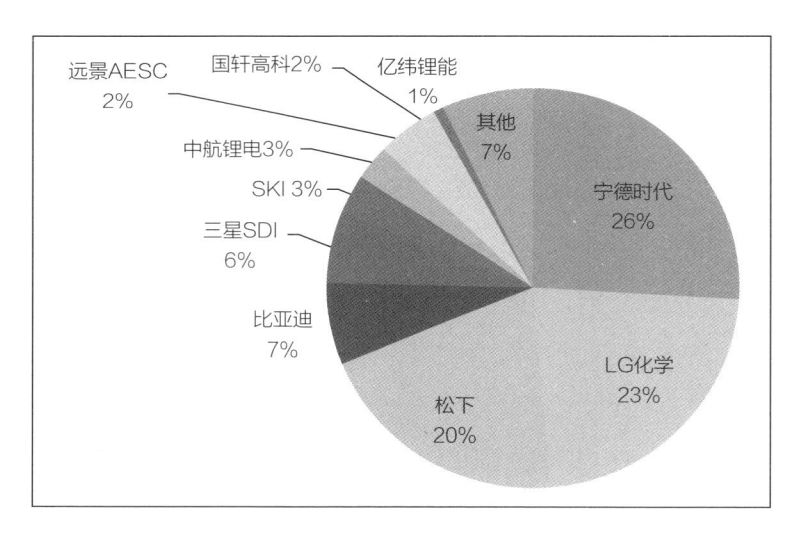

图 2-6　2020 年全球动力电池装机量前十名企业
数据来源：高工产业研究院

未来动力电池与电力系统储能的界限将趋于模糊。首先，动力电池容量在衰减到初始容量的 80% 以下后将不再适用于电动汽车，但它们还有广阔的梯次利用空间，电力系统储能就是一个重要领域，因为后者对于能量密度要求低于动力电池。此外，动力电池未来还有望扮演分布式储能的角色，这就要提到电动汽车入网技术（V2G）。通过 V2G 充电桩，电动汽车可以从电网中充电，也可以在闲暇时把动力电池中存储的电释放回电网，参与整个电力系统的运行，车主还可以从中赚取电费。因此，上述动力电池企业大多已双管齐下，同时布局动力电池与电力系统储能。

中国电力系统储能的发展类似于光伏产业。国外储能市场先于中国市场爆发，并更早探索出更加完善的储能项目盈利模式，中国企业在国际上取得成功后再衣锦还乡，国内外市场平衡发展。

这一领域代表企业是比亚迪。早在 2011 年，比亚迪便接下美国雪佛龙 4 兆瓦时的储能业务，向海外出口了第一个集装箱式储能，由此打开了国际市场的大门。几年后，美国、英国的储能调频市场相继爆发，当时美国市场的价格几乎是国内价格的 2 倍。截至 2019 年年底，比亚迪全球累计出货量已经达到 750 兆瓦时，与 LG、三星、特斯拉、KOKAM 共处第一梯队。

扫描中国电力系统储能全产业链，上游为储能设备的生产，核心设备是电池、电池管理系统（BMS）、储能双向变流器（PCS）等，代表企业有比亚迪、宁德时代、阳光电源等；中游是储能系统集成，需要一定的系统设计能力，核心是定制化的能量管理系统（EMS）及电网控制策略，代表企业有南都电源、科陆电子等；下游是储能电站的投资运行与维护，代表企业有电网公司和发电公司等。

如今，在"双碳"目标提出的大背景下，"新能源 + 储能"成为中国能源转型的大势所趋。广阔的国内市场为本土储能企业开辟了一片新蓝海。

说完市场，再说技术。磷酸铁锂与三元锂的技术路线之争在动力电池和电力系统储能两大市场持续上演。

磷酸铁锂与三元锂各有优劣。三元锂能量密度更高，能让车开得更远；磷酸铁锂成本更低，安全性更高。在中国，比亚迪是磷酸铁锂的代表，宁德时代则是三元锂的典型。当然，二者在市场需求中也会互学武艺。

磷酸铁锂曾经是动力电池的王者，2016年市场占有率高达六成。但2016年12月开始，国家采取精准扶持政策，首次将电池系统能量密度纳入考核标准，高能量密度、长续航里程成为补贴重点，于是三元锂很快实现了对磷酸铁锂的反超。不过，2019年开始补贴大幅退坡，二者的竞争格局又已生变。

电力系统储能则早早将磷酸铁锂确定为主流路线，其占比高达九成。与电动汽车需求不同，电力系统配置储能，要求成本低、寿命长、安全性高，这也正是磷酸铁锂的相对优势所在。

不过，"新能源＋储能"模式尚且处在摸索期，如何通过技术研发进一步降低成本和提升安全性，依然是储能行业的头号课题。

▶ 储能的家谱

锂电池为我们打开储能世界的大门。

在储能家族图谱中，如果按照储存介质对储能技术进行分类，主要可以分为机械类储能、电磁类储能、化学类储能。再往下细分，机械类储能主要包括抽水蓄能、飞轮储能和压缩空气储能；电磁类储能主要包括超级电容和超导储能；化学类储能主要包括铅酸电池、液流电池、钠硫电池和锂电池。

中关村储能产业技术联盟（CNESA）统计数据显示，截至2020年年底，全球已投运储能项目累计装机规模达到191.1吉瓦（1吉瓦=100万千瓦）。其中，抽水蓄能累计装机规模为172.5吉瓦，占比高达90.3%，处于绝对领先地位。电化学储能作为应用范围最广、发展潜力最大的储能技术，装机规模紧随其后达到 14.2 吉瓦，占比为 7.5%。电化学储能中，锂电池的累计装机规模达到 13.1 吉瓦。这是电化学储能和锂电池双双累计规模首次突破 10 吉瓦大关。

接下来我们逐一介绍主要储能技术。

（1）机械类储能

机械类储能一族包括抽水蓄能、飞轮储能和压缩空气储能三个主要成员。

"带头大哥"抽水蓄能是目前储能领域的绝对主力。抽水蓄能从发电原理上类似于小型水电站，有上下游两个水库，在负荷低谷期，也就是用电需求较低的时候，利用多余的电能将下游水库的水抽到上游水库；在负荷高峰期，也就是用电需求较高的时候，用上下游水库的势能差像水电站一样发电。抽水蓄能电站可以按照任意容量建造，具有循环效率高（70%～85%）、额定功率大（10～5000 兆瓦）、容量大（500～8000 兆瓦时）、使用寿命长（40～60 年）、运行费用低、自放电率低、负荷响应速度快等优点。其缺点主要是电站建设选址受限于地理资源条件，同时还涉及相关生态环保问题。

"小弟"飞轮储能和压缩空气储能的势力微弱。2020 年年底，全球飞轮储能和压缩空气储能的装机规模占比均仅有 0.2%，几乎可以忽略不计。这两类储能目前成本普遍偏高，且降本速度较慢。

飞轮储能的基本原理是把电能转化成旋转体的动能进行存储。在储能阶段，设备工作在电动机状态，通过飞轮转子加速，将电能转化为动能；在释放能量阶段，设备工作在发电机状态，通过飞轮转子减速，将动能转化为电能。飞轮储能优势很多，但是最大缺点是成本高。目前飞轮储能成本为电化学储能的 3~4 倍。

压缩空气储能系统可利用低谷电、弃风电、弃光电等对空气进行压缩，并将高压空气密封在地下盐穴、地下矿洞、过期油气井或新建储气室中，在电网负荷高峰期释放压缩空气推动透平机（汽轮机、涡轮机等）发电。压缩空气储能目前成本依然较高，且受一定地理条件限制。但是正在发展中的超临界压缩空气储能具有很高的能量密度，约为常规压缩空气储能系统能量密度的 18 倍，大幅度减小了系统储罐体积，摆脱了对地理条件的限制，将是未来重点发展方向。

（2）电磁类储能

电磁类储能一族包括超级电容和超导储能两个主要成员。这两种储能技术目前装机占比甚微，但近来受到国内外研究者们的广泛重视。

超级电容的基本原理，是通过外加电场极化电解质，使电解质中荷电离子分别在带有相反电荷的电极表面形成双电层，从而实现储能。超级电容的储能过程是物理过程，基本不发生化学反应，且过程可逆，与电化学储能过程完全不同。

超导储能的基本原理，是在充电时，电流整流后向电感充电，能量以直流电流方式储存在磁场中，超导线圈使能量几乎无损耗地储存，放电时，再从超导电感提取能量。

（3）化学类储能

化学类储能一族包括铅酸电池、液流电池、钠硫电池和锂电池四个主要成员。电化学储能是目前应用范围最广、发展潜力最大的储能技术。

铅酸电池已有 160 多年的发展历史。自发明以来，铅酸电池凭借低廉成本和高可靠性，一直在化学电池方面占有绝对优势。但传统铅酸电池由于循环寿命短、能量转换效率偏低,无法满足电力系统储能应用的要求,其总体成本优势难以体现。于是,铅炭电池等新型铅酸电池应运而生。铅炭电池兼具铅酸电池与超级电容的特点,大幅改善了传统铅酸电池各方面的性能,其成本也远低于锂电池。目前,铅炭电池成为用户侧储能的主力。

液流电池最早由美国航空航天局(NASA)资助研发。30年来,多国学者提出了多种不同的液流电池体系,如全钒体系、溴体系、铁铬体系等。液流电池的高安全性、电量一致性、超长寿命、功率容量可灵活扩展等特性,高度契合了电力系统储能市场的需求。不过,目前液流电池的实际工业应用还处在起步阶段。其中,全钒液流电池技术于2009年被中国普能公司收购。大连液流电池储能调峰电站即全部采用全钒液流电池,该项目是国家能源局批准的我国首个大型化学储能国家示范项目。

钠硫电池是目前唯一具备大容量与高能量密度的储能电池,其理论比能量是锂离子电池的3~4倍。同时,钠硫电池采用固体电解质,没有液体电解质电池出现的自放电以及过冲副反应,充放电效率接近100%。但钠硫电池有一个致命缺陷——只能在300~350℃的高温中工作,这导致它极易发生燃烧、爆炸事故。日本NGK公司是目前世界上唯一的钠硫电池供应商。高技术壁垒和低安全性使钠硫电池在全球市场中长期低迷,电池成本无法通过规模化生产冲淡,成本过高导致其市场竞争力降低,从而形成恶性循环。

锂电池的故事我们已经在前面做了详细介绍。根据正极材料的不同,可以将锂电池分为磷酸铁锂电池、三元锂电池、钴酸锂电池、锰酸锂电池等。其中,磷酸铁锂电池与三元锂电池主要用于电动汽车和电力系统储能行业,钴酸锂电池和锰酸锂电池主要用于3C产品。聚焦到电力系统储能领域,由于锂电池的技术较为成熟,可以应用到电力系统发电、输电、配电、用电等各种储能场景。考虑到磷酸铁锂电池的安全性和经济性更好，在这一领域，磷酸铁锂电池路线目前更具有优势。

▶ 储能的应用

说到储能的应用，我们需要先对前文进行一些名词解释。

关于电力系统发电、输电、配电、用电等环节，我们可以类比网上购物。"发电"环节的主要参与者是发电公司，他们类似于生产商品的"厂家"；"输电"环节的参与者是电网公司，他们类似于"快递公司"，负责把商品长途运输到距离"买家"最近的站点；"配电"环节的参与者以前也是电网公司，2015年开始的新一轮电力体制改革放开配电环节，配电公司类似于"快递小哥"，负责把商品从站点最终配送到"买家"手中；"用电"环节的参与者就是我们广大"买家"了。还有一个"售电"环节，类似于"卖家"，参与者以前也是电网公司，2015年新电改后售电环节放开，一些发电公司或者代理商也可以直接将电卖给用户，给电网公司支付一定的过网费。在电力系统中，"卖家"只负责订单交易，不过手货物，发货还是从"厂家"通过"快递公司"和"快递小哥"抵达"买家"。

在电力系统中，电能以光速传送，电力的发、输、配、用在瞬间同步完成，整个电力系统时刻处在一种动态平衡状态，这也是电作为一种商品与其他商品最大的区别。因此，电力系统具有极高的稳定性要求。在稳定运行时，电力系统的"供"与"需"是平衡的。一旦供需失衡，轻则发电设备运行受到影响，重则整个电网崩溃，从而造成大面积停电。

在"一煤独大"的传统能源时代，火电是一种"靠人吃饭"的能源，电力系统可以很方便灵活地进行"以需定供"。但到了碳中和时代，水电、风电、光伏发电等清洁能源全都是"靠天吃饭"的能源，无风时风力发电受阻，有云时光伏发电受限，发电的时间和电量不再以人的需求为转移，供需失衡将成为常态。这就需要建设"仓库"来囤货调节供需，这个仓库就是储能。既然是仓库，那么厂家（发电侧）可以建仓库，快递公司（电网侧）也可以建仓库，连我们广大买家（用户侧）都可以建设小型仓库。因此，储能可以广泛应用于电力系统的发电、输电、配电、用电各环节。

发电侧储能和电网侧储能离我们相对比较遥远，但也易于理解。

在未来以新能源为主体的新型电力系统中，厂家（发电侧）可以将"靠天吃饭"的风电和光伏发电就近先囤积在仓库（储能）中，等市场有需求时再按需发货。这就是发电侧储能。

当然，在电力系统这个特殊的市场中，只有一种商品——电，也主要只有两家快递公司（电网侧）——国家电网和南方电网，而且他们各有地盘、互不重合，即某一区域内只有一家快递公司。于是，这家快递公司可以将区域内众多厂家的商品（电）集中囤在自己的仓库（储能电站）中，仓库选址往往更倾向于接近消费中心，最后再根据市场情况按需发货。这就是电网侧储能。

与我们大多数人关系更紧密的是用户侧储能。用户类型大概分为一般工商业、大工业、居民等。买家（用户侧）通过仓库（储能），可以实现低买高卖套利，即在用电低谷期价格相对较低，买家低价囤货，等到用电高峰期价格上涨时再卖出，从而享受峰谷电价带来的收益。目前国内用户侧储能最主要的收益来源就是峰谷套利模式。未来随着电力体制改革推进，电力市场化水平提升，还会有更多的新商业模式涌现。由于居民电价较低，难以支撑储能市场，用户侧储能未来将主要发生在工商业领域。政府部门正在出台拉大峰谷价差等政策措施，来刺激这个市场急速发展。

对于我们普通居民而言，未来最重要的"仓库"可能就是电动汽车的动力电池。我们可以通过前面提到的 V2G 充电桩低买高卖套利，并尝试其他多元化盈利模式。数以亿计的电动汽车加入电力系统，就好像在整个系统中建设了大量的小型仓库，我们都将参与到电力系统供需平衡的调节工作中来，并在此间实现多赢。当然前提是动力电池技术不断进步，充放电次数大幅提升，寿命相应提高。

第四节
电动汽车进化论

> 毫无疑问，未来汽车将实现自动驾驶。除火箭外，未来所有的交通工具都将是电动的，我们会像回顾蒸汽机一样回顾内燃机车。
>
> ——特斯拉 CEO　埃隆·马斯克

爱迪生把拳头狠狠地砸在桌子上。这位电气领域的发明大王郑重提醒他的年轻粉丝亨利·福特注意："要坚持燃油车的发展方向！"那是在 1896 年，全世界关于汽车发展方向尚未形成定论，蒸汽车、电动汽车和燃油车都不乏忠实的拥趸。

过去一百多年里，汽车行业经历了数次迭代进化。起初，蒸汽车和电动汽车占据着领先地位。福特在爱迪生的鼓励下引领了燃油车的逆袭，燃油车凭借功率高、续航里程长、可靠性高等优势，最终取得对蒸汽车和电动汽车的压倒性胜利。20 世纪 20 年代以后，汽车领域成为燃油车一家之天下。

但燃油车的霸主地位在 21 世纪初开始松动。最大的挑战者正是被压制了约一个世纪的"旧王"电动汽车。曾经困扰电动汽车的三大难题——成本、续航里程和充电，在新世纪找到更优的解决方案，这得益于锂电池的发明与产业化，以及充换电技术的进步。

中国是这场汽车革命的积极推动者。2012 年，国务院发布《节能与新能源汽车产业发展规划（2012—2020年）》。由于电动汽车凭借自身优势在整个新能源汽车产业中脱颖而出，因此我们目前所说的新能源汽车主要就是指电动汽车。

中国电动汽车产业站在了大发展的历史风口。全民造车运动中，既有董明珠、李彦宏、雷军等跨界大佬，也有蔚来、小鹏、理想等深谙互联网思维的新生力量，还不乏比亚迪、北汽、上汽通用五菱、广汽等力求转型的传统车企，连特斯拉都将首座美国本土以外的超级工厂落户上海。

而这场汽车革命，也将激起交通网、能源网与信息网的"三网融合"，开创继蒸汽机和内燃机之后的又一个新时代。

▶ 三个名字

电动汽车的故事里，有三个绕不过去的名字。

第一个是爱迪生。爱迪生曾为迷茫中的福特拨开迷雾，指引后者坚定燃油车方向。但很快他自己就后悔了。到1900年，爱迪生已经得出了电动汽车将优于燃油车的结论。燃油车的噪声、黑烟让他深感困扰，于是，这位发明大王雄心勃勃地宣称，电动汽车将优于燃油车，而他自己一定可以研制出更轻、更可靠、有充足储能能力的动力电池。

爱迪生希望以新型电池一举奠定电动汽车的王者地位。1900年，纽约、波士顿和芝加哥大街上行驶的汽车已达到2370辆，它们中多数都是蒸汽车或电动车，燃油车则寥寥无几。于是当1904年爱迪生发布了一款新型电池时，引起巨大轰动。在推广这项发明的时候，他向公众描绘出一幅"家家拥有一个微型发电机，家家拥有汽车"的蓝图。这个看似缥缈的蓝图直到今天依然还在指引着我们。但这款电池在实践中却表现不如预期。

不过，爱迪生并不打算放弃，他毅然重返实验室。六年后，他又携带一款新型动力电池卷土而来。这种电池一次充电可以使汽车行驶近 100 公里，大约是当时电动汽车续航里程的 3 倍。爱迪生坚信，这种电池将会成为未来交通领域的一个主要竞争参与者。

然而，事与愿违。如果说爱迪生是电动汽车发展之初最重要的代言人，那么福特就是早期电动汽车命运的终结者。

1913 年，福特开创性地将流水生产线引入燃油车的规模化生产中。这使得原本就走低价路线的福特汽车价格再降 2/3，汽车从此由奢侈品转变成大众消费品。此外，燃油车相比于电动汽车、蒸汽车，本就在续航里程和功率等方面具有优势。于是，燃油车在市场竞争中脱颖而出。

截至 1920 年，燃油车中光是福特 T 型车就已占据全球汽车市场的半壁江山。现代汽车从此进入了以内燃机为核心与灵魂的时代。

燃油车风卷残云之时，电动汽车被束之高阁。1973 年第一次石油危机后，电动汽车曾再次兴起一时。此后，电动汽车市场在政策变动中又小规模地起伏过几次。但直到 2008 年，电动汽车才终于与第三个名字一起强势回归。

在世界汽车工业史上，2008 年是一个值得载入史册的年份。这一年，首辆福特 T 型车迎来百年华诞。同样是这一年，特斯拉第一款电动汽车产品 Roadster 横空出世。一百年的时光，酝酿出新旧交替、此消彼长的力量。

而特斯拉背后的埃隆·马斯克，也成为世界首富和新时代电动汽车的领军者。马斯克并非特斯拉的创始人，但在过去 17 年里，他已取代创始人，成为该公司真正意义上的灵魂人物。

不过，当马斯克入局电动汽车领域时，一百多年前困扰行业的三大问题——成本、续航里程、充电，依然如阿喀琉斯之踵般制约着行业发展。

为了提升续航里程，创始团队抛弃了传统的铅酸电池，取而代之的是新兴的锂电池。锂电池具有重量轻、容量大、寿命长等优点。从20世纪70年代开始，在惠廷厄姆、古迪纳夫、吉野彰等科学家的共同努力下，锂电池技术不断取得突破。1991年，索尼发布了人类历史上第一款商业化的锂电池，锂电池从实验室走向市场。到Roadster研发时，锂电池已广泛应用于3C电子产品之中。事实上，Roadster采用的电池材料，就是3C电子产品上主流的钴酸锂，而非日后动力电池上主流的磷酸铁锂和三元锂。凭借锂电池的加持，第一代Roadster续航里程就已接近400公里。

但锂电池的安全性不如铅酸电池，时至今日，电动汽车燃烧、爆炸事故仍时有发生。特斯拉如今在业内的领先地位，一定程度上要归功于早年马斯克对起火事故的妥善处理。自2008年起，特斯拉曾与另一家电动汽车生产商菲斯科经历过一段长达四年的激烈角逐。2012年和2013年，两家领军企业都曾接连发生起火事故。菲斯科将责任推给电池供应商A123，而特斯拉却将责任揽下，保全供应商松下。此后，A123和菲斯科接连破产，特斯拉却得以复苏，并确立霸主地位。从某种意义上说，马斯克此举也保全了整个行业，电动汽车和动力电池行业并未因此一蹶不振，而是在抱团取暖中携手钻研如何提升安全性。

相较于铅酸电池，锂电池还让电动汽车的成本不降反升。于是，无论是特斯拉第一款车Roadster，还是菲斯科第一款量产车Karma，都是走高端小众化路线，把目标客户定位为美国富人阶层，从而回避产业发展之初的降成本压力。

尽管安全性和经济性仍有待提升，特斯拉Roadster的出现，还是向汽车行业传达了一条重要信息：锂电池可以用于并将更好地被用于汽车生产实践。通用汽车前副总裁鲁茨曾评价道："特斯拉打破了电动汽车发展的停滞局面。"

马斯克按下了电动汽车产业的重启键。与整个汽车产业相似，电动汽车也经历了从奢侈品到大众消费品的转变过程，而这项转变最重要的推动者当属中国。

▶ 全民造车运动

革命往往发生在旧势力相对薄弱的地方。中国在全球汽车产业版图中就扮演着这样的角色。

中国的乘用汽车产业与美、日、德、法、韩等先进国家相比较为落后。这些发达国家的汽车工业发展史短则六七十年，长则上百年。而中国的汽车工业虽可追溯至20世纪50年代，但长期以货运汽车为主。直到80年代合资企业上海大众成立，中国乘用车产业才算真正起步。

但合资模式和"市场换技术"策略并没有带来理想中的中国汽车工业腾飞。相反，外资方往往凭借强势话语权，严格限制核心技术的转让，甚至通过指定海外品牌的方式，打压国内的汽车零部件产业链。虽然近年来一些本土汽车厂商已逐渐突破燃油车核心技术，但国外品牌依然维持着技术优势和利润优势。

汽车产业是一个技术和资金高度密集的产业，也是世界上产业链最长、销售额最高的产业。因此，汽车产业被视为发达国家赖以维持优势的最大依靠之一，同时也是中国发展道路上必须攻克的堡垒之一。但传统燃油车格局已定，中国很难再取得突破，实现超越必须另辟蹊径。

新能源汽车成为千载难逢的实现跨越式发展的历史性重要机遇。中国借新能源汽车打造"汽车强国"的构想，与保障能源安全、实现"双碳"目标等战略不谋而合。

燃油车加剧着对中国的能源安全威胁。2020年年底，中国汽车保有量达到2.81亿辆，其中98%以上为燃油车。粗略估算，维持这些燃油车运行每年需要超过 7 亿吨石油。但 2020 年中国原油产量仅有 1.95 亿吨，而原油进口量达到 5.4 亿吨。中国石油对外依存度已连续多年维持在 70% 以上。交通领域的电气化替代刻不容缓。

同时，燃油车也与"双碳"目标背道而驰。降低碳排放需要从供需两个角度着手。站在我们能源消费者的角度，燃油车消耗的汽油是"一定不环保"，电动汽车消耗的电是"可能会环保"。为什么是"可能会环保"呢？这就要看能源生产者是用什么方式发电的。目前中国电力装机还是以煤电为主，这时电动汽车消耗的电就不一定环保了。但中国基于"双碳"目标，确定了"构建以新能源为主体的新型电力系统"发展方向，不久的将来电力装机将以风电、光伏发电、水电等清洁能源为主，那么电动汽车消耗的电也终将变成"一定环保"。

于是，中国政府对新能源汽车尤其是电动汽车寄予厚望。

2006 年年初，国务院发布《国家中长期科学和技术发展规划纲要（2006—2020 年）》，新能源汽车作为一项重要国家战略浮出水面，该纲要出台也正式否决了中国发展柴油车的可能性。此后，国家陆续出台多项政策，支持纯电动、混合动力、燃料电池三类新能源汽车发展。

自 2008 年起，以特斯拉、菲斯科为代表的电动汽车企业迅速打开局面，成为全球汽车市场的新贵。在此背景下，国家政策逐渐向电动汽车倾斜。2009 年，中国政府更是宣布向购买纯电动汽车的消费者提供 6 万元补贴，并在部分城市投资兴建汽车充电站。

2012 年，国务院进一步出台《节能与新能源汽车产业发展规划（2012—2020 年）》。中国新能源汽车产业迎来大爆发，中国也成为全球最大、发展最快的新能源汽车市场。

2020 年，国务院新出台的《新能源汽车产业发展规划（2021—2035 年）》，被媒体解读为"改写全球汽车市场版图的冲锋号"。这份新能源汽车产业的纲领性文件提出，力争经过 15 年的持续努力，我国新能源汽车核心技术达到国际先进水平，质量品牌具备较强国际竞争力。

巨大的政策红利吸引了大量资本疯狂涌入。这场全民造车运动在董明珠、李彦宏、雷军等跨界大佬的推波助澜中高潮迭起。

细数中国市场造车势力各大门派，大致可以分为以下四类。

- **第一类**是"传统车企改革派"，包括比亚迪、北汽、上汽通用五菱、广汽等。其中最典型的代表是比亚迪，目前该公司已成为覆盖电池、电机、电控、整车制造、销售等上下游全产业链环节的大型企业，并具有相当的国际竞争力。这一派兼具传统车企的产业基因和改革派的创新精神，是当下中国新能源汽车产业的中坚力量。
- **第二类**是"互联网革命派"，包括蔚来、小鹏、理想等。其中最典型的代表是蔚来，该公司是中国第一家能够将量产车均价做到 30 万以上的车企，也曾一度成为中国市值最高的车企。互联网人造车，为传统汽车产业注入新血液和新思维。他们纷纷以特斯拉为榜样，将自己的公司定位为科技公司，而非汽车公司。电动汽车不只是用电池取代发动机和变速箱，更是一个被互联网重新定义的新事物，它试图将中国领先全球的互联网应用技术播种到"智慧出行"的新疆土。
- **第三类**是"跨界大佬派"，包括董明珠、李彦宏、雷军等。这一派个个都是流量担当，一举一动都是头条；且财大气粗，资源整合能力强。新能源汽车能彻底出圈，跨界大佬们功不可没。
- **第四类**就是特斯拉本尊了，我们可以把它称为"革命导师派"或者"教父派"。特斯拉在中国市场的排名不算靠前，但它的革命导师地位和行业象征意义却毋庸置疑。2019年1月，特斯拉上海超级工厂正式开工建设，这是特斯拉在美国之外的首个超级工厂。本土新能源车企与革命导师在中国及至全球市场同场竞技，是他们必须迎接的严峻挑战，也是中国建设"汽车强国"的重要课题。

政府的高瞻远瞩与行业的热血激情造就了不断飞升的中国电动汽车市场。从2015年开始，中国新能源汽车产销量长期位居世界第一。2020年，中国一国的市场销量，就超过了排名第二至第七位的德、美、法、英、挪威、瑞典六国的总和，详见图2-7。

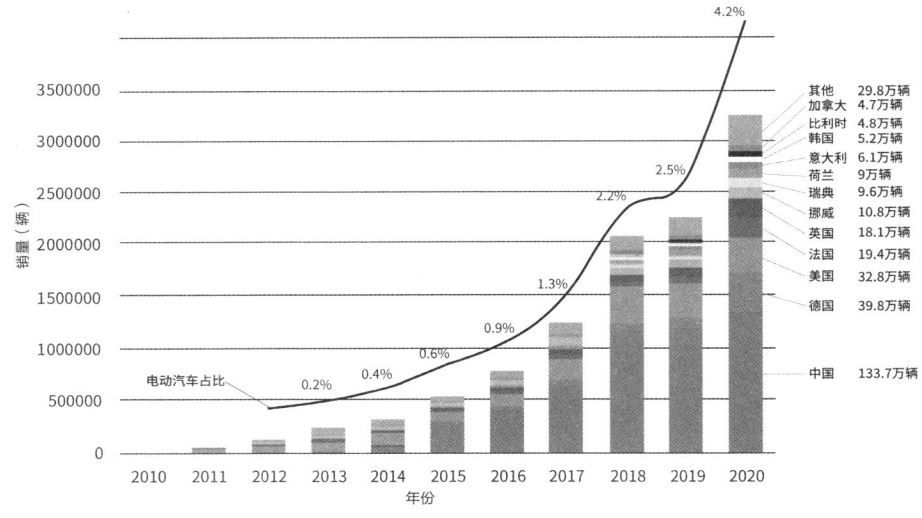

图 2-7　2010—2020年全球电动汽车市场销量

数据来源：瑞典咨询公司 EV Volumes

不过，中国电动汽车产业能否经受住检验，更重要的在于技术。

电动汽车的核心技术就是俗称的"三电"，即电池、电机和电控。其中，动力电池又是核心中的核心。

关于动力电池，我们在本章上一节中已做了详细介绍。2020年全球动力电池前十强名单中，宁德时代连续四年勇夺冠军；第一梯队，中国的宁德时代、韩国的LG化学和日本的松下形成"三国杀"格局，市场份额遥遥领先于其他选手；全球十强中，中国总共有宁德时代、比亚迪、中航锂电、远景AESC、国轩高科、亿纬锂能六家企业上榜。

动力电池技术方面，中国目前已掌握几乎所有主流锂电池的核心技术，基本能做到与松下、LG等日韩企业同步。成本上，宁德时代不断缩小与松下、LG之间的差距；能量密度上，比亚迪新推出的刀片电池，使安全性更高的磷酸铁锂电池的能量密度接近三元锂电池，能量密度更高往往意味着续航里程更长。

接下来是电机，这是中国制造的强项。电机是将动力电池的电能转化为机械能，驱动电动汽车车轮旋转的部件。目前主流的电机包括永磁同步电机和交流异步电机，国内大部分新能源汽车厂家使用的是永磁同步电机，而特斯拉广泛应用的是交流异步电机。这两种电机在中国现有的工业体系中都能大规模量产且具备成本优势。此外，用于制造永磁体的稀土材料，更是中国的特产和出口管制产品。

再说到电控，这是中国相对薄弱的环节。电控覆盖范围较广，IGBT芯片、电池管理系统（BMS）、动能回收和电池平衡充电等都包含在内。

电控大家族中，技术含量最高的是IGBT芯片。一般来说，动力电池储存的是直流电，电机使用的是交流电，IGBT芯片则充当了电流高效转换器的角色。全球IGBT市场被德、日、美等国长期垄断。即便在中国市场，德系的英飞凌至今仍占据着超过一半的市场份额。

中国本土厂商中，比亚迪是IGBT芯片技术领先者，但该公司基本只能满足自产自用，较少对外供货。中车时代电气也处在同样的状态。另一家希望之星是斯达半导，该公司是中国唯一一家特斯拉的IGBT芯片供应商，其主打产品已配套超过20家车企。不过，总体而言，IGBT芯片国产化还有一场硬仗要打。

当然，电动汽车不只是在汽车产业内部对燃油车的革命，它还开启了交通网、能源网与信息网的"三网融合"。电动汽车入网技术（V2G）将交通网与能源网紧密相连，而"云大物移智链"则将交通网、能源网进一步与信息网融为一体。电动汽车在技术大爆炸中不断进化。

▶ 不只是电动汽车

燃油车的挑战者并非只有电动汽车，氢燃料电池汽车、生物燃料汽车等也跃跃欲试。

2019年，氢能源首次写入政府工作报告，中国正式开启氢能大发展元年。中国大同、白城、成都、佛山等地的"氢都"之争日趋激烈，中国石化是发展氢能的急先锋，国家能源集团、国家电投集团、三峡集团等电力央企也开始运筹布局，亿华通、国鸿氢能、潍柴动力、鸿基创能、科泰克等深耕行业多年的企业则加速着国产化技术创新。

过去十余年中，中国氢燃料电池汽车取得了长足的发展，其性能指标与燃油车已经可以媲美，在行驶里程、环境适应性等方面也远远超过了电动汽车。但相比于电动汽车和燃油车，中国氢燃料电池汽车成本居高不下，且加氢基础设施建设尚待完善。

从技术来看，中国氢燃料电池汽车产业与国外仍存在差距，核心部件受制于人。这一现状使得政府层面在制定补贴政策时有所顾虑。不过，不可否认的是，该行业正在快速推动国产化和自主化。

亿华通是其中的典型代表。目前，该公司已形成以自主氢燃料电池发动机为核心，包括双极板、电堆、整车控制器、智能DC/DC、氢系统、测试设备、燃料电池实验室全套解决方案等在内的纵向一体化产品与服务体系。在全球市场独占鳌头的丰田，为了争取与亿华通达成合作，甚至向后者开放其所有供应链厂商和金属板发动机研发技术，这在丰田历史上尚属首次。

国鸿氢能则是国内最早布局燃料电池的公司之一，已经建成全球规模最大的燃料电池电堆生产线。该公司电堆产品在国内市场占比约为70%，如果以路上运行的氢燃料电池汽车为统计口径，其电堆产品占有率可能在90%以上。不过，随着中国氢能市场升温，山东潍柴、新源动力等企业也加入这条赛道。

从长远来看，中国氢燃料电池汽车产业能否获得与电动汽车产业相媲美的政府支持力度，很大程度上取决于其降本程度和国际竞争力。

有业内人士曾为这一产业开出降成本"三步走"战略：第一阶段是以丰田Mirai为目标，通过千辆规模的小型批量化，燃料电池系统成本降低到3000~5000元/千瓦；第二阶段目标是对标纯电动汽车，纯电动汽车电池成本如果折算成功率成本，约为1000元/千瓦，当氢燃料电池汽车达到1万~10万辆量级，可与纯电动汽车对标；第三阶段目标是对标燃油车，燃油车发动机成本大约在200元/千瓦，当氢燃料电池汽车达到50万辆量级，二者成本将相差无几。

中国氢燃料电池汽车产业走到了决定命运的关隘，它亟须证明自己商业化、规模化的能力，从而早日步入政策、资本、技术相辅相成的良性循环。

生物燃料汽车在中国还是一个相当冷门的存在，尽管生物燃料已成为国际上普遍公认的可以降低环境污染、取代化石燃料的主要资源。

最著名的生物燃料是乙醇，也就是我们通常所说的酒精。最早它可以从谷物或酒精中制取。从技术角度看，这与啤酒酿造几乎不存在任何区别。随着技术发展，后来又出现了纤维乙醇，可以利用农村或城市垃圾、特种作物等实现规模化生产。还有一种生物燃料，可以从大豆、棕榈油甚至剩饭剩油中获取。此外，藻类植物也被看成是小型的自然"燃料工厂"。

使用乙醇等生物燃料的好处在于，它们只是汽油的替代品。在这个替代过程中，仅需对传统汽车做"小型手术"，不需要像电动汽车、氢能汽车那样将之进行脱胎换骨的改造。当然，这也决定了亟待弯道超车的中国不太可能在此投入过多精力。

巴西是全球生物燃料发展的典范。乙醇已成为巴西能源体系中的一种核心能源，这个世界上最大的甘蔗出口商可以实现全球最低的乙醇生产成本。最初，乙醇只是被添加到汽油中。1980年起，巴西政府就开始对生产纯乙醇汽车的大型汽车公司给予补贴。五年后，巴西销售的95%的新车都可以仅使用乙醇这一种燃料。

乙醇汽车给巴西带来剧变。20世纪70年代，该国石油85%依赖进口。实现乙醇替代后，巴西取得能源独立，如今该国已成为排名全球前十的石油出口国。

从这个意义上说，如何因地制宜地通过交通革命争取能源独立，巴西为中国乃至世界提供了一份价值极高的实践样本。

▶ 燃油车的减碳试验

在"双碳"目标下，新能源汽车替代燃油车已经成为大势所趋。然而，作为一项百年老牌大型产业，燃油车退出历史舞台并不能一蹴而就。在未来相当长一段时间，燃油车依然会在汽车产业格局中占据相对主流的位置。既然燃油车还会存在很长时间，且碳排放量巨大，探索如何降低燃油车领域的碳排放，就具有重要的现实意义。

美国、欧盟、日本等汽车工业发达的国家和地区都建立了完善的乘用车燃料消耗量或二氧化碳管理体系。管理手段虽有不同，但都有严格的技术标准和规范，同时还匹配达标灵活性机制、不达标企业处罚等要素管理制度。

以美国加州为例，1990年开始，该州实施零碳排放汽车政策，要求在加州汽车年销售量达到一定规模以上的企业必须具备一定的零排放车辆积分。企业一方面可以通过自行销售零排放汽车和清洁汽车完成指标，另一方面也可以购买其他企业的富余积分。未能达标者必须向政府缴纳每个积分5000美元的罚款。

目前中国已经有能链等新兴科创企业在着手解决燃油车减排的行业痛点。这种解决方案是以数字化技术，打通"成品油炼厂→油库→加油站→用户"的流转路径，通过节能减排改装、研发燃油添加剂、智能算法推荐减少空驶里程等多种方式，帮助从炼厂端到加油站端再到消费端的上中下游各环节降低碳排放。这可能是目前最为有效的方式。

这种方式是如何降低燃油车碳排放的，具体来说，可以拆分成以下几个步骤：

（1）炼厂端

一般来说，危化品运输车辆到达炼厂等待提油时，超过80%的车辆需要等待6～16小时，才能完成提油、装货等一系列操作。在等待期间，车辆存在干烧情况，从而大大增加了油耗和相应的碳排放。

能链旗下能链物流正尝试利用数字化工具，实现运输车辆的远程叫号、异地排队、车队预约、GPS到场监控、可视化队列管理等一系列功能，进而提高运输管理效率，缩短等待时间。能链物流目前已经能做到将原来提油过程的等待时间由6～16小时缩短至2小时以内。这将有效提高装货效率及炼厂的发货效率，减少车辆排队等待时未熄火干烧的情况，从而降低碳排放。

（2）加油站端

首先是橇装加油站的应用。橇装加油站最早始于美国，是一种可移动式的加油装置，即哪里用油多就建在哪里。1996年亚特兰大奥运会期间，橇装加油站就曾为奥运会车辆提供加油服务。如今，能链开始推广这项装置，为物流企业、物流园区建设橇装加油站，保证在最短里程半径内为车辆提供能源补给。以某省一家物流园的橇装加油站为例，该地原有加油站离高速入口4.3千米，建设橇装加油站之后可在园区内加油，离高速入口2.5千米，缩短1.8千米的行驶路程。物流园车队日均加油45车次，日均节省81千米；17米长半挂货车满载百公里油耗45升左右，合计日均节约37升用油，月均节约1110升用油，年均节约13320升用油。按照燃烧一升柴油排放3.1863千克二氧化碳计算，合计日减少118千克、月减少3537千克、年减少42441千克（约合42吨）二氧化碳排放。

其次是加油站的改造升级。现有加油站绝大多数都已使用多年，相关设备老旧，使用建筑或装修材料也不环保。一方面，能链在对现有加油站进行升级改造的过程中，采用更为清洁低碳的材料，例如使用节能灯具，降低单位小时耗电量；利用竹钢材质，更换现有加油站顶棚结构，竹钢材质为高强度竹基纤维复合材料，其主要原材料为慈竹，从原料端即可实现负碳效应。另一方面，传统加油站的用电主要来自公共电网，而目前我国的电力结构仍以煤电为主，碳排放量高。如果选择在加油站的屋顶上建立分布式光伏发电设备，光伏发电即可满足加油站的部分用电，从而达到降低碳排放的目的。

（3）消费端

可以通过建设高密度加油站网络和智能算法精准导航，降低车主空驶里程；还可以通过使用高品质燃油添加剂，提高燃油经济性，使同等油量行驶路程更远。

第一是通过精准导航降低寻找加油站过程中的空驶率。传统场景下，驾驶人只能通过个别平台或地图搜索加油站，所得加油站经营信息或其地理位置信息不全面，无法精准定位，造成找寻加油站过程中的空驶率高，燃油量高，碳排放也相应较高。能链旗下团油 App 通过链接加油站形成高密度加油网络，具备智能算法精准导航功能，可以实现最短路径找寻加油站，从而减少燃油的使用，降低碳排放。中国成品油年零售总额是 3 万亿～3.5 万亿元，如果能通过算法和数据优化降低 10% 的空驶率，效果就会超过新能源增量替换。

第二是使用高品质燃油添加剂。传统场景下，加油站仅提供常规成品油。能链成立"能链碳中和研究中心"，专研"汽油清净增效剂"，可有效去除发动机里的积碳，让汽油燃烧更充分，恢复发动机初始动力和油耗，相同燃油行驶路程更远。

（4）推进无纸化

首先是在危化品物流场景中实现线上货运匹配。传统场景下，加油站向炼厂下单后，炼厂安排下发计划，但计划下发缓慢，配送单管理未形成数字化流转，造成大量纸质单据流转缓慢。如果可以通过线上电子合同的形式减少大量纸质浪费，实现电子化配送管理及高效信息流转，则有利于减少碳排放。经计算，无纸化合同交易场景下，每月可为单一公司减少 60～100 张 A4 纸张。截至 2020 年，中国境内加油站总量约 11.2 万座，无纸化合同交易带来的碳减排量将十分可观。

其次是在加油站数字支付场景中提高支付效率。传统场景下，驾驶人加完油后，需要到加油站收银柜台进行结算，过度使用纸质小票及收据；同时，还增加了后续车辆排队等候时间。通过能链旗下团油 App，可以实现数字支付，并可申请开具电子发票，能有效降低纸质收据的使用，降低碳排放；同时，还能缩短车辆排队等待时间，减少未熄火干烧的情况，避免碳排放增加。

最后是在企业服务场景中实现集中用油管理。传统场景下，企业存在着用油成本居高不下、实体油卡管理低效、财务结算烦琐等现实痛点，企业员工需要根据加油额度，每月加油后留存发票，统一报销。能链旗下能链企服能通过数字化工具帮助企业实现管人、管财、管物，企业员工只需根据数字化系统上的用油余额加油，无须再用纸质发票自行报销，即可实现电子报销，提高企业用油的数字化管理能力，节省纸质收据用量。

第五节　氢能崛起

> 按照热力学的物理学规律，任何能源使用过程中都会造成浪费，造成二氧化碳等污染。所以，我们还是要回归初心，从最基本的爱因斯坦的核聚变出发，回到太阳，利用地球上人类宇宙中最简单的元素氢发展最清洁、最有效、最长久的太阳能光电制氢的氢能源技术。
>
> ——中国科学院院士　薛其坤

2021年5月25日，巴黎埃菲尔铁塔在夜幕笼罩下闪耀出绿宝石般的璀璨光芒。这是这座法国地标建筑第一次被可再生能源生产的绿氢点亮。此次活动的能源供应商液化空气集团试图借此呼吁全世界"立即采取行动来发展氢社会"。

氢能作为一种清洁、高效、安全、可持续的新能源，被视为21世纪最具发展潜力的清洁能源之一，是人类的战略能源发展方向。近年来，中国、德国、法国、日本、美国等国家纷纷加大氢能布局力度，探索具有本国特色的氢能发展道路。

在实现"双碳"目标的时代背景下，中国拼接出一幅宏伟的能源版图：上游大力发展风电、光伏发电等新能源；中游构建可以大范围资源配置的特高压输电网络；下游扶持以电动汽车为主的新能源汽车。但这幅理想图景面临着两大现实困境：一是新能源发电不稳定，而用户却时时需要电力；二是电动汽车难以彻底突破的续航里程问题以及安全问题。

因此，氢能被寄予厚望。首先，我国水能、风能和太阳能富集区域发展电解水制氢，做成氢能源，可以有效解决弃风、弃光现象，避免资源浪费，同时也可以降低制氢成本乃至氢能全产业链成本；其次，氢燃料电池汽车在续航里程、能源补给的便捷性等方面也优于电动汽车；最后，氢能还有可能构建出在油气网络、电网之外的一个新型能源系统。

但氢能的崛起注定是一场持久战。氢能的商业化前景依然扑朔迷离。不过，我们也能看到，如今中国有两股强大的力量正在形成推动氢能产业突破与发展的合力：政府自上而下的宏观政策为氢能产业做指引；中石化、隆基、亿华通等角色各异的企业自下而上合力探索应用场景。

那么，氢能会成为未来四十年碳中和长征中最大的那匹黑马吗？

▶ 氢能大热

2019年是中国真正意义上的氢能产业元年。当年，修改后的国务院政府工作报告增加了"推进充电、加氢等设施建设"的内容。这是氢能首次被写入政府工作报告。

此前一年，国务院总理李克强在日本访问丰田工厂时，曾重点咨询过关于氢燃料电池车的问题。丰田是全球氢燃料电池汽车领域的领头羊，该公司于2014年推出世界首款量产氢燃料电池汽车Mirai。

国家领导人的关注让氢能一夜之间红遍全国各地。

大同、白城、成都、佛山等地的"氢都"之争日趋激烈。2018年10月，大同市政府代表远赴北京，举办了一场声势浩大的"氢都"大同新能源产业城北京招商推介会，数百位新能源企业代表争相入场，共签约126

个项目，总投资额达1012亿元，这意味着大同从"煤都"向"氢都""新能源之都"迈出了华丽转身的关键性一步。吉林白城是中国东北地区屈指可数的清洁能源基地，其风电、太阳能可开发量高达5000万千瓦以上，但弃风、弃光问题严重阻碍了该市清洁能源产业发展，同样的困局也出现在水资源丰沛的成都。于是，白城和成都也纷纷加入氢能的大军。不过，相比这些后起之秀，佛山可以算作氢能领域的先驱，创造出多项中国第一：举办全国第一个"氢能周"；发布全国第一项氢燃料电池氢气品质团体标准；投产全国首座商业化加氢站。

在从中央到地方各级政府政策的引领下，大量资本迅速涌入氢能产业。

传统能源企业欲借助这条新赛道实现转型。中国石化宣布将在"十四五"期间组建全国第一大氢能企业集团，覆盖制氢、运输、储存、加注、使用的全产业链。目前该公司已是全国最大的制氢企业，年产350万吨，占全国总年产量的14%；已有3条氢气运输管线投运多年；建成10座正在运行的加氢站，"十四五"期间计划建成1000座加氢站。国家能源集团由原国电集团和原神华集团合并而成，其中神华集团是全球最大的煤炭企业，以神华集团为基础，该公司已形成制氢、氢气纯化、加氢、燃料电池系统集成等氢能技术储备，并在江苏如皋建设了国内首个国际标准加氢示范站。美锦能源作为山西煤企的代表也于近年开始谋求转型，该公司选中氢能赛道，先是斥资近亿元控股国内最大的氢燃料电池客车企业飞驰汽车，后又豪掷百亿打造美锦嘉兴氢能科技产业园，布局氢能全产业链。

新能源企业和传统电力企业新能源板块希望拓展氢能与新能源的联动。国家电投是全球最大的光伏发电企业和全球第二大的风力发电企业。2017年该公司成立专门的氢能公司，致力于可再生能源制氢技术研究、高效储氢材料研究、燃料电池研发、动力系统单元开发等关键核心科技创新工作。华能集团近年的新能源转型态势迅猛，该公司在大力开展风电、光伏发电大基地建设的同时，也配套布局氢能产业，探索工业级风电动态制氢、海上风电制氢等。此外，隆基、阳光电源、晶科能源等光伏企业也都纷纷加快布局氢能的步伐。

深耕氢能行业多年的企业则加速着国产化技术创新。过去十余年间，中国氢燃料电池汽车取得了长足的发展。但从技术上来看，中国氢燃料电池汽车产业与国外仍存在差距，核心部件受制于人。不过，不可否认的是，该行业正在快速地推动核心部件的国产化和自主化。在上一节中，我们介绍过的亿华通和国鸿氢能都是创新能力较强的代表企业。

氢能产业的突破与发展需要全产业链的通力合作。

氢能产业链包括制氢、储氢、运氢、加氢与用氢几个环节。从上游来看，制氢包括氯碱工业副产氢、电解水制氢、化工原料制氢（甲醇裂解、乙醇裂解、液氨裂解等）、化石原料制氢（石油裂解、水煤气法等）和新型制氢方法（生物质、新型电解水制氢等）等多种途径；储氢包括气态储氢、液态储氢、固态合金储氢3种方式；运氢包括罐车运输、管道运输等方法。从中游来看，主要是加氢。从下游来看，用氢可以渗透到能源应用的各个方面，除了传统石化工业应用如合成氨、石油与煤炭深加工，在新能源应用方面还包括燃料电池下游各种应用，其中最为人所熟知的便是氢燃料电池汽车。氢燃料电池是氢能源清洁高效利用的核心，同样也是整条氢能源主产业链的核心所在。燃料电池主要由膜电极组、双极板、集流板、端板组成，其中膜电极组又是由质子交换膜、催化剂、气体扩散层组成。

这个尚处在起步阶段的新兴产业，未来还需要在政策与资本的助推下实现技术与商业化的持续突破。

▶ 广阔蓝图

人类对氢能的应用始于两百多年前。早在 1806 年，瑞士人弗朗索瓦·艾萨克·德里瓦兹就发明了氢内燃机车；1839 年，英国人葛罗夫发明了真正意义上的燃料电池，而且就是氢燃料电池，取名为气电池；20 世纪 50 年代，通用汽车公司（GM）开始研发现代意义上的氢燃料电池汽车，这项工作于 1967 年完成，汽车命名为 Electrovan；2014 年，丰田推出全球首款量产氢燃料电池汽车 Mirai。

自 20 世纪 70 年代以来，世界上许多国家和地区都广泛开展了氢能研究。早在 1970 年，通用汽车公司的技术研究中心就提出了"氢经济"的概念。1976 年，美国斯坦福研究院开展了氢经济的可行性研究。

中国对氢能的研究与发展可以追溯到 20 世纪 60 年代初。中国航天领域的科学家，对火箭燃料液氢的生产、燃料电池的研制与开发等进行了大量工作。此后，氢能产业经历了缓慢而持续的发展，直到 2019 年迎来产业大爆发。

在碳中和目标背景下，电力将成为整个能源系统的支柱，尤其是以风电、光伏发电为代表的清洁能源。但在交通运输、工业生产等领域，要想实现深度脱碳化，仅靠电气化可能尚有困难，比如远洋航运，需要通过产自可再生能源的氢气补充续航。

氢能是一种来源广泛、清洁无碳、灵活高效、应用场景丰富的能源，与电能同属二次能源，更容易耦合电能、热能、燃料等多种能源，并与电能一起建立互联互通的现代能源网络，可以促进电力与建筑、交通运输和工业之间的互联。

从氢能制取角度来看，以往氢气主要产自化石原料，我们称之为"灰氢"；后来，在天然气制氢过程中采取 CCUS 技术，我们称之为"蓝氢"；

而在低碳能源占主导的未来，氢气可通过风电、光伏发电等清洁能源来制取，我们称之为"绿氢"。

经常有人提出疑问：用清洁电力进行电解水制氢，到底需要多少水？根据测算，就氢生产而言，生成1千克氢气的最小耗水量是9千克。考虑到水的脱矿过程，即去除水中矿物质离子的过程，生成1千克氢气大概需要18~24千克水。再加上风力发电和光伏发电本身的用水量，总体来讲，利用光伏发电生产1千克氢气的总耗水量平均为32千克，风力发电则为22千克。2050年，全球电解水制氢所需要的用水量，也仅相当于一个拥有6200万居民国家的用水量。可以说，在水资源的可承受度方面，绿氢是具备条件的。

从氢能应用角度来看，绿氢可以有效助力在交通、工业、建筑领域的深度脱碳。

首先是交通领域。氢燃料电池汽车是全球汽车产业转型升级的重要方向和未来汽车产业技术竞争的制高点之一，也是我国新能源汽车发展战略的重要组成部分。在新能源汽车领域，由于锂电池相对氢燃料电池能量密度较低，因此纯电动汽车适合于较短距离行驶的小型和轻型车辆，而氢燃料电池汽车更适用于长途、大型、商用车领域。

根据由工信部指导、中国汽车工程学会组织修订编制的《节能与新能源汽车技术路线图2.0》，我国将发展氢燃料电池商用车作为整个氢能燃料电池行业的突破口，以客车和城市物流车为切入领域，重点在可再生能源制氢和工业副产氢丰富的区域，推广中大型客车、物流车，逐步推广至载重量大、长距离的中重卡、牵引车、港口拖车及乘用车等。到2035年，实现氢燃料电池汽车的大规模推广应用，燃料电池汽车保有量达到100万辆左右，完全掌握燃料电池核心关键技术，建立完备的燃料电池材料、部件、系统的制造与生产产业链。

除公路运输外,从长远来看,氢气还有可能促进铁路运输、船运和航空领域的脱碳化。

其次是工业领域。氢可以通过以下两种途径来实现工业领域原料脱碳:第一,现有用作工业原料的氢,可以通过低碳途径来获取,从而完成"灰氢—蓝氢—绿氢"的蜕变;第二,氢可以取代工业领域部分化石原料。比如,氢可以取代在炼铁过程中作为还原剂的焦炭,还可以直接燃烧获得高位热能取代化石燃料燃烧。第一种途径我们在氢能制取部分已作详细介绍,这里不再赘述。下面我们来详细介绍第二种途径,主要体现在如下两个方面。

一是氢气炼钢。当前,我国炼钢企业大多使用铁矿石为铁源、炼焦煤为碳源的长流程高炉生产技术,通过焦炭燃烧提供还原反应所需要的热量并产生还原剂一氧化碳,在高温下利用一氧化碳将铁矿石中的氧反应生成二氧化碳,将铁矿石还原得到铁,这个过程带来了大量的二氧化碳排放,每吨钢二氧化碳排放量为 1.8 吨左右。通过绿氢作为还原剂的直接还原技术(DRI),被视为钢铁工业未来实现"零排放"的最佳方案。从目前已示范运行及试验阶段的氢气炼钢项目来看,技术上已经不存在障碍。现今全球相对成熟的是瑞典钢铁的 HYBRIT 项目,该项目在高炉生产过程中用"绿氢"取代传统工艺的煤和焦炭。在国内,宝武钢铁、河钢、酒钢等龙头钢铁企业也正在积极布局氢气炼钢技术。

二是工业供热。工业热能分为三个温度范围:100℃的低级热能、100~500℃的中级热能和500℃以上的高级热能。工业供热主要由化石燃料(煤、天然气)和电力(电阻加热或热泵)来满足需求。对于低级热能,电气化是成本最低的脱碳方案。对于中高级热能,可采用生物质或"化石燃料+CCUS 技术"进行脱碳,但在没有生物质或 CCUS 技术的地方,氢能可以成为间歇性工业领域的中高级热能低碳解决方案。氢能在工业供热中的应用主要有两种途径：第一种是通过天然气燃烧供热的工业企业，可在已有天然气管道中掺杂固定比例的氢气，从而在满足高位热能需求的同时减少碳排放量；第二种是通过直接燃烧氢气的方式来满足高位热能需求，但从技术实现角度，直接燃烧氢气仍面临诸多技术挑战，短期很难实现规模化运用。

最后是建筑领域。建筑领域的碳减排更多是通过电气化来完成的，我国电力结构中清洁能源比例提升明显有助于这一领域的碳减排。不过采暖环节的脱碳则另当别论。目前，我国北方地区冬季采暖主要依靠化石能源来实现。与工业供热相似，天然气掺氢可成为建筑领域在采暖环节实现碳减排的有效措施。

▶ 现实困境

尽管前景广阔，但氢能产业依然面临着窘迫的现实困境。成本高昂和核心部件国产化不足，成为制约我国氢能产业发展的"阿喀琉斯之踵"。

从氢能全产业链来看，无论是上游制氢、储氢、运氢，还是中游加氢，亦或是下游用氢，每一环都成本高昂，且没有哪一方可以脱离产业链单独降低成本。在导致成本高昂的因素中，国产化不足是一项重点。

我们先来看上游。制氢、储氢、运氢的成本居高不下，是制约我国氢能网络建立的主要因素。

首先是制氢环节。如前所述的几种制氢途径，每一种的成本都受到相应能源资源价格的影响。目前全球范围内天然气制氢占据主导地位。而我国由于煤炭资源丰富致使制氢成本相对较低，因而煤制氢成为主流。但煤制氢与碳中和目标背道而驰，并非长久之计。工业副产氢及甲醇制氢等化工原料制氢方式也都有同样问题。利用可再生能源的电解水制氢可以做到

"零碳",但现有技术下,电解水制氢的成本却数倍于其他制氢技术路线。

目前,我国电解水制氢仍不具备经济性。电解水制氢技术路线较多,按照 0.28 元 / 千瓦时电价水平计算,采用较为成熟的碱性电解槽制氢成本为 22～25 元 / 千克。从煤制氢看,煤价按照 300～600 元 / 吨计算,制氢成本为 6～10 元 / 千克。从天然气制氢看,按照 2.5 元 / 立方米左右的天然气价格计算,制氢成本为 13～15 元 / 千克。但是从中长期看,可再生能源成本仍有大幅下降空间,如果按照 0.11 元 / 千瓦时电价计算,电解水制氢成本将下降一半有余,达到 7.2～10.8 元 / 千克,与化石能源制氢相比将具有竞争力。不过这一价格水平将主要集中在西部、北部可再生能源资源富集的区域。

其次是储氢和运氢环节。氢气液化及固化难度较大,目前主要以高压气态的形式储存,单位体积储氢的容量低,更无法像石油那样方便运输。高压气态的氢气主要通过长管拖车和管道进行输运。前者是氢气近距离运输最主要和最便宜的方式。但未来在氢能产业蓬勃发展的新形势下,大规模、长距离运输氢气或将成为常态,管道运输将发挥更加重要的作用。但氢气管道造价不菲,如果把氢气掺入现有天然气管道中运输,又将产生如何调节各管网方利益、如何运营、如何掺氢等一系列问题。相比于美国 2500 千米输氢管道、欧洲近 1600 千米输氢管道,以及我国超过 10 万千米的油气管道,我国输氢管道仅有 100 千米的体量就显得过于薄弱。

我们再来看中游加氢环节。由于国内大部分加氢站不具备站内制氢的技术,因此需要外部供氢,即用长管拖车往返于加氢站与氢源地之间。这种情况下,上游制氢、运氢的成本很大程度上决定了加氢站的氢气成本。上游成本传导下来,导致氢气的售价远大于同等能量水平下的汽柴油价格。影响氢气成本的另一个重要因素是压缩机,其生产技术目前依赖进口,采购成本在短期内难以降低。如此形成恶性循环:成本高昂导致加氢站难以盈利，从而限制了加氢站的普及；而加氢站难以普及限制了下游氢燃料电池和氢能汽车的产业化进程；下游产业化受阻又反过来加重加氢站无法盈利的困境，导致整个行业都难以实现规模化运营。

最后是下游用氢环节。如前所述，氢燃料电池是氢能源清洁高效利用的核心。但一方面，氢燃料电池现阶段的成本远远高于锂电池和一般的燃油车；另一方面，"国产化"难题长期难解，质子交换膜、双极板、高压气瓶等核心部件基本依赖进口，国内企业生产能力有限，产品质量也难以满足要求。反观竞争对手电动汽车，中国在动力电池等核心零部件领域已建立起强大的国际竞争力，从而为进一步获取政府政策支持和吸引资本涌入奠定基础。

以上种种因素使得目前氢燃料电池车相较电动汽车，在发展规划中更像是一个替补的角色。

未来氢燃料电池车能否与电动汽车平分秋色？氢能真正的突破口到底会是交通领域还是工业领域？氢能能否构建出在油气网络与电网之外的另一个新型能源系统？氢能产业能否诞生属于自己的马斯克、曾毓群，甚至洛克菲勒与爱迪生？

我们等待着一场颠覆。

第六节 从信息文明到智慧文明

> 我再次强调，我们 5G 就是争夺"上甘岭"，就是世界高地。5G 这一战关系着公司的生死存亡，所以我们一定要在这场"战争"中不惜代价赢得胜利。
>
> ——华为创始人　任正非

2017 年 5 月 27 日，代表着人类围棋最高水平的天才少年柯洁在与智能机器人 AlphaGo 比赛时失声痛哭，棋局停滞 20 分钟。这场围棋终极"人机大战"，AlphaGo 最后以 3 : 0 横扫柯洁。走出实验室的人工智能，旋即在整个舆论场上掀起惊涛骇浪。

人工智能与云计算、大数据、物联网、移动物联网、区块链等新型信息技术正在深刻改变着我们所处的世界。自 21 世纪 10 年代开始，第四次工业革命兴起，人类社会从信息文明逐渐向智慧文明转变。随着科学技术进步和社会需求升级，特高压电网、城际高速铁路、新能源车充电桩、5G 通信网、工业物联网等网络型基础设施不断涌现。

纵观人类历史，能源网、交通网、信息网的创新与互动在历次工业革命中发挥了至关重要的作用。能源网就像是"血液系统"，电网、油气管网等为现代工业体系与人类社会的高效运转提供不竭动力；交通网类似于"骨骼系统"，生产生活所需的各类物资借此流通，从而支撑起经济社会发展；信息网则是"神经系统"，负责信息的处理与储存。通过促进信息网与其他系统融合，实现对能源、交通等基础设施的控制。

从某种意义上说，碳中和的本质，就是要从过去的资源依赖走向未来的技术依赖。这一转变的过程，也是能源网、交通网、信息网深度融合的过程，而"三网融合"将进一步促进碳中和的实现。在前面几节中，我们已对能源网和交通网做了详细介绍。本节我们将重点探讨信息网及"三网融合"。

▶ 信息网的进化

我们可以从"烽火戏诸侯"的故事，窥见祖先们在古时是如何构建最初的信息网络的。不过，直到工业革命后，人类才真正建立起现代化的远程通信系统。有线电报、有线电话、卫星通信、互联网、光纤通信、移动通信等现代通信技术不断涌现，推动了现代信息网的进化。

现代信息网的发展已经经历了五个阶段。

第一个阶段：19世纪上半叶，有线电报发明，人类社会进入远距离有线通信时代，并在美国和欧洲构建起电报网。

彼时，英国已基本完成第一次工业革命，成为世界上第一个工业国家。第一次工业革命的浪潮很快波及美国和欧洲大陆。这个剧变的新时代对信息网提出新的要求。

于是，1837年，美国人莫尔斯在纽约大学的会议室里架设了一条518米长的导线，获得通报实验成功，电报机由此诞生。7年后，莫尔斯在位于华盛顿的国会大厦里发出了世界上第一份电报，远在60千米外的巴尔的摩城收到信息——"上帝创造了何等奇迹"。

进入19世纪50年代，横跨大西洋、连接欧美两洲的海底电缆铺设成功。有线电报在欧洲和美国迅速得到普及应用，电报网逐渐覆盖美国和欧洲大陆。

电报网给欧美国家带来了巨大利益。比如著名的罗斯柴尔德家族，就是通过这一新兴通信技术帮助英国政府购买到苏伊士运河。1875 年的一天，列昂内尔·罗斯柴尔德宴请英国时任首相狄斯累利。席间，罗斯柴尔德突然收到一份来自家族位于法国分行的电报。这份电报透露，埃及国王计划向法国政府出售苏伊士运河股票，但是法国政府出价太低。罗斯柴尔德将这一消息告知狄斯累利后，英国便有意从法国手中抢下这个项目。但是由于国会休会，英国政府短时间内无法筹集 400 万英镑资金。罗斯柴尔德果断决定，由其家族银行向英国政府提供这笔巨额贷款。在罗斯柴尔德的帮助下，英国抢先买下了苏伊士运河。从此，英国开始控制了苏伊士运河这一黄金运输渠道。

第二个阶段：19 世纪下半叶，有线电话发明，人类社会进入有线通信 2.0 时代，电话网在此后一个多世纪中从区域化逐步走向全球一体。

彼时，第二次工业革命在多个先进的资本主义国家几乎同时兴起，新技术、新发明层出不穷，信息网络发展也日新月异。

1876 年，贝尔在美国取得电话发明专利。他用两根导线连接两个结构完全相同、在电磁铁上装有振动膜片的送话器和受话器，首先实现两端通话。一年后，美国加州部署了世界上第一条长途电话线，跨度超过 90 千米。1915 年，美国东海岸的纽约和西海岸的旧金山之间开通了第一条跨区电话线。1956 年，英国与加拿大之间的大西洋海底电话电缆完成铺设，新旧大陆的洲际通信终于成为现实。

电话网的搭建也在同步推进。贝尔发明电话的第二年，就出现了由人工交换机、用户电话机以及连接它们的电线共同构成的电话网。随着用户数增加，需要在不同地点部署多台交换机，并通过分级汇接的方式，将各地电话网成体系地连接起来，进而形成跨区域、跨国、跨洲、跨洋的全球电话网。

第三个阶段：20世纪中叶，卫星通信发明，人类社会进入远距离无线通信时代。

彼时，第三次工业革命浪潮涌动。这次工业革命以原子能、电子计算机、空间技术等发明和应用为主要标志，人类社会从工业文明向信息文明转变。

在此背景下，1958年，美国发射世界上第一颗试验通信卫星。通信卫星就是用作无线电通信中继站的人造地球卫星，它像一个国际信使，收集来自地面的各种"信件"，然后再"投递"到另一个地方的用户手里。由于它"站"在36000千米的高空，所以它的"投递"覆盖面特别大，一颗卫星就可以负责1/3地球表面的通信。如果在赤道上空等间隔地放置3颗静止通信卫星，就可以实现除两极部分地区外的全球通信。

此后数年，美、苏、英、法、日等国又陆续发射了多颗通信卫星。1965年，美国把"晨鸟"卫星送到大西洋上空的地球同步轨道，它可以开通240路电话，几乎代替了大西洋海底电缆，并能24小时连续工作。从此卫星通信进入实用阶段。

近年来，在宽带需求及卫星技术发展推动下，卫星互联网星座计划相继面世，各国纷纷推出以互联网业务为主的宽带通信星座，其目的是构建一个高速低延时的全球覆盖网络，抢占卫星互联网建设"新大陆"。

第四个阶段：20世纪中后期，互联网出现，人类社会进入无线通信2.0时代。

互联网诞生的大背景依然是第三次工业革命。1969年，美国国防部高级研究计划署的利克利德提出"巨型网络"概念，设想"每个人可以通过一个全球范围内互相连接的设施，在任何地点都可以快速获取各种数据和信息"。在利克利德的撮合资助下，美国军方于当年建立了阿帕网，成为互联网的最早起源。

20世纪80年代中叶，美国国家科学基金会在美国建立了6个超级计算机中心和连接这些中心的主干网络NSFNET，并允许研究人员进行访问，以共享研究成果和查找信息。1989年，NSFNET更名为"Internet"，向公众开放，世界上第一个互联网就此诞生。次年，Internet彻底取代阿帕网，成为互联网的主干网。

1994年，美国的互联网由商业机构全面接管，互联网从单纯的科研网络演变成一个世界性的商业网络。

与前三个阶段不同，互联网的发明与应用，不仅使信息实现了远距离、实时、多媒体、双向交互的传输，还催生出一批全新的商业模式和业务模式。电子邮件、搜索引擎、网络购物、即时通信、网络游戏等商业应用在互联网的沃土中茁壮成长，重新定义了人们的生产和生活方式。

而随着互联网的迅猛发展，更大容量、更远距离的信息交流成为刚需。原有通信电缆已无法适应新的形势要求，光纤通信破土而出。

1966年，美籍华人高锟与霍克哈姆发表论文，首先提出光纤可以用于通信传输的设想，高锟还因此获得2009年诺贝尔物理学奖。1970年，美国康宁公司首次研制出传输损耗只有20dB/千米的低损耗光纤，光纤通信时代由此拉开帷幕。1988年，美国与英国、法国之间铺设了世界上第一条跨洋海底光缆系统。相比于陆地光缆，海底光缆不需要占用土地资源，减少了主权纠纷，从而成为最主要的远距离跨国数据传输方式，通信互联也正式进入海底光缆时代。

第五个阶段：20世纪80年代，移动通信技术诞生，人类社会进入无线通信3.0时代，即移动通信时代。

移动互联网产生于第三次工业革命，并在第四次工业革命中迎来大爆发。

第一代移动通信技术（1G）起源于20世纪80年代，使用模拟移动网技术，主要用于语音业务。

80年代末，随着集成电路、话音编码和数字通信技术研制成功，移动通信发展至数字式，出现第二代移动通信技术（2G）。除了语音业务，2G还可以支持短信、彩信、上网等数据业务。但它还满足不了人们对图片、音乐、视频等内容的传输要求。

进入21世纪，第三代移动通信技术（3G）应运而生。3G还是数字通信，但是网络带宽大大提升，下行速率最高达到7.2Mbps。3G技术具有速度快、效率高、信号稳定、成本低廉和安全性能好等优点。与前两代通信技术相比，3G手机主要是将无线通信和国际互联网等通信技术全面结合，以此形成一种全新的移动通信系统。这种移动技术可以处理图像、音乐等媒体形式，并催生出微信、支付宝等大量移动互联网应用。

21世纪10年代，随着移动数据、移动计算、移动多媒体的发展需要，第四代移动通信技术（4G）开始兴起。4G的速率有进一步提升，理论上能够达到100Mbps。这种超高速率使得个人电脑端应用加速向移动端迁移，社交、游戏、电商、生活服务等业务都实现了移动化，外卖、打车、移动支付、短视频等新业态蓬勃发展。

2016年，中国5G技术研发试验正式启动。三年后，工信部正式向中国电信、中国移动、中国联通、中国广电发放5G商用牌照，这一年被称为"中国5G商用元年"。

国际电信联盟ITU定义了5G的三大应用场景，即eMBB（增强型移动宽带）、mMTC（海量机器类通信）、uRLLC（超可靠、低时延通信）。5G的网速理论上能够达到10Gbps，可以瞬间完成一部几个G大小的高清电影下载。

5G 低时延、广连接的特点，使之不仅能满足人与人之间的通信，还能满足人与物、物与物之间的通信，开启万物互联、人机交互、智能引领的新时代。5G 典型应用包括工业互联网、自动驾驶汽车、智慧城市、智能建筑、智能家居、云工作、云娱乐等。预计到 2024 年，中国 5G 用户将超过 7 亿人，5G 也将全面赋能工业、交通、能源、医疗及经济社会各个领域。

上述五个阶段，电报网、电话网、卫星通信网、互联网、移动互联网在各自发展路线中也存在着彼此间的重合与互动，从而形成如今以电话、卫星通信、互联网、移动互联网为代表的新型信息网。人类的认知和生产生活方式即将迎来新的革命性变化。

▶ 数字技术

数字技术是新一代信息网的缔造者。以此为基础的数字经济，也被视为实现"双碳"目标的一条重要路径。

按照《二十国集团数字经济发展与合作倡议》的定义，数字经济是指以使用数字化的知识和信息作为关键生产要素、以现代信息网络作为重要载体、以信息通信技术的有效使用作为效率提升和经济结构优化的重要推动力的一系列经济活动。该定义精准阐明了数字经济的三大支柱：新的通用目的技术——信息通信技术，也可称为数字技术；新的生产要素——数字化的知识和信息；新的基础设施——现代信息网络。

数字技术包括移动互联网、物联网、大数据、云计算、人工智能、区块链等新兴技术。下面我们就来逐一介绍这些新概念。

（1）移动互联网

如今，互联网已几乎渗透到我们生产生活的方方面面。而 5G 时代的移动互联网，更是对互联网的一场颠覆性革命。移动互联网让我们摆脱了由电话线、网线等带来的空间上的限制。5G 技术则开启了万物互联、人机交互、智能引领的新时代。

（2）物联网

物联网的英文名是 Internet of Things（IoT），粗浅的解释就是将物与物连接成网络。汽车、家电、个人穿戴设备、工厂的制造设备现在都已经具备接入互联网的条件，市场上流通的这些互联智能产品也越来越多。当连接的设备丰富到一定程度的时候，各种智能化场景才能真正实现。万物互联，正是物联网技术所追求的愿景。

物联网的普及最初是由消费产品市场引爆的。21 世纪初，LG 率先推出可以接入互联网的家电产品。此后，各类消费电子产品层出不穷，个人穿戴设备从手表、手环发展到耳环、戒指这样的首饰，智能家居领域的家电、门锁、照片、开关、音箱等如今都已是互联网设备。在消费应用领域，国外的苹果、谷歌和国内的华为、小米等公司牢牢占据了市场领先地位。

消费类智能设备的量产，促进了元器件成本的降低。同时，蓝牙 5.0、WiFi6、IPv6、NFC、RFID 等关键传输和通信协议得到进一步发展。此外，云计算和大数据技术的进步，为承载物联网设备在短时间内产生的大量数据提供支撑。

这些因素都推动着物联网在工业、农业、交通运输、能源、社会管理等领域寻找更为广阔的应用空间。以电网为例，现在的电力传输网络和用电单位终端已大面积完成智能电网改造，大到国家的电力供需调度，小到个人的节能减排，都可以在数字技术的帮助下进行更为精细化的管理。

（3）大数据

大数据的英文是 Big Data，而非 Large Data，它不仅意味着数据量大，还有数据类型多样、数据产生速度快、价值密度低等特点。

进入搜索引擎时代后，人们在搜索信息过程中产生大量数据，大数据的相关技术便开始孕育。2004 年，全球搜索引擎霸主谷歌在内部推出了分布式计算框架 MapReduce。它通过一系列数学原理，将多类型的数据进行切片并分散存储在特定的分区中，这个设计能够让未来的计算和分析大幅提效。MapReduce 的技术原理是大数据技术发展的核心基础。

开源软件领域很快开始响应这项技术方案，Hadoop 开源项目、Facebook 开源的 Hive 分析工具、加州大学伯克利分校 AMP 实验室开发的 Spark 开源集群计算框架等不断取得突破。

随着大数据技术发展，技术专家们发现数据库可以用不同的形态来存储数据，这样可以大幅减少数据分析过程中的预处理工作量。于是，各种 NoSQL（非关系型的数据库）也开始进入市场。

大数据技术起源于搜索引擎应用，但数据的价值却不仅局限于互联网行业。如今，大数据在金融、公安、交通、能源等领域都已有现实的应用。

以能源行业为例，能源大数据覆盖能源生产、能源传输、能源消费全环节及每一个环节的各类能源装备，在实时监控能源动态的基础上，可以利用大数据预测模型，解决能源消费不合理的问题，促进传统能源管理模式变革，合理配置能源。政府还可以通过采集和分析区域内企业与居民的用能数据，为能源规划和能源政策制定提供技术支撑。

（4）云计算

云计算与大数据紧密相连。面对体量巨大、类型多样、高速增长的数据，我们首先要解决的就是数据管理问题。存储与处理大规模数据便是云计算的特长之一。

云计算是分布式计算的一种。简单来说，早期的云计算就是通过网络"云"，将巨大的数据计算处理程序分解成无数个小程序，再将分解计算结果合并返回给用户。通过这项技术，可以在短短几秒钟就完成数以万计的数据处理，从而实现强大的网络服务能力。云计算的服务类型分为三类：基础设施即服务（IaaS）、平台即服务（PaaS）和软件即服务（SaaS）。

2006年，还被定义为购物网站的亚马逊，悄悄上线了一款产品——S3（简单存储服务），开创了公共云计算服务的先河。S3是后来占据公有云市场半壁江山的AWS（亚马逊云服务）的第一款产品，它允许其他网站在亚马逊的服务器上存储照片和视频等文件。

此后，微软、IBM、谷歌，以及中国的阿里、腾讯、华为等都陆续加入公共云服务的市场，提供的服务也从基础计算资源扩展到数据库、人工智能、物联网等多个技术领域。中国成为继美国之后的全球第二大云计算市场。

公有云服务的客户无须自建数据中心，而是将本公司的数据存储在亚马逊、阿里等提供的云平台上。但金融、能源、政务等数据安全敏感的行业对公有云心存顾虑，于是，在公有云服务商的帮助下，这些门类的企业建立了各种私有云。在此基础上，又出现了混合云，即核心数据放私有云，非核心数据放公有云。

（5）人工智能

人工智能的英文缩写为AI，即Artificial Intelligence，它是研究、开发用于模拟、延伸和扩展人的智能的理论、方法、技术及应用系统的一门新的技术科学。

人工智能包括三个要素：数据、算法、算力，其中数据对应大数据，算力对应云计算、边缘计算、雾计算，而算法则是人工智能的核心，包括分类算法、聚类算法、集成算法等。

人工智能的概念和基本原理起源早至20世纪50年代。但在之后的半个世纪中，人工智能技术都停留在理论研究和一部分不成功的实践上。进入21世纪后，人工智能概念才得以复兴。大数据、云计算等技术领域的突破，使得人工智能在数据、算法、算力上与半个世纪前已不可同日而语。

谷歌是人工智能领域最重要的推动者之一。2010年，该公司成立Google Brain，这是一个专注人工智能研究的内部组织。后来，谷歌又收购了英国企业DeepMind，后者研发出的AlphaGo曾先后击败人类围棋冠军李世石和柯洁，促使人工智能名声大噪。

中国也十分重视人工智能产业。2017年，国务院出台《新一代人工智能发展规划》，提出"三步走"战略：第一步，到2020年人工智能总体技术和应用与世界先进水平同步，人工智能产业成为新的重要经济增长点，人工智能技术应用成为改善民生的新途径，有力支撑进入创新型国家行列和实现全面建成小康社会的奋斗目标；第二步，到2025年人工智能基础理论实现重大突破，部分技术与应用达到世界领先水平，人工智能成为带动我国产业升级和经济转型的主要动力，智能社会建设取得积极进展；第三步，到2030年人工智能理论、技术与应用总体达到世界领先水平，成为世界主要人工智能创新中心，智能经济、智能社会取得明显成效，为跻身创新型国家前列和经济强国奠定重要基础。

下一步，中国将重点推广人工智能在智能制造、智能医疗、智慧城市、智能农业、国防建设等领域的广泛应用。目前，人工智能在能源领域已应用于电网巡检、风电和光伏电站运维、油气勘探等环节。此外，随着自动驾驶技术创新，电动汽车也将迈入 AI 新时代。

（6）区块链

区块链是分布式数据存储、点对点传输、共识机制、加密算法等计算机技术的新型应用模式。从应用视角来看，区块链是一个分布式的共享账本和数据库，具有去中心化、不可篡改、全程留痕、可以追溯、集体维护、公开透明等特点。

区块链起源于比特币。2008 年 11 月，中本聪第一次提出了区块链的概念。两个月后，第一个序号为 0 的创世区块诞生。几天后，又出现序号为 1 的区块，并与序号为 0 的创世区块相连接形成链，从而标志着区块链的诞生。

这一新兴数字技术在金融领域潜力巨大。与此同时，它也将触角伸向能源、交通、公共管理等诸多领域。

中国已将区块链上升为国家战略并纳入新基建。在此背景下，2019 年，国家电网成立首家央企区块链专业公司——国网区块链科技（北京）有限公司。次年，该公司又设立了国网区块链技术实验室。

区块链在电力领域的一个重要应用场景是新能源云。与传统能源相比，新能源具有主体多元化、产业链条长等特点，而区块链可以将电网企业、监管部门、金融机构、用户主体等连接起来，有效打破数据孤岛和信息壁垒。数十万甚至上百万分散在全国各地的风电、光伏电站的并网签约、交易结算等信息可以上链存证，从而有效提升新能源业务办理效率，并具备安全性。

随着电力体制改革不断深化，基于区块链的电力交易平台也已正式开展试点应用，此举推动了电力交易的降本增效和可靠性提升。

此外，近年炙手可热的综合能源服务也为区块链提供了生长的沃土。国家电网在山东已经开展试点应用，基于区块链的微网分布式能源智能交易平台，实现了微网内光伏、储能、风电、电网等不同主体之间的购售电交易，其中充电桩综合用电成本下降7%、光伏收益增加12%，提高了不同主体交易透明度，降低了能源交易成本。

▶"三网融合"

能源网、交通网、信息网曾长期处在条块分割、独立发展的状态。如今，在科技创新、能源转型、经济发展、生态治理等因素驱动下，三网的联系日益紧密，呈现出相互交叉、相辅相成的发展趋势。

如前所述，能源网就像是"血液系统"，交通网类似于"骨骼系统"，而信息网则是"神经系统"，负责实现对能源、交通等基础设施的控制。

能源网与信息网正在加速融合。中国正在构建以新能源为主体的新型电力系统，为适应清洁能源大规模开发、高比例接入和大范围配置，信息技术对大电网安全运行的支撑作用将尤为凸显。

交通网正在向电气化、智能化方向升级，电动汽车、电气化铁路列车、电动船舶等既是重要的交通工具，也是能源网的消费终端和信息网的移动终端。而电动汽车入网技术（V2G）还将使交通工具彻底融入能源网，成为储能的一支重要队伍。

在信息网中，从移动终端、路由器、网络服务器，到大型数据中心，都离不开能源网提供的安全可靠的电力保障。

三网融合，将形成广泛互联、智能高效、清洁低碳、开放共享的新型综合基础设施体系。在本书第三章第二节，我们将详细阐述三网融合。

三网融合吸引了大量具有不同基因的企业涌入这片前景广阔的蓝海。

这些企业中，有国家电网这样的特大型传统能源央企，该公司坐拥全国最大的电力网络，并在此基础上，一方面对电网进行信息化升级，另一方面寄望于以充电桩为入口参与新型交通网的构建；也有蔚来这样的新造车势力，该公司作为中国市值最高的新能源车企，试图将中国领先全球的互联网应用技术注入传统汽车产业，在电动汽车这一新型"智能硬件"中实现交通网与能源网、信息网的融合；还有能链这样的能源产业互联网独角兽企业，该公司填补了能源数字化的结构性空白，通过团油和快电两张数字化能源补给网络，分别对接燃油车和电动汽车车主群体，通过智能算法帮助车主找到最近的加油站和充电桩，降低搜索能源补给站的行驶里程，在能源物理空间转移过程中，交付成本更低，进而降低碳排放，助力交通出行领域实现"双碳"目标。

由此可见，能源企业、汽车企业、信息技术企业都纷纷打破边界，以自身所属行业为根据地，拓展与其他两网的融合，在实践中为"三网融合"积累新的案例与经验。

第三章
Chapter 3

碳中和的账本

第一节 转型成本会增加吗

> 2021年必须成为让所有人获得可持续能源的历史性转折点。随着气候变化造成的生存威胁迫在眉睫，我们每个人都无法承受失败。我敦促每个国家、每个组织、每个企业都加入能源协定，加强在可持续能源方面的自主承诺。
>
> ——联合国开发计划署署长 阿奇姆·施泰纳

自工业革命以来，煤炭、石油等化石能源将人类社会推向更为高阶的文明形态，但由此产生的温室气体也掀开了气候灾害的潘多拉魔盒。我们已经到了必须通过能源转型来解决问题的时候。现在不仅要控制并减少温室气体排放，还要采取有效措施吸收、中和昔日所排放的温室气体。

碳中和革命已成为全球共识。通过第二章我们也了解到，现在全球已经拥有许多碳中和的相关技术。接下来的问题就是：能源转型需要付出成本吗？如果需要，得付出多大成本？哪些行业或领域付出的成本最高？

先说结论——从短期来看，全社会能源成本将有所提高；但从中长期来看，通过科技创新，全社会能源成本在当前基础上会有所下降。

短期全社会能源成本有所提高，是因为风电、光伏发电等可再生能源发电成本虽然已经基本进入平价阶段，即与煤炭发电成本相当，但是从安全稳定可靠的利用角度，依然处于较高水平。

从中长期来看将有所下降，通过科技创新，可再生能源发电成本还有很大下降空间，甚至无限趋近于零，届时即便加上储能等为了稳定电力系统的成本，依然会低于利用化石能源的价格。

工业革命以来，人类大规模使用的煤炭、石油等化石能源，都是上古时代动植物残骸沉积在地下经过了上万年的演变形成的，能量密度高。

从本质上看，第一次能源转型是一种固体能源替代另一种固体能源，即煤炭对柴薪的替代；第二次是一种化石能源替代另一种化石能源，即石油替代煤炭。它们都相对简单。在前两次工业革命中，人类已经建立起采矿、运输、发电、炼油、输电等完整的基础设施体系，成本相对较低。而第三次能源转型是非化石能源对化石能源的替代，是包括风能、太阳能、水能、生物质能等在内的多个类型可再生能源的组合体，对化石能源这种单一类型能源的替代。而风电、光伏、水电等任何一种单一的能源，因为发电具有波动性、不稳定性、季节性等特征，都不能担当主体能源。这些非化石能源作为组合体对化石能源的替代将是长期而复杂的过程。

▶ 先驱的代价

欧洲是全球能源转型最早的地区，其中以德国最为典型。德国的能源禀赋与中国相仿，富煤贫油少气。为了应对气候变暖问题，德国在20世纪八九十年代即开启能源转型，也是全球公认的能源转型做得最好的国家。

2019年，德国可再生能源发电量首次高于传统化石燃料发电量，可再生能源的发电量满足了全国近43%的用电需求，是2002年的十多倍。受益于可再生能源持续增长，2019年德国碳排放量约为8.11亿吨，比1990年下降了约35%。

能源转型给了德国制定提前实现碳中和目标的底气。2021年5月6日，在第十二届彼得斯堡气候对话视频会议开幕式上，德国总理默克尔宣布，德国实现碳中和的时间将从2050年提前到2045年。这比大部分发达国家制定的2050年实现碳中和的时间表提前了5年。

但德国能源转型也付出了较大代价，德国是全球电价水平最高的国家，详见图3-1与图3-2。

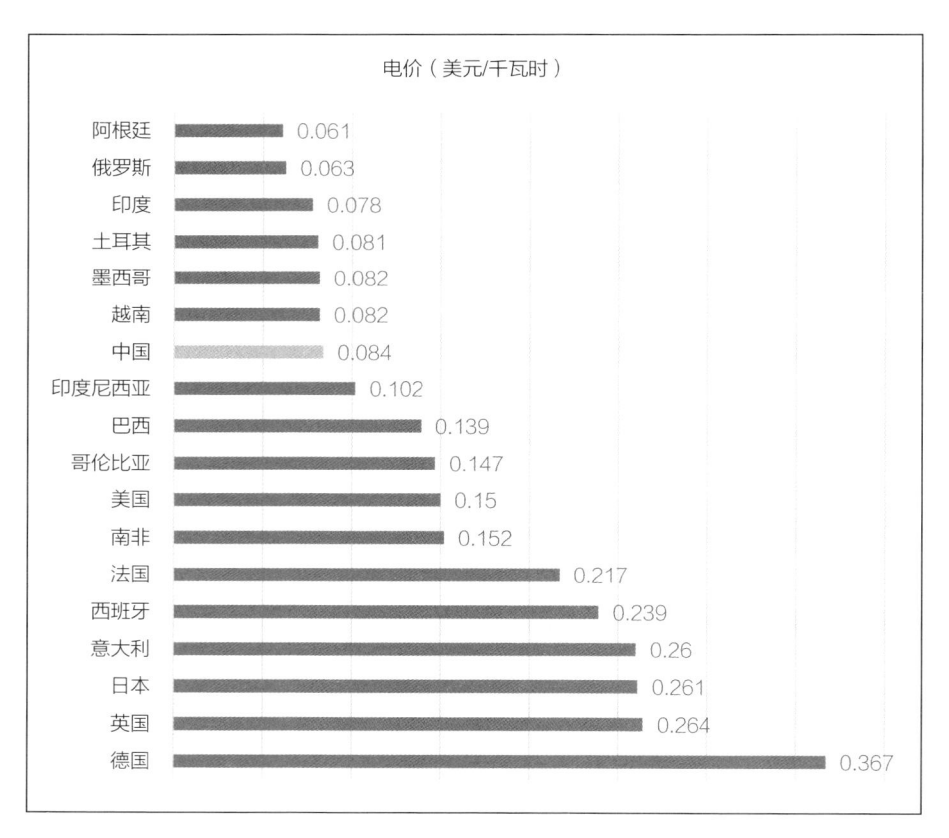

国家	电价（美元/千瓦时）
阿根廷	0.061
俄罗斯	0.063
印度	0.078
土耳其	0.081
墨西哥	0.082
越南	0.082
中国	0.084
印度尼西亚	0.102
巴西	0.139
哥伦比亚	0.147
美国	0.15
南非	0.152
法国	0.217
西班牙	0.239
意大利	0.26
日本	0.261
英国	0.264
德国	0.367

图3-1　2020年9月世界典型国家居民电价

数据来源：研究机构statista

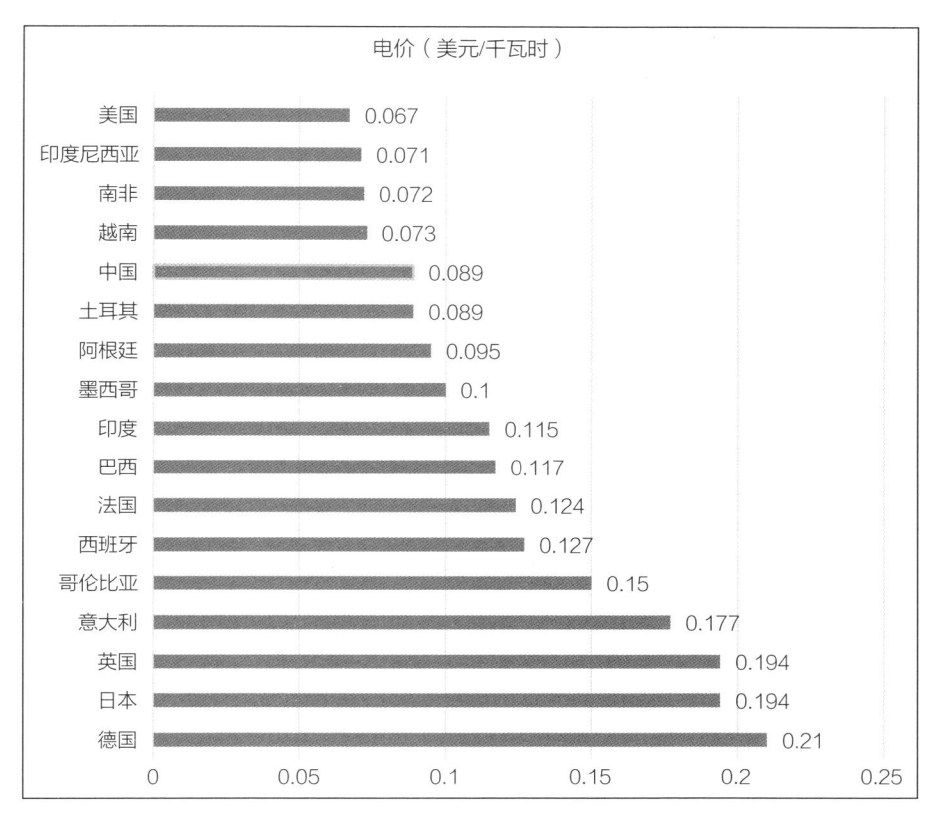

国家	电价（美元/千瓦时）
美国	0.067
印度尼西亚	0.071
南非	0.072
越南	0.073
中国	0.089
土耳其	0.089
阿根廷	0.095
墨西哥	0.1
印度	0.115
巴西	0.117
法国	0.124
西班牙	0.127
哥伦比亚	0.15
意大利	0.177
英国	0.194
日本	0.194
德国	0.21

图 3-2　2020 年 9 月世界典型国家工业电价

数据来源：研究机构 statista

德国联邦能源和水资源协会的统计数据显示，从 2000 年至 2019 年，德国居民用电价格从每千瓦时 13.94 欧分上涨到 30.22 欧分，上涨了 116.79%。

21 世纪初的前十年，正是源于德国、意大利等欧盟国家大力推动可再生能源发展，带动了光伏产业的蓬勃兴起。欧盟也成为中国光伏企业成长的沃土。

德国家庭电费增长的最主要原因是可再生能源附加费的引入。可再生能源附加费用来补贴新能源发电。新能源产业发展之初成本较高，政府只能通过补贴方式促进其发展，这在全球是通行法则。

德国可再生能源电价附加费从 2000 年的每千瓦时 0.2 欧分，上升到 2019 年的每千瓦时 6.41 欧分（约合人民币 0.5 元/千瓦时），上涨了 31.05 倍。

中国也是以补贴的方式，促进风电、光伏发电等新能源产业发展的。我们同样通过在电价中征收可再生能源附加费的形式进行补贴，不过每千瓦时只收取 0.019 元，这一价格只有德国的 3.8%。中国可再生能源电价附加费经历了五次调整：2006 年每度电征收价格为 0.001 元，伴随可再生能源规模的不断扩大，2008 年上调至 0.002 元，2009 年上调至 0.004 元，2011 年上调至 0.008 元，2013 年上调至 0.015 元，2016 年上调至 0.019 元并延续至今。其征收范围是（各省、自治区、直辖市，不含新疆维吾尔自治区、西藏自治区）居民生活和农业生产以外的全部销售电量，即工商业用电。

2019 年，德国居民电价为 30.22 欧分/千瓦时（约合人民币 2.37 元/千瓦时），其中包含的可再生能源电价附加费（6.41 欧分/千瓦时，约合人民币 0.5 元/千瓦时），占居民电价的 21%。这个电费的名义价格比 1998 年高出约 77%，按通货膨胀因素调整后增幅为 33%。

大部分的德国人都支持能源转型。但是德国能源转型也的确让电价出现较大幅度的上涨，这引发了一些质疑，包括对电价补贴的公平性质疑。因此如何兼顾各方利益是德国能源转型的重要挑战。

与中国不同，德国工业用电价格远远低于居民用电价格。2000 年，德国工业电价为 6.05 欧分/千瓦时，到了 2019 年虽然飙升至 15 欧分/千瓦时左右，上涨了约 1.5 倍，但仍然远低于居民用电价格（30.22 欧分/千瓦时），只有后者的一半。

德国制定这样的政策，其目的是避免能源密集型企业由于能源价格较高在参与国际竞争时处于不利地位，特别是由于电费负担过重而影响出口。德国规定此类企业 100 万千瓦时以内的电量按照 100% 的比例缴纳可再生能源电价附加费，100 万千瓦时以上部分的电量按照 15% 的比例缴纳，以减轻他们的缴纳负担，降低用能成本。这样的电价政策，使德国能源密集型企业的产品，不会因为能源成本的增加而导致市场价格上涨，保持了国际市场竞争力。

▶ 新能源成本之困

与德国能源转型付出较高代价不同，中国能源转型之路可能要平稳得多。这得益于可再生能源成本近年来的大幅下降。

国家应对气候变化战略研究和国际合作中心首任主任李俊峰回忆说，20 世纪 80 年代，业界在做降低碳排放的研究时发现没有解决办法，时隔 30 年后，得益于低碳技术的发展，已经有了许多解决办法，"那个时候提出一个思想，就是'告别资源依赖、走向技术依赖'，技术依赖就是我们现在所有的低碳技术，这个技术的发展已经远远超出了人类的预想"。

过去十年，光伏发电的成本下降了 90% 以上，风力发电的成本下降了 40% 以上。以光伏发电成本为例，1990 年每千瓦时的光伏发电成本是 100 美元，2000 年降低到 10 美元，2010 年降低到 1 美元，现在的平均水平是 5 美分左右。

有人认为，现在新能源发电成本已经很低了，甚至比煤炭发电的价格更低，为什么转型还需要付出更高的成本？

他们可能在一些媒体报道中看到，风电、光伏发电等新能源已经非常便宜。2021 年 4 月，沙特一个 600 兆瓦的光伏项目上网电价只有 1.04 美分 / 千瓦时，折合人民币 0.067 元 / 千瓦时。

这的确是一个极具竞争力的价格。但是在中国，由于非技术成本因素（融资、土地、税收等）较高，2021 年新投资的光伏、风力发电成本在大部分地区仍然高达 0.2～0.3 元 / 千瓦时。

今天，中国绝大部分地区煤炭发电的上网电价是 0.38 元 / 千瓦时左右。居民用电平均价格为 0.542 元 / 千瓦时，工业用电价格平均为 0.635 元 / 千瓦时，电网的平均销售电价为 0.611 元 / 千瓦时。

从这个角度看，光伏发电和风力发电似乎已经颇具竞争力，能源转型成本应该下降。但是新能源发电成本并不等于利用成本。一般情况下，发电企业在发电成本基础之上加上合理利润形成上网电价，电网企业采购发电企业的电量加上输配电价，最终形成销售电价。从新能源发电到用户用电，需要考虑电网的输配电成本和电力系统平衡成本。

风力和光伏发电虽然清洁，但是发电并不稳定。天热无风，云来无光，风力和光伏发电能力都会骤降。如果遇上台风暴雨，为了风机安全起见，风机必须暂时停机。冬季昼短夜长，光伏发电时长同样会大幅下降。然而人们却时刻需要有电可用。

人们想到了一种办法，就是通过架设越来越多的输电网络，进行大范围的电力配置，将其他地区的风电和光伏发电输送到需要电力的地方。中国幅员辽阔，总有地方阳光明媚，也总有地方风力劲吹。

尽管如此，但这并不能解决所有问题。必须考虑极端气候，比如风电和光伏发电能力同时大幅下降，这时储能就成为一个必选项。考虑到风电、光伏发电的不稳定性，电力系统必须配备大规模储能进行平衡。但是站在 2021 年的时点，电化学储能的成本高达 0.4 元 / 千瓦时左右，储存一度电的成本比发一度电还要高。如果大规模投资储能，将直接推高终端电价。

因此，我们必须平衡储能规模和电力系统其他综合性手段，比如通过波动的电价调节手段，在用电高峰期，让一部分用户减少用电。但是这一价格机制尚未建立起来。政府主管部门已经意识到这一点。

2021 年 3 月 15 日，习近平总书记主持召开中央财经委员会第九次会议时首次指出，要构建以新能源为主体的新型电力系统。

构建新型电力系统，就囊括了对电力系统进行升级，并需要出台相应的储能政策和电力体制改革政策。

储能是新型电力系统至关重要的一环，其成本的下降速度，对能源转型成本影响巨大。

我们可以对储能成本下降持有乐观态度。事实上，以锂离子电池为代表的储能电池成本已经大幅下降。彭博新能源财经数据显示，2010 年至 2020 年，全球锂离子电池组平均价格从 1100 美元 / 千瓦时降至 137 美元 / 千瓦时，降幅达 89%。预计到 2023 年，锂离子电池组平均价格将接近 100 美元 / 千瓦时。彭博新能源财经认为，相比于现在的锂离子液态电池，固态电池技术是实现中长期电池降本的最具潜力的技术路线。若固态电池实现量产并发展起完善的产业链，则有望带动电池生产成本从当前水平再下降 40%。

中国国内储能行业企业家和专家都认为，储能成本仍然有很大下降空间。比如远景科技集团 CEO 张雷就认为，到 2023 年，中国华北、东北、西北等地区储能度电成本可以降低到 0.1 元，风电度电成本也会下降到 0.1 元。如果能够实现，到 2023 年，风电和光伏发电即便加上储能成本，其竞争力也将超过煤炭发电。

▶ 碳交易的反噬

正在进行的能源转型中，除了要考虑可再生能源波动性因素，还要考虑化石能源的二氧化碳排放成本。

我们现在所说的能源转型成本高低，主要是与化石能源进行对比。但事实上化石能源太便宜了。一方面是因为其价格中并未计入影响气候变化的真实成本，使得清洁能源多年来难以与之竞争。如果覆盖这一因素，从国际上看，燃煤发电的成本至少增加 0.3 元 / 千瓦时。对于许多发电企业而言，这意味着成本将增加 1 倍左右。另一方面，人类已经用了百余年时间，打造出一个涵盖从地下开采化石燃料到利用化石燃料生产和输配能源的系统。在这个系统中，因为边际成本很低，所以用能成本不高。而人们对于光伏发电和风力发电真正大规模的利用和开发，只有区区二三十年时间。围绕新能源的新型基础设施远未建立起来。

那么，增加的 0.3 元 / 千瓦时作为应对气候变化的成本从何而来？

这是国际碳交易市场给出的定价。2021 年 5 月 17 日，欧洲碳交易价格已经突破 56.43 欧元 / 吨（折合人民币 438 元 / 吨）的历史高位，较年初上涨超过 50%，详见图 3-3。中国电力企业联合会发布的数据显示，2019 年，全国单位火电发电量二氧化碳排放约 838 克 / 千瓦时。以国内煤炭电厂的平均能耗水平，按照欧洲碳交易价格，即每吨二氧化碳交易价格折合人民币 438 元计算，每度煤电产生的二氧化碳排放成本约为 0.367 元。

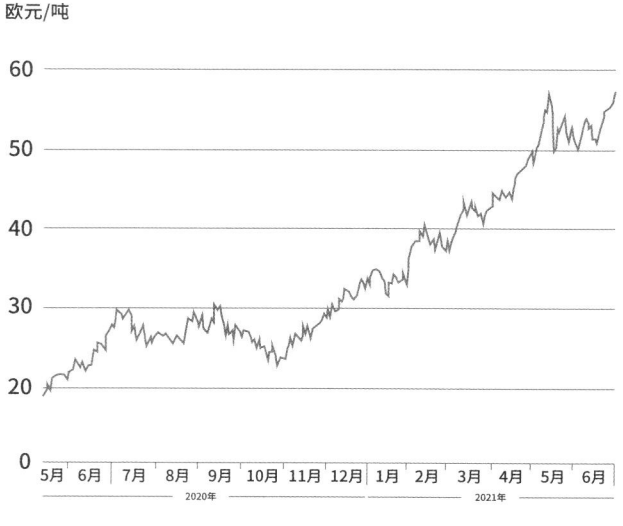

图 3-3 欧盟碳市场碳交易排放权价格变化

数据来源：欧洲能源交易所（EEX），数据截止时间 2021 年 6 月

这是一个惊人的数据。如果按照这一成本执行,许多国内企业都将处于崩溃境遇。当然中国国内的碳排放价格目前还处于较低水平。

2021年7月16日,全国碳交易市场正式启动。当日,全国碳交易市场开盘价为48元/吨,收盘价为51.23元/吨。截至8月12日,全国碳交易市场自开市以后累计成交量达646.78万吨,收盘价为55.43元/吨。如果按照55元/吨测算,折合燃煤发电的度电成本为0.046元。专家预测,到2025年国内碳价将上涨至71元/吨左右,到2030年有望达到93元/吨左右,21世纪中叶将超过167元/吨(折合度电价格为0.14元)。

这一预测数据可能偏于保守,未来中国碳交易市场很可能会与国际接轨,从而进一步推高国内碳减排成本。

那么这些数据意味着什么?

以一辆燃油轿车为例,百公里油耗7升,每升汽油排放二氧化碳2.4千克,百公里二氧化碳排放量约16.8千克,参考国际上438元/吨的碳交易价格,将增加约7.3元的额外行驶成本,相当于国内百公里高速路费增加约15%。但如果参考国内55元/吨的碳交易价格,成本只增加不足1元。

对于居民用电,按照居民每月直接用电量约70度算,参考国际上438元/吨的碳交易价格,折合每度电0.367元,每个月将多支出25元左右,一年多支出300元左右。这笔费用对于大部分居民尚能接受,对于偏远地区低收入群体则压力较大。不过低收入群体用电量一般较低,增加的成本也相对较少。如果参考国内55元/吨的碳交易价格,每年的成本只增加38元左右。

按照国际碳交易价格,居民用电成本有一定幅度增加。而按照国内当前碳交易价格,对于居民用电影响甚微。

相比于居民用电,如果没有市场价格传导机制,工商业领域受到的影响会非常显著,尤其是高耗能企业可能面临较大压力。

比如电解铝行业,用电成本占总成本的40%左右。我国电解铝平均成本为14000元/吨,销售价格长期徘徊在盈亏平衡线。2021年受国际大宗商品涨价影响,5月份市场售价罕见地上涨到19000元/吨。如果按照国际碳价计算,企业每生产一吨电解铝,成本将增加5500元,这意味着电解铝企业将遭受灭顶之灾。即便按照国内55元/吨的碳价测算,一吨电解铝的成本也将增加接近700元,对于长期处于盈亏平衡线的电解铝企业,同样是一笔不小的负担。

钢铁行业一样将为碳排放支付巨额成本。当前,我国钢铁行业每炼一吨钢平均排放二氧化碳1.8吨左右,如果参考国际上438元/吨的碳价,每吨钢将增加接近800元的二氧化碳排放成本,而一吨钢的净利润在效益较好的时期也仅有1000元左右。如果按照国内55元/吨的碳价计算,一吨钢的碳排放成本也将增加近100元。

水泥将成为降碳成本增幅最大的行业。生产一吨水泥排放约0.9吨二氧化碳,参考国际上438元/吨的碳价计算,每吨水泥成本将增加390元。而按照2021年4月450元/吨左右的水泥市场售价,一吨水泥仅碳排放成本就将增加1倍以上。如果按照国内55元/吨的碳价计算,每吨水泥成本也将增加近50元。在效益较好的时候,每吨水泥的净利润只有100元。降碳压力对水泥行业是不可承受之重。

庆幸的是,为了降低企业的减碳压力,在碳交易市场启动初期,每年国家都会给企业一定的碳排放配额。所谓碳排放配额,就是碳排放的权力。比如一家钢铁公司2021年共排放5000万吨二氧化碳,到2022年国家只允许其排放4000万吨,且以后每年递减,如果该公司为了发展而提高生产能力,2022年碳排放量增加到5500万吨,其中4000万吨配额内排放的二氧化碳无须支付排放成本，剩余 1500 万吨碳排放权必须通过全国碳交易市场购买，并为此支付相应的费用。

当然，2021 年只有 2000 多家火力发电企业被纳入碳交易市场，接下来水泥、电解铝、钢铁、化工等高耗能行业都将陆续纳入强制减排范围。未来油气行业甚至燃油车等越来越多的行业、领域都将纳入碳市场。我们今后开燃油车可能就需要支付碳成本，只是从执行层面看，这部分费用可能由中国石化、中国石油等汽柴油销售企业代行交纳，但是成本将转嫁给消费者。

▶ 翻越 2028：成本达峰前的阵痛

想实现可再生能源发电成本、储能成本、电力系统升级成本等继续大幅下降的目标，仍然需要时间。在此之前，我们需要付出转型的成本。

那么，转型具体需要付出多少成本？转型的成本高点在何时？未来又能下降到什么程度？

东南大学电气工程学院副教授周苏洋及其团队做过一个详细研究，他们在论文《"双碳"目标下，我国电价何时达到拐点？》中指出，根据居民电价的回归模型，2025 年和 2030 年，我国居民电价较 2020 年将分别增长 61.94% 和 77.68%；根据工业电价的回归模型，2025 年和 2030 年，我国工业电价较 2020 年将分别增长 9.57% 和 25.23%。

清华大学气候变化与可持续发展研究院学术委员会主任何建坤教授，带领他的团队于 2020 年下半年也拿出一份研究报告——《中国长期低碳发展战略与转型路径研究》。这份报告显示，2℃情景[①]和1.5℃情景[②]下，电力供应成本都呈现出先上升后下降的趋势，且都在2028年达到最高，分别为2018年的1.4倍和1.41倍。从远期来看，电力供应成本仍然是下降的，2℃情景和1.5℃情景下2050年的电力供应成本分别为2018年的75%和90%。从2050年的电力供应成本构成来看，2℃情景和1.5℃情景下的电力供应成本显著高于政策情景[③]和强化政策情景[④]，详见图3-4，主要原因是固定投资成本、运行维护成本和电力传输成本都更高。

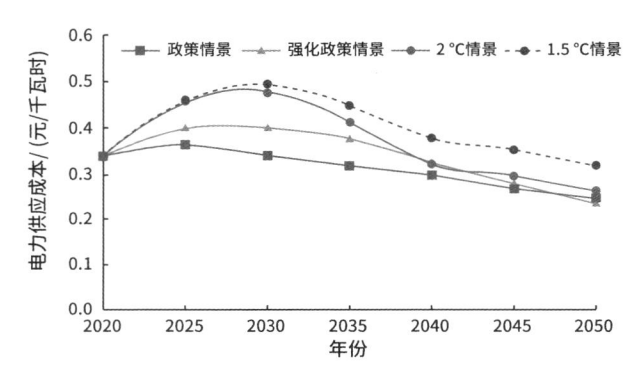

图3-4 不同情景下电力供应成本变化趋势

数据来源：清华大学气候变化与可持续发展研究院《中国长期低碳发展战略与转型路径研究》

---

① 2℃温控目标情景（以下简称2℃情景）：是以实现到21世纪末全球控制温升2℃目标为导向，研究与之相适应的减排情景和路径。是以21世纪中叶深度脱碳目标倒逼下的减排对策和路线图分析为基础，对其技术资金需求、成本代价及政策支撑进行论证和评价。
② 1.5℃温控目标情景（以下简称1.5℃情景）：以控制到21世纪末1.5℃温升目标为导向，到21世纪中叶努力实现二氧化碳净零排放和其他温室气体深度减排为目标，研究和论证其可能性和路径选择，并评价其可能产生的社会经济影响。
③ 政策情景：以我国在《巴黎协定》下提出的NDC（自主决定贡献）目标、行动计划和相关政策为支撑，延续当前低碳转型的趋势和政策的情景。
④ 强化政策情景：在政策情景基础上，进一步强化降低GDP能源强度和二氧化碳强度的力度和幅度，进一步提高非化石能源在一次能源消费中占比等各项指标，挖掘减排潜力，控制二氧化碳排放总量，强化政策支撑，适应《巴黎协定》下各国强化和更新NDC目标和行动的要求。

为了实现碳中和目标，全社会对清洁能源的相关投资将超过百万亿元。何建坤团队认为，实现长期低碳转型目标的投资需求，包括能源和电力系统新建基础设施投资、终端节能和能源替代基础设施建设以及既有设施改造的投资。从总量来看，按 2015 年不变价，2020—2050 年累计能源供应投资需求从 53.7 万亿元攀升到 2℃情景下的 99.1 万亿元和 1.5℃情景下的 137.7 万亿元。强化情景下的能源供应投资需求是政策情景的 1.5 倍，2℃情景和 1.5℃情景下的能源供应投资需求则分别是政策情景的 1.8 倍和 2.6 倍。

这与全球能源互联网发展合作组织的研究观点相仿。该组织认为，2020—2060 年能源电力系统累计投资将达到 122 万亿元，在 GDP 中占比约为 1.2%，能够以较低的能源电力系统总投资实现碳中和目标。在这些投资中，有一半将流向清洁能源，化石能源投资占 9%，能源传输投资占比近 1/3，能源效率投资占 12%，清洁能源投资是化石能源投资的 5 倍。电力系统累计投资为 62 万亿元，约占能源电力系统投资的一半，储能投资在电力系统投资中占比 11%。

这些大规模的投资将反映到成本上升中来。比如为了平衡电力系统，需要大规模投资抽水蓄能。专家预计，按照到 2035 年我国抽水蓄能装机规模达到 3 亿千瓦计算，全国输配电价将至少提高 0.013 元 / 千瓦时。

能源转型带来的成本上升不只发生在中国，所有国家都需要承受这一阵痛。

比尔·盖茨认为，若把美国的整个电力系统转变为"零碳"来源，每千瓦时的平均零售价将增加 1.3～1.7 美分，与当前大多数人所付的电价相比，上涨幅度约 15%。对普通家庭来说，每月需要多支出约 18 美元——这是大多数人负担得起的金额。当然，对低收入的美国人来说，这可能是一个负担，因为他们已经把 1/10 的收入花在能源上面了。欧洲同样如此，欧洲一家行业协会的研究表明,就电网而言,"脱碳"90%~95%会导致电费平均上涨约20%。

综合来看,在短期内我们需要为能源变革付出转型成本。但中长期来看,我们将受益于能源转型。如果所有国家和企业都付诸行动,则是相对公平的。

第二节 加大技术投入

> 那些建立起伟大的"零碳"企业和伟大的"零碳"产业的国家，无疑将在未来几十年里引领全球经济。
>
> ——前世界首富、微软联合创始人 比尔·盖茨

碳中和时代，中国能在全球经济中继续做出巨大贡献吗？

从目前情况来看，中国已在零碳产业形成领先优势。在本书第二章中，我们详细介绍了中国在光伏、风电、特高压、动力电池、电动汽车乃至 5G 等相关领域的技术与产业发展情况。可以说，中国在这些领域已经筑起一道高墙，但高墙的根基并不牢固。我们应当看到，在这些历经多年艰辛才建立起来的零碳产业中，有许多核心零部件制造技术还被国外掌控，芯片就是最大的掣肘之一。从 2020 年开始，全球芯片短缺波及我国众多产业。包括新能源汽车、光伏逆变器在内的众多领域，都因为芯片短缺陷入减产、涨价的行业困局。此外，风电主轴轴承、氢燃料电池多项核心部件等也都严重依赖进口。

这些技术、产品受制于人，只是中国整体创新能力有待加强的缩影，其背后是中国基础研究落后于国际先进水平、源头和底层的东西没有搞清楚的尴尬现实。建设科技强国，提升科技创新能力，必须打牢基础研究和应用基础研究这个根基。

对此，华为可能深有体会。在芯片被美国封锁打压的大背景下，华为创始人、CEO 任正非曾就如何追赶上国际前沿技术、打造自己的芯片产品和芯片产业发表感慨："修桥、修路、修房子，已经习惯了，只要砸钱就行了，这个芯片砸钱是不行的，得砸数学家、物理学家、化学家，中国要踏踏实实在数学、物理、化学、神经学、脑科学等各个方面努力地去改变，我们才可能在这个世界上站得起来。"

尽管中国目前已经建立起较为完备的零碳产业，但实现"双碳"目标，还需要举全国之力，进一步加大科技投入力度，推动零碳产业的国际竞争力和科创能力实现质的飞跃。

▶ 聚焦关键技术

低碳、零碳技术是实现碳中和目标的关键。

围绕低碳、零碳技术，全球能源互联网发展合作组织总结了六大重点领域，分别是清洁替代、电能替代、能源互联、能效提升、CCUS 技术与负排放。这六大领域囊括了 30 类主要技术，详见图 3-5。未来，围绕碳中和科技创新与技术投入的重点都将在这些领域发生，新机遇也随之而来。

（1）清洁替代

清洁替代分为清洁发电和直接利用两大减排领域。清洁发电主要包括风力发电、光伏发电、水力发电、核电、生物质发电。直接利用包括太阳能利用、生物质能利用与地热能利用。两者的区别是，前者是将太阳能、风能、生物质能等转变成电供用户使用，比如光伏发电、风力发电，是当前市场的主流，大部分新能源上市公司也主要从事这些领域；后者是这些能量直接转变成热能或燃料，比如目前市场上已经盛行的太阳能热水器、

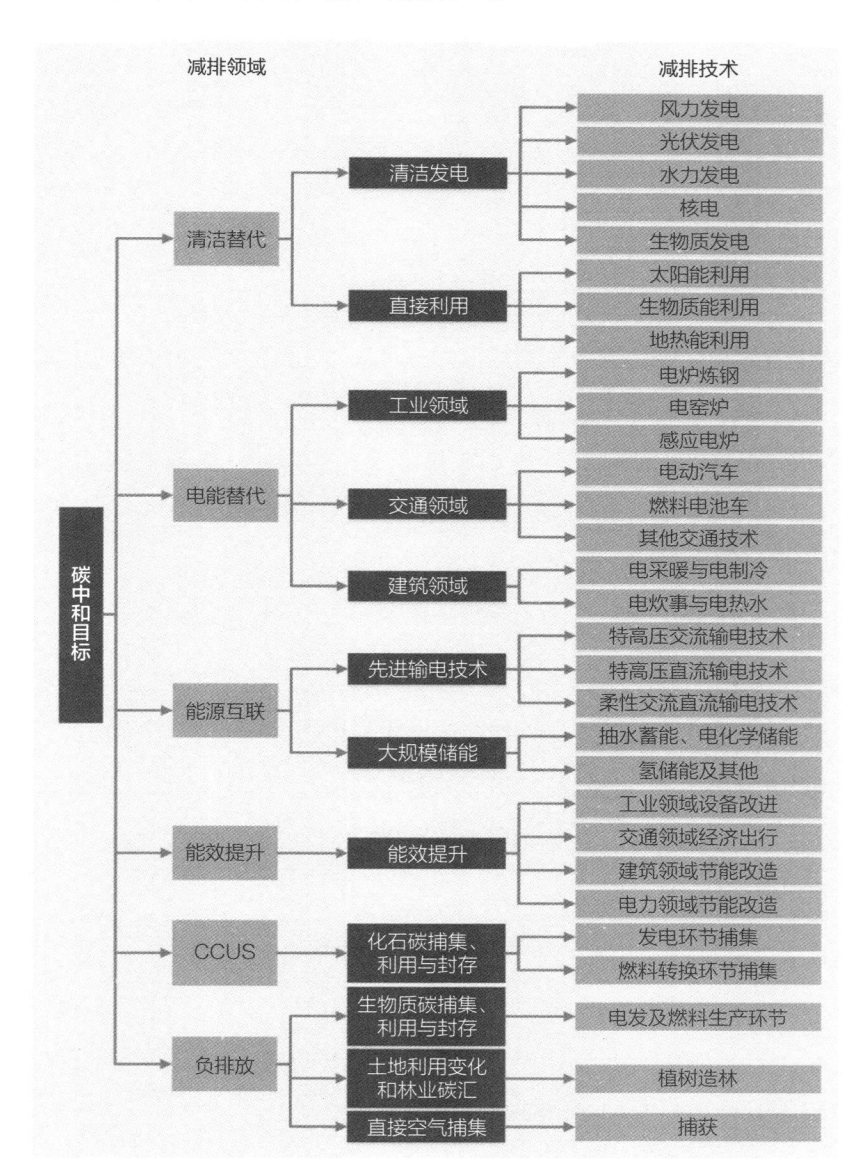

地热、乙醇生物质燃料等产品和利用方式。

图 3-5 零碳技术体系

数据来源：全球能源互联网发展合作组织《中国 2060 年前碳中和研究报告》

在清洁替代的两大减排领域，风力发电和光伏发电是重中之重。通过数十年的努力和创新，风力发电和光伏发电成本都已降至每度电 0.3 元以下。未来要降至 0.1 元以下，甚至无限趋近于零，就需要进一步提升风力发电效率和光伏发电效率，并降低项目整体造价和运营成本。

（2）电能替代

电能替代主要体现在三大领域，分别是工业、交通和建筑。

电力是最为清洁、高效的能源形式，效率高于其他能源 3~5 倍。我国电力消费主要集中在工业领域，2017 年我国工业电能消费占全社会用电量的比重为 67%。工业能源消费电能占比约 24%，相比全球先进水平低 13 个百分点，其中能源密集型行业的有色金属和非金属矿物行业还有 10 个百分点的提升空间，钢铁行业、化工行业、食品与烟草行业电能消费占比均有近 20 个百分点的提升空间；造纸与印刷行业、纺织与皮革行业有 30 个百分点的提升空间。交通领域仍然以燃油消费为主，近几年我国电动汽车发展迅速，年销量和保有量均居世界首位，但交通电气化水平仍只有 4% 左右，电动汽车、氢燃料电池汽车、电气化铁路发展均具有显著提升空间，其中当前电气化铁路相对于全球先进水平仍有 40 个百分点的提升空间。

从技术发展方向来看，钢铁行业将实现从高炉炼钢向电炉炼钢的转变。高炉炼钢以铁矿石为主要原料，电炉炼钢以废钢为主要原料。从全部工序来看，电炉炼钢能耗仅为传统高炉炼钢能耗的 1/9，二氧化硫、氮氧化物排放量分别仅为高炉炼钢的 2% 和 21%，环保运行成本仅为高炉炼钢的 1/8。目前我国人均钢铁积蓄量已达 8 吨左右，接近发达国家水平，进入废钢循环利用的重要阶段。但是对比全球电炉炼钢占总炼钢 28% 比重的平均水平，我国占比只有约 10%，比起美国 68%、欧盟 40%、韩国

33%、日本24%的比例，还有很大的发展和替代空间。

水泥是工业领域另一个碳排放重点行业，有50%的碳排放来自熟料煅烧过程中煤炭等化石燃料的燃烧。通过电加热炉在水泥生产环节的普及，能够大幅提升电气化率，降低碳排放。从技术上看，利用电能加热技术成熟，温度能够满足水泥熟料煅烧环节的温度要求。如果说2006年之后的10年，是中国水泥新型干法工艺淘汰落后立窑工艺的第一次行业技术结构调整，那么从"十四五"开始，未来15年甚至更长时间里，水泥行业必将经历极具挑战的第二次绿色低碳的技术结构调整。

在交通领域，乘用车最具潜力的发展方向是电动汽车，公交车、重型卡车领域重点发展方向是氢燃料电池汽车，同时要提高铁路电气化比重。到2050年，交通领域的电能消费占比将由2017年的4%提高到60%左右，电能将替代石油成为交通领域的主导能源。在航空和海运方面，许多电动技术已经取得突破性进展。2008年，波音公司成功试飞一架小型燃料电池飞机。2016年，德国成功测试采用零排放混合燃料电池的4人座飞机。2018年，世界首艘2000吨级新能源电动船在广州吊装下水，续航能力达到80千米。2019年，全球第一台商用全自动9人座客机在巴黎航展上展出，航程可达1000千米。

在建筑领域，将出现颠覆性的绿色革命。建筑未来发展重点方向是电采暖与电制冷。冷热能耗在建筑领域能耗中所占比重通常超过50%。当前我国建筑领域采暖能源主要来自煤、天然气和生物质能，供热方式主要以热电联产、燃煤或燃气锅炉为主。未来发展趋势是以电热泵为主替代传统锅炉，既可以制热又可以制冷，同时在部分地区继续大力普及空调。

（3）能源互联

在能源互联方面，主要包括先进输电技术和大规模储能。

先进输电技术主要是特高压交流输电技术、特高压直流输电技术以及柔性交流直流输电技术。特高压输电技术是指交流1000千伏、直流±800千伏及以上电压等级的输电技术。其最远输电距离可超过5000千米，同时由于电压超高，特高压远距离输电的沿途损耗极低。

如果将传统输电技术和网络比喻为乡间小路，那么特高压就是电力高速公路。特高压电网在某种意义上是我国实施能源战略转型的一把钥匙——特高压输电距离可远至5000千米，理论上无论能源来自我国何处，也无论能源以何种形式存在，只要可以转换成电能，就均可经由特高压电网输送到全国。一条±1100千伏特高压直流输电线路，输电容量可达1200万千瓦，相当于4个葛洲坝水电站。与±500千伏超高压线路相比，特高压输电容量提高了4～5倍，输电距离增加了5～6倍，输电损耗不到其1/4，单位造价只需其40%。特高压电网正在我国快速发展，已然成为我国西电东送、北电南供的能源大通道。未来，特高压输电仍然有巨大发展空间，包括国际市场。

大规模储能分为抽水蓄能、电化学储能、氢储能等。因为新能源发电是不稳定的，用电也是不稳定的，而电网又必须时刻保持平衡，所以需要配备大规模储能来平衡电力系统。我们可以将储能理解为巨型"充电宝"，其中最具发展潜力的是电化学储能和氢储能。当前电化学储能中的锂电池技术最为成熟，但是在经济性和安全性方面仍然有待进一步突破。如果无法突破，将会对我国能源转型构成巨大威胁。许多科学家已经在铝电池、钠电池等新型电化学储能技术方面进行研发，试图开发出成本更低、安全性更好的储能技术和产品。2021年7月，宁德时代推出钠离子电池就是储能领域的重大突破。氢储能被认为是未来发展前景最好的长期储能技术，其核心是如何降低成本，如何用低廉的风电、光伏发电进行电解水制氢。尽管挑战很大，但是许多企业已经着手涉足这一领域。

（4）能效提升

能效提升方面，主要体现在四大领域，分别是工业、交通、建筑和电力。所谓能效提升，是指以更小的能源消费满足同等的服务需求。在工业领域，钢铁行业可以提高废钢回收利用率，推广新型换热技术和工业锅炉通用节能技术；有色金属行业，发展再生金属产业，推广氧气底吹熔炼等重点节能低碳技术；水泥、玻璃和陶瓷等行业，推广大型新型干法技术，不断降低熟料水泥比，发展新型工艺技术和生产技术；石化行业，推广先进技术，严格执行"限塑令"，提高塑料、纤维等化工品回收率。在交通领域，未来重点发展智能化、网联化、共享化的新型交通运输体系，提高车辆燃油标准，使用生物航空燃料替代航空燃油。在建筑领域，提高建筑电器能效标准，对既有建筑进行节能改造，提高新建建筑节能标准。在电力领域，推进高效、清洁火电技术研发。

（5）CCUS

CCUS技术也有一定前景，这项技术是指先捕获发电和工业过程中排放的二氧化碳，然后通过公路油罐、船只和管道将其运到储存设施，最后深埋在地下的地质岩层中，也有一部分捕集的二氧化碳用于工业化再利用，比如让二氧化碳与氢能等发生化学反应制成甲醇等工业产品。这项技术可用于对大部分火电厂、水泥厂、钢铁厂的脱碳改造，但是目前最大制约因素是成本居高不下，企业无法承受，因此也是碳中和技术排名中比较靠后的技术。目前这项技术及其前景争议很大。

全球能源互联网发展合作组织专家团队认为，CCUS技术目前成本太高，并非碳中和前期的主推技术，伴随成本下降，预计2050—2060年，CCUS技术才能实现广泛部署，届时这一技术每年能够移除二氧化碳约5亿吨。但相比于其他碳减排技术，依然不是主流。

但CCUS又是一项必须重点发展的技术，未来在难以进行电能替代的领域有广泛应用场景。从2020年开始，全球很多国家和企业已经加大技术投入，不排除有重大技术突破的可能。一旦取得实质性突破，市场空间巨大。

（6）负排放

负排放技术主要包括生物质碳捕集与封存（BECCS）、直接空气捕集（DAC）、土地利用变化和林业碳汇（LULUCF）。其中最具前景的是土地利用变化和林业碳汇，即建设设施农业和植树造林，也称作碳汇。它是指利用绿色植物的光合作用，吸收大气中的二氧化碳。但是我国现有的森林面积已逐渐达到或接近成熟，森林对大气二氧化碳的净吸收作用有所减弱，未来在干旱与半干旱地区建设一批设施农业，进行湿润与半湿润区土地的置换，是增加碳汇的重要方向和举措。比如在我国西北光热丰富地区，建设一批设施农业基地，生产果蔬等农产品来供应国内市场，同时置换东部湿润、半湿润区的部分农田、草地等土地，进行新森林的培养，加强我国的生态保护和修复，进一步提升陆地生态系统的碳汇，预计到2060年可以达到每年吸收10亿吨二氧化碳的水平。

在负排放技术中，直接空气捕集的前景之前并不被广泛看好。但是我们不能忽视创新的力量。2021年8月4日，据日本经济新闻中文网报道，东京都立大学开发出能回收空气中的二氧化碳、吸收效率最高可达到目前使用的二氧化碳捕获物质10倍的方法。如果这种方法能够实用化并广泛普及，预计到2050年可回收人类排放的大部分二氧化碳。

目前，全球直接空气捕集二氧化碳技术有多个技术发展路线。第一种是利用氢氧化物溶液直接吸收二氧化碳，然后将该混合物加热至高温以释放二氧化碳，以便将其储存并重新使用氢氧化物，成本相对较低。其中，加拿大 Carbon Engineering 公司于美国得克萨斯州在建的氢氧化物直接空气捕集项目，每年二氧化碳捕集量可达 100 万吨。第二种是基于在小型模块化反应器中使用胺作为吸附剂，目前技术成本较高，但由于可以在工业生产线上进行模块化设计，加上释放二氧化碳用于存储所需的温度较低，进而可以使用余热，也具有一定的发展潜力。其中，瑞士 Climeworks 公司在苏黎世建成的胶吸附直接碳捕集项目，每年二氧化碳捕集量达 1.6 万吨。

东京都立大学此次就是在第二种技术路线上取得了突破。这家高校指出，此次确认的物质与胺的结构略有不同，此前虽然已经广为人知，但其吸收能力可能没有得到研究。东京都立大学研究室的学生偶然在进行其他研究的实验时发现，这种物质能高效吸收二氧化碳。让二氧化碳通过这种物质吸附，会形成白色固体并沉淀。他们此后分析二氧化碳的浓度时发现，这种物质吸收二氧化碳的速度是通常胺的 5~10 倍。综合来看，这种物质材料的成本更低。

以上实现碳中和目标的六大关键领域，与欧盟、美国、日本等国家面向碳中和的战略部署相仿。

为了兑现到 2050 年实现碳中和的目标，欧盟表示在 7 个战略领域开展联合行动，它们分别是能源效率提升、可再生能源部署、清洁和安全的互联交通、有竞争力的行业和循环经济、基础设施和互联互通、生物经济和自然碳汇以及解决剩余排放的二氧化碳捕集与封存技术。

美国在 2020 年也发布了《清洁能源革命和环境正义计划》，将液体燃料、低碳交通、可再生能源发电、储能等列为重点方向，明确了技术发展目标，并指出要加大研究投入。

日本面向 2050 年碳中和目标发布《绿色增长战略》，提出了海上风力发电、电动车、氢能源、航运业、航空业、住宅建筑等 14 个重点领域深度减排的详细技术路线图、技术发展目标和主要措施等。

英国则发布系列报告，围绕实现碳中和目标的技术需求，提出了供热、工业、交通等领域的技术发展目标和路径，为英国整体实现净零排放提供技术支持。

▶ 三网融合的爆发力

实现碳中和，仅依靠上述6个领域30类主要技术还远远不够。我们的目标也不仅是实现碳中和，而是通过碳中和重塑中国经济的全球影响力。

中国如果想在碳中和全球竞争中脱颖而出，必须要有杀手锏级的顶层设计。这种顶层设计之一就是"三网融合"。三网融合是指能源网、信息网、交通网的深度融合。三网融合让中国既可以实现碳中和，又可以助力全球，继续扮演重要角色。

因此，加大力度构建"三网融合"新生态，为碳中和的实现奠定了坚实的基础。

最深层的基础设施是技术与社会的纽带，它将新的能源、新的通信技术、新的交通运输模式和新的建筑环境结合在一起，使人们能够更有效地管理社区，驱动经济活动、社会生活和政府治理。基础设施就像一个巨大的技术有机体，它将大量的人聚集在一起，形成广泛的象征性家庭，并让其参与更加复杂的经济关系、社会关系和政治关系。

现在，中国在一些新型基础设施方面超过了发达国家。

在能源网方面，围绕发电侧，虽然中国可再生能源在总能源消费占比上还低于德国、丹麦等国家，但是在风电、光伏、储能及动力电池等领域的生产制造能力、装机量多年来稳居世界第一，并有望持续引领这些领域的创新。在输电侧，中国是全球唯一掌握了特高压输电技术的国家，并构筑起全球规模最大的特高压交直流混合电网，形成了电力领域的高速公路。得益于输电技术的进步和快速发展，中国电网是过去20年来唯一没有发生大面积停电事故的特大型电网，反观美国、加拿大、墨西哥、委内瑞拉，则多次发生大面积停电。

在交通网方面，1988年是中国内地高速公路快速发展的"元年"，当年10月31日，全长20.5千米（达到高速公路标准的路段长15.9千米）的沪嘉高速公路一期工程通车；11月4日，辽宁沈大高速公路沈阳至鞍山和大连至三十里堡两段共131千米建成通车。高速公路实现了零的突破。到2012年，中国高速公路通车里程就达到9.6万千米，首次超越美国，居世界第一。截至2020年，中国高速公路总里程达到16.1万千米，稳居世界第一，高速公路网主线基本建成，覆盖约99%的城镇人口为20万以上的城市及地级行政中心。在铁路方面，截至2020年，中国铁路运营里程达14.6万千米，其中高铁运营里程近3.8万千米，占世界高铁运营里程的2/3，成为世界上唯一高铁成网运行的国家。中国是世界上高铁网络最发达，同时也是速度最快的国家，其次才是欧洲和日本。历史上美国新建的铁路里程最长，但目前只在纽约附近拥有几条高速铁路。

在信息网方面，中国光纤宽带用户占比从2015年年底的56%提升至2020年的94%，行政村通光纤和4G比例均超过99%。根据国际测速机构数据，中国移动网络速率在全球139个国家和地区中排名第4位。在5G网络方面，中国已初步建成全球最大规模的5G移动网络。截至2021年3月底，中国已建成5G基站81.9万个，占全球5G基站总数的70%以上，5G终端接入数超过2.8亿个。

杰里米·里夫金认为，当交通、通信和能源三个要素同时发生变化时，意味着新经济体系正在形成。从科技发展方向看，无论英国、法国、德国还是日本、美国，无一不是依靠抓住某次关键的工业革命机遇而成功崛起的，最终成为世界的科技与经济中心。在第四次工业革命的关键要素中，中国显然已经拥有了一定的优势，并能够持续参与。但是现在，远未到可以唱赞歌的时候。我们还有大量的事情需要做，不仅要继续巩固三网的领先优势，同时要向融合方向发展。

历史上，这三张网络基本都是独立发展运行的。目前，交通网、通信网和能源网之间的交叉重叠仍以"点线连接"为主，"线线耦合"较少，"网络融合"更少。例如：加油站、充电桩与公路的"点线连接"较多，电网与光纤网共同通道的"线线耦合"较少，能源网、交通网、信息网"三网融合"仍在起步阶段，典型应用如智慧城市，我国尚未建成一个真正的智慧城市。经过了几十年甚至上百年的发展，三张网络形成了多个相对独立的系统，并遵循着相对独立的设计原则和运行规则。这种现状导致设备、终端、枢纽、通道等资源不能被充分共享，网络没有联通，数据不能共享，容易造成重复建设、资源浪费，降低了资源利用率，增加了社会总成本。

三网融合发展带来的好处是显而易见的。如果交通网和信息网进行融合，可以衍生出车联网、自动驾驶、智慧物流等智慧交通典型融合场景形态与应用。通过这两网的融合，可以深刻改变人们的出行方式，让交通系统运转更安全、更智能、更高效。相信有一天，当你开车行经一个十字路口，左右两边没有车辆待行驶时，再也不会遇到浪费时间的红灯。

能源网和交通网相融合，可以形成电动交通、氢能交通、光伏公路等典型融合场景，电动交通和氢能交通又分别包含电动汽车、电气化铁路、电动船舶、电动飞机、电气化航天，以及氢能卡车、氢能列车、氢能船舶等融合应用。这些融合场景和应用既是绿色低碳发展的客观要求，也是交通转型和能源转型的必由之路。现在依然有人抱怨，购买电动汽车后充电不够便捷，相信伴随两网的融合，这种尴尬的情形将一去不复返，而像今天我们开着燃油车随时可以加到油一样便捷。

能源网和信息网融合，则能形成智能电网、电力载波通信和电力光纤、绿能数据中心等典型融合场景，智能电网又包含虚拟电厂、智能变电站、智能电能表等融合应用，这可以极大提高能源与信息系统的整体效率，让能源更智能、更安全、更经济、更友好。现在我国提出的未来要构建以新能源为主体的新型电力系统，就是要求能源网和信息网的深度融合，如果没有这两个方面的深度融合，就无法构建新型电力系统。

如果是能源网、交通网和信息网三网融合，则可以衍生出更多应用场景，比如城市综合管廊、多站融合、共享杆塔，以及"电力+"综合服务平台、三网融合海空枢纽等，其中三网融合海空枢纽和共享杆塔分别包含智慧岛屿、智慧空间站，以及智慧路灯和共享铁塔等应用，足以推动人类社会发展进步。

我国高铁速度之快、发车间隔之短，就得益于三网融合。未来如果让高铁发车间隔更短，就需要进一步发展融合三网的技术，通过信息网的数字化技术，进一步提升对高铁的控制。按照《新时代交通强国铁路先行规划纲要》提出的目标，我国的高速列车到2035年将拥有利用北斗卫星导航技术、5G通信技术等构成空天地一体化的"超级大脑"——新一代更高效、更智能、更环保的列车控制系统，列车追踪间隔由目前的最短3分钟缩短到2分钟左右，提高线路运输能力30%以上，人均百公里能耗降低30%左右。

未来围绕三网融合将会衍生出众多新的应用和新的商业模式。

全球能源互联网发展合作组织对三网融合给予极高的评价。他们认为三网融合是跨领域的系统性工程，将促进产业技术集成、产业形态变革、产业要素解放，催生新一轮工业革命，加快形成以清洁能源为主的绿色发展格局和绿色、低碳、可持续的产业发展体系，带来智能便捷的生活方式、普惠舒适的公共服务、自由全面的发展机会，实现社会生活水平的全面提高，可以从根本上解决长期制约人类可持续发展的资源紧缺、气候变化、环境污染、经济危机、地区冲突等问题，足以改变中国、改变世界。

比尔·盖茨认为，那些建立起伟大的"零碳"企业和伟大的"零碳"产业的国家，无疑将在未来几十年里引领全球经济。

中国要想在碳中和时代下继续扮演重要角色，必须在零碳技术上继续加大投入，在部分核心技术上甚至需要举全国之力。一个企业要想在未来数十年立于不败之地，零碳技术将是最重要的投入和发展方向。

第四章
Chapter 4

碳中和的机遇

第一节 零碳能源世界

> 阳光普照，风满人间，屋顶上、地面上，任何地方都可以实现太阳能和风能发电，这对数百万个微型发电站的建立和落实非常有利。从化石能源到绿色能源的转变是"赋予人民电力（Power）"，这里的Power既指字面意义上的电力，也指比喻意义上的"权力"。几亿人在工作和生活的地方成为自己的能源和电力的生产者，这昭示着世界各地社区权力民主化的开始。
>
> ——美国华盛顿特区经济趋势基金会总裁　杰里米·里夫金

科幻大师们常常在小说中描绘自己对未来世界的丰富想象。

"科幻小说之父"凡尔纳在19世纪就勾画出一个拥有潜艇、火箭、飞机、高铁、电视、无线电报等的奇妙世界；科幻大师阿西莫夫在20世纪中叶为现代机器人学写下"机器人三定律"；震惊世界的广东"基因编辑婴儿事件"可以在20年前中国科幻先驱王晋康的《豹人》中找到剧本；而亚洲首位雨果奖得主刘慈欣则在浩瀚宇宙中吟诵出《流浪地球》的浪漫史诗。

我们不妨张开科幻的翅膀，畅想未来碳中和时代。在本章即将开启的未来平行世界里，我们将看到零碳能源世界、零碳新工业体系、零碳智慧出行、新建筑革命、智慧城市、新农村的理想图景。

重新定义未来，从零碳能源世界开始。我们要构建一个什么样的零碳能源世界？我们要怎样构建一个零碳能源世界？在构建零碳能源世界的道路上我们将如何做出抉择？

这一系列的"天问"，都需要我们在未来四十年的碳中和革命中寻求答案。

▶ 理想图景

宏观上的能源一体化与微观上的能源民主化将为零碳能源世界奠定主基调。

我们可以想象一幅图景：在2060年的新疆天山脚下，连绵数百千米的太阳能光伏板像威武的蓝盔甲覆盖在沙漠与山坡之上，每一块光伏板如向日葵一般随着太阳轨迹变化而转动，以便最大限度地提升效率。在这些风光互补的大型新能源基地中，数千台巨型白色风机正在迎风飞舞，与光伏板奏出交响曲。不过，基地的"指挥家"却远在百里甚至千里之外。此时大基地已经完全实现了无人化管理，曾经艰辛的运维工作如今都交给机器人来完成。管理人员可能正坐在位于乌鲁木齐的办公室里，一边喝着咖啡，一边面对计算机大屏幕对多个大基地进行远程管理。

以新能源为主体的新型电力系统已经建成。但能源革命取得胜利，不只是因为风电、光伏发电"清洁低碳"的政治正确，技术进步让它们早已具备与传统能源竞争的成本优势。新能源取代化石能源，可以与煤炭取代薪柴、石油取代煤炭一样理直气壮地宣告，这是顺应市场经济规律的必然结果。

大量中东部高耗能产业西迁，新疆、甘肃、青海等西北省份，均成为继云南之后因新能源而兴的重工业基地。新疆的名片不只有棉花，新兴产业蓬勃发展为新疆贴上新的标签。此时，零碳新工业体系也建立起来，所以我们并不需要担心高耗能产业入疆可能带来的环保压力。从前的高耗能产业二氧化碳排放可以分为两部分：其所需电力来自火电，其生产过程也会产生二氧化碳排放。产业西迁让清洁低碳的风电、光伏发电取代了火电，零碳新工业体系则解决了生产过程中的二氧化碳排放问题。

大西北如火如荼的发展态势吸引了大批中东部人的目光。与他们的父辈"孔雀东南飞"不同，他们掀起新一轮西部淘金热，去苍茫辽阔的新疆燃烧青春。

产业大迁徙带来的人口大迁徙将在祖国版图的西北与东北两条线路展开，"闯关东"与"西部淘金热"交相辉映。"风电＋零碳新工业体系"的发展模式让一度衰落的东北老工业基地涅槃重生，丰富的风能资源将在东北再造一个新的"大庆油田"。

此时，云南等西南省份大概可以被称为"西南老工业基地"了。他们首创了"清洁能源＋高耗能产业"发展模式，在前一轮西部大开发中实现崛起，成为大西北与大东北的引路人。不过，西南水电早已不足以支撑这个"老工业基地"的可持续发展，多条特高压线路源源不断地为西南地区输送着来自西北地区的清洁能源。

东南沿海地区的能源大基地在海上。他们将海上风电与海洋渔业养殖、海水淡化工程、海洋工业等融合，在建设"海洋强国"的道路上不断探索。

不过，仅靠海上风电还不能撑起东南沿海地区的持久繁荣。特高压外送通道将西部和"三北"地区的清洁能源大基地与中东部地区紧密相连。这种相连，不再是过去"强直弱交"的保守格局，而是在新一代信息技术的加持下，真正用交流特高压彻底打通能源国内大循环的任督二脉。全国六大区域电网之间也不再只靠直流特高压"点对点"初步连接，全国统一的大电网凭借交流特高压实现同步运行。过去专家对大电网安全性的担忧随着相关技术发展而荡然无存，发展中的问题终于通过发展的方式得以解决。

全国能源互联网运行成熟后，再继续向前延伸。东北、西北、西南地区的清洁能源大基地，通过特高压分别与东北亚地区、中西亚和南亚地区、东南亚地区相连。特高压还将进一步构筑起全球能源互联网。它是以特高压电网为骨干网架，以输送清洁能源为主导，全球互联泛在的坚强智能电网，是覆盖全球、光速传输、清洁低碳、智能友好的现代能源网络。

能源大融合推动产业大融合，进而促进文化大融合与民族大融合。能源一体化为"一带一路"倡议与构建人类命运共同体奠定基石。

具体到我们微观个人层面，诚如里夫金所言："从化石能源到绿色能源的转变是'赋予人民电力（Power）'，这里的 Power 既指字面意义上的电力，也指比喻意义上的'权力'。几亿人在工作和生活的地方成为自己的能源和电力的生产者，这昭示着世界各地社区权力民主化的开始。"

智慧能源为我们的住宅、学校、医院、商业楼宇、工业园区赋能。"分布式清洁能源＋智能微电网"重新定义了既有的能源体系，能源生产不再由发电企业独享，我们每个人都得以参与其中。而分散化并不意味着低效，相反，信息网与能源网的深度融合让能源生产与消费都能更加科学、精确地进行。

车水马龙的大道上，电动汽车早已取代燃油车，就像曾经燃油车取代马车一样。这些道路也基本完成了"光伏公路"改造，电动汽车可以一边行驶一边充电，即用即充，方便快捷。

电力市场经过多年发展已经趋于成熟。我们可以通过屋顶和幕墙的分布式光伏在家里生产电力并销售，还可以通过用户侧储能、电动汽车的动力电池、V2G 充电桩等进行电力的低买高卖"中间商赚差价"。层出不穷的技术发展和商业模式创新，使我们拥有了更多在电力市场获得财富增值的机会。

▶ 三大博弈

理想总是丰满的，但现实通往理想的道路却往往充满了矛盾与博弈。未来四十年，我们在构建零碳能源世界的过程中将长期面对三大主要博弈，即火电与新能源之间的博弈，"电从身边来"与"电从远方来"之间的博弈，燃油车与新能源汽车之间的博弈。

（1）火电 VS 新能源

在"双碳"目标语境下，新能源取代火电成为大势所趋。一般来说，国际上尤其是西方发达国家已经经历了"煤炭—油气—新能源"的能源变迁过程，而中国则打算跳过油气主导的时代，直接从煤炭主导转变成新能源主导。这样的跨越式发展是基于能源安全和气候压力的双重考虑。但这种跨越也可能引发一系列问题。

首先，我们用几十年时间走完了发达国家几百年走过的工业化历程。而过去数十年中国工业化历程主要是由火电作为能源基础的。这意味着，从体量上来看，中国火电装机容量与全球电力第二大国美国的火电、水电、气电、核电、风电、光伏发电等的总和大致相当，遥遥领先于其他国家；从时间上来看，中国的火电机组服役时间大多远远短于发达国家。如果将这些火电机组强制退役，将造成大量资产尤其是国有资产的巨额损失。

其次，我国目前仍呈现出"一煤独大"的能源结构。这一现状背后是数以百万计的煤炭与火电从业人员。压缩火电，意味着大批从业人员将面临失业或者分流的命运，这可能会对社会稳定造成一定程度的冲击。

最后，火电不具有地域局限性，因此过去数十年间火电在全国遍地开花。但风电、光伏发电等新能源是具有很强的地域性的，这将导致地方利益的重新分配。压缩火电意味着GDP、税收、就业等的流失，地方政府也不得不面对这样的经济社会转型所带来的空前压力。

基于此，火电行业对CCUS技术寄予厚望。凭借这项技术，火电的碳排放量将大大减低。这将有利于延缓火电退出的节奏，为处理上述各种矛盾争取宝贵时间。不过，目前我国在CCUS技术研发和应用方面还处在初级阶段，而未来该技术能否满足人们的期待还是未知数。

反观新能源，"双碳"目标让风电、光伏发电等新能源行业形势一片大好。但新能源要想真正肩负起历史重任，还需解决几个突出问题。首先，风电和光伏发电作为"靠天吃饭"的能源，具有随机性、间歇性、波动性的特点，这对电网安全稳定运行提出了新的挑战；其次，新能源的经济性还有待进一步提升。因此，一方面，新能源产业还需要继续通过技术研发和加强管理来降低成本，提高新能源相对火电的竞争力；另一方面，储能、特高压电网等相关领域也需要通力合作，为新能源普及创造更为优良的条件。

未来四十年，我们将见证一场CCUS技术与新能源相关技术的赛跑。而火电与新能源之间的博弈或许也将比我们想象中来得更为激烈。

（2）电从身边来 VS 电从远方来

自西电东送工程讨论之初，关于"电从身边来"还是"电从远方来"的争议就已甚嚣尘上。

"电从身边来"的支持者主要是中东部省份，他们主要是出于能源安全的顾虑与GDP、税收、就业等的考量。在"双碳"目标大背景下，东南沿海地区另辟蹊径，将更多筹码押注在海上风电和分布式光伏发电上；中部省份则希望内陆核电方面的政策能够松动。

"电从远方来"的支持者主要是中央和西部、"三北"地区等清洁能源富集区。地方希望将清洁能源优势转化成经济社会发展的引擎；中央则更加高瞻远瞩、深谋远虑，希望盘活"全国一盘棋"乃至"全球一盘棋"。西电东送工程建设与特高压技术突破，让"电从远方来"成为可能。

从中国国内情况来看，由于各地能源禀赋差异，如果不是海上风电领域取得巨大突破，未来大概率会呈现出以"电从远方来"为主、"电从身边来"为辅的局面。

但国际上想必会是另一番景象。能源安全始终是各国高度重视的问题。在油气时代，世界各国纷纷试图采取措施降低对霍尔木兹海峡、苏伊士运河、马六甲海峡、巴拿马运河等交通要道的依赖，各大跨国、跨洲油气输送管道的建设与运营在波谲云诡的国际局势和盘根错节的利益纠葛中一波三折。

全球能源互联网也将面临相似的困境。中国是全球能源互联网的主要倡导者和特高压技术的领跑者，也是全球范围内重要的清洁能源富集区域。但40年后的中国是否已具备强势推广全球能源互联网的综合国力与世界领导力？在全球能源互联网的架构下又要如何平衡相关各方的利益，让大家都心甘情愿地融入"电从远方来"的人类命运共同体之中？

（3）燃油车 VS 新能源汽车

近年来，以电动汽车为代表的新能源汽车无论是在资本市场还是舆论场上都炙手可热。但从实际统计数据来看，目前燃油车依然是汽车消费的主流。

燃油车的支持者是传统汽车产业、油气产业及其背后占据产业制高点的国家。而新能源汽车的倡导者则是试图颠覆传统、重构汽车工业与能源产业新秩序的国家与企业。这意味着燃油车与新能源汽车之间的博弈，将会是一场更大规模、更广范围、更深层次、更长时间的合纵连横。

在全球践行碳中和理念的大背景下，燃油车继续生存依赖着CCUS技术、燃料替代技术等的发展。目前生物燃料已成为国际上普遍公认的可以降低环境污染、取代化石燃料的主要资源。使用乙醇等生物燃料的好处在于，它们只是汽油的替代品。在这个替代过程中，仅需对传统汽车做"小型手术"，不需要像电动汽车、氢能汽车那样将之进行脱胎换骨的改造。

新能源汽车若想实现"弯道超车"，需要在安全性上狠下功夫。同时，电动汽车还要将重点放在提升续航里程、充换电便捷性以及安全性等关键问题上；氢能汽车则要把降成本摆在首要位置。此外，电力市场化改革与碳交易市场建设的情况，也决定着广大车主是否愿意购买新能源汽车，并以此为入口积极参与电–碳市场交易。

因此，和火电与新能源之间的博弈相似，燃油车与新能源汽车之间博弈的背后，也将是一场关于各自技术研发与体制改革的赛跑。

▶ 几个关键变量

未来，零碳能源世界会呈现出怎样的具体形态？除去水电、光伏发电、陆上风电、特高压、动力电池、电动汽车、新一代信息技术等相对成熟的因素，以下几个关键变量也发挥着重要作用。

(1) CCUS技术

我们知道，所谓碳中和，是指二氧化碳达到人为碳排放和碳去除的平衡，即二氧化碳净零排放。一方面，我们要通过清洁能源取代化石能源、提升能效等方式降低碳排放；另一方面，我们要通过植树造林、CCUS 技术等提升碳去除水平。

过去，我们对"降低碳排放"提得更多一些，而"升碳去除水平"则提得相对较少。但事实上，实现"双碳"目标，需要从这两个方面同时发力，共同奋进。

碳捕集、利用与封存技术对煤炭、火电、油气等化石能源产业及其相关的交通、工业、建筑等领域意义重大，甚至可以说关系到其生死存亡和寿命长短。

未来的零碳能源世界，可能是一个完全由清洁能源构成的世界，也可能是一个以清洁能源为主导、"化石能源+CCUS 技术"为补充的世界，这主要取决于 CCUS 在技术上与产业上的成熟度。

（2）储能

储能是未来新型电力系统的主角之一，它在发电侧、电网侧、用户侧均有广泛的应用空间。但长期以来，经济性和安全性制约了储能大规模发展。

储能可以弥补风电、光伏发电等新能源在灵活性上的不足，助推新能源加速飞跃。更重要的是，储能尤其是用户侧储能，将在重塑现有电力体系和电力体制中发挥重要作用。

储能/动力电池+智能微电网如果能大规模普及推广，将大大推进能源民主化的进程，能源网、信息网、交通网"三网融合"也将更加深化。

（3）海上风电

近年来，东南沿海省份大力发展海上风电。这些省份将海上风电视为保障能源安全、促进新旧动能转换、建设"海洋强国"的一把利器。

但海上风电是一个比陆上风电技术含量更高、产业链更为复杂的产业。目前中国海上风电尚未能实现平价上网，技术和工程成熟度也还有待提升。

未来的零碳能源世界，"电从远方来"和"电从身边来"的比例要如何分配，很大程度上取决于海上风电的发展情况。

（4）充换电基础设施

续航里程和充换电基础设施方面的不足一直是制约电动汽车发展的"阿喀琉斯之踵"。未来电动汽车在提升续航里程、充换电便捷性等关键问题上能否取得质的突破，以及"光伏公路"能否从理想变成现实，直接关系到电动汽车与燃油车博弈的结果。

（5）电-碳市场

2015年，新一轮电力体制改革拉开电力交易市场化改革的序幕；2021年，全国碳排放权交易市场正式启动。未来电-碳市场发展情况，直接关系着能源民主化程度。广大人民群众能否在碳中和的国家宏观目标下拥有获得感，也直接决定着大家对实现"双碳"目标及构建零碳能源世界的拥护程度和参与积极性。

（6）人造太阳

人造太阳是在地球上建造的一个特殊装置，能够通过核聚变等反应，模拟太阳发光发热以及释放能量的过程，从而帮助人们更好地应对资源枯竭。这种创新难度极大，但是一旦成功将彻底解决人类对清洁能源的需求问题。2021年7月，中国科学院合肥物质科学研究院全超导托卡马克装置EAST（人造太阳）控制大厅传来捷报，我国再次创造了新实验装置运行世界纪录，成功实现了可重复的 1.2 亿度 101 秒等离子体运行和 1.6 亿度 20 秒等离子体运行，比 2020 年的数据提高了 5 倍之多，成为这一领域的"领头羊"。不过，这项技术要想真正改变能源格局，还任重而道远。

综上所述，在通往未来零碳能源世界的道路选择上可能会出现各种意见分歧和实践差异，但我们构建零碳能源世界的目标却始终坚定。

第二节 零碳新工业体系

> 全球工业体系在未来20~30年将发生翻天覆地的变化。不仅能源生产彻底转向零碳的可再生能源，而且使用能源的交通、建筑、钢铁、化工等产业体系，将在技术路线和生产装备上发生重大变革。中国具备了绿色科技领域的先发优势，有助于构建零碳新工业体系。
>
> ——远景科技集团CEO　张雷

第一次工业革命和第二次工业革命的历史车轮行驶二百多年后，作为驱动两次工业革命的引擎，煤炭、石油等化石能源将不得不逐渐退出历史舞台。为了实现碳中和，必须由可再生能源取代煤炭、石油等化石能源成为新的时代引擎。

今天，风电、光伏发电等可再生能源技术得到迅速发展，成本大幅下降，竞争力不断提升。在发电侧，风电、光伏和储能正在取代煤炭成为新的"煤炭"；在用电侧，氢能和动力电池正在取代燃油成为新的"石油"；在传输电力的电网侧，智能电力物联网正在取代传统电网成为新的"电网"。

按照马克思主义辩证关系，生产力决定生产关系，生产关系反作用于生产力。当生产关系适合生产力发展的客观要求时，将对生产力的发展起推动作用。

回顾历史，我们可以清晰地看到，英国曼彻斯特、美国休斯敦、中东地区等都得益于能源革命，在随之而来的工业革命中塑造了全球工业地位。中国的工业体系发轫于东北，那里一度是中国煤炭、石油最核心的产区。

现在形势发生了重大转折，可再生能源拉开了第三次和第四次工业革命新的序幕。在这个序曲中，可再生能源作为新的先进的生产力，正在主导新的生产关系。原本建立在化石能源基础上的工业体系，也将因为生产力的变化，发生巨大改变。

零碳新工业体系呼之欲出。未来哪座城市、哪个国家率先建立起零碳新工业体系，它就能够引领全球。

在这种形势下，未来零碳工业体系将如何演绎？

值得自豪的是，在第四次工业革命浪潮中，中国在可再生能源这个先进的生产力上，有条件也有能力引领全球。同时伴随新能源产业的蓬勃发展，中国不同省份的工业地理优势也将发生巨大转变，而这一变化还将带动不同区域人才体系和城市化进程等一系列的深层化变革，促使区域发展要素的"重新分配"。

这个结论是在深刻总结全球工业地理演变史和中国资源现状后得出的。

▶ 煤炭成就了曼彻斯特和英国

首先我们来回顾一下曼彻斯特这座城市的历史。世界工业革命起源于英国，英国工业革命则起源于曼彻斯特。而帮助曼彻斯特爆发工业革命的产业是纺织业和煤炭。

为什么是纺织业和煤炭？

在所有经济活动中，衣食住行是人类的基本需求。衣服甚至排在第一位。在所有天然衣服纤维中，包括蚕丝、羊毛、亚麻纤维、棉纤维，棉纤维最具柔韧性，最容易由机器控制，保暖舒适四季适宜，且需求量巨大。

与种植粮食和建设房屋相比，纺织劳动更为轻便，老弱妇孺皆可操作，可以吸收一切劳动力，也更少依赖天气、季节、光照条件，并更容易通过简单重复的动作来完成，因此更容易利用低成本工具实现机械化。同时，纺织品市场能随收入提高而快速增长，轻松支持大规模生产，并因为技术简单而能促进创新。所以棉纺织业成为天然的发展原始工业的头号种子。

但是在曼彻斯特爆发工业革命之前，纺织业在英国本来是落后的。1680年的英国，纺织业的原材料价格和印度相差无几，虽然资本相对廉价，但人工成本较高，英国工人的工资是印度工人的4倍，生产成本并没有优势，技术上也相对落后，这种情况下其纺织业缺乏竞争力。

很长一段时间里，欧洲人趋之若鹜的是印度的棉织品、中国的丝织品。对于荷兰与英国的东印度公司而言，当时很大一部分工作就是到亚洲采购。

在18世纪中叶之前，也就是在鸦片战争前，世界棉花产业的心脏地带是印度和中国，并非英国。印度和中国拥有更优质的棉花、更廉价的劳动力和更有竞争力的棉纺织产品。彼时，中国江南地区手工业特别是纺织业已经很发达了。

英国近代生物化学家、科学技术史专家李约瑟很早就研究了中国的悠久技术传统。他认为在宋朝，也就是西欧最黑暗的中世纪，中国的技术已经达到顶峰。明朝中期以后，松江棉布已有了相当的市场。当时江浙一带有"买不尽松江布，收不尽魏塘纱"的谚语，《天工开物》中有"凡棉布寸土皆有，而织造尚松江，浆染尚芜湖"的说法，《阅世编》中有"富商巨贾操重资而来市者，白银动以数万计，多或数十万两，少亦以万计"的记载。从中足可见松江府棉纺织业的繁荣和棉布交易的兴盛。

但是，当时中国纺织业兴起的驱动力并非是拥有了新的先进的生产力，很大程度上是因为松江棉布在明代作为折色（赋税中的一种）而存在，这极大地刺激了松江人纺纱织布的热情。除作赋税外，棉布的最大用途当然还是百姓自用。一方面用于自家御寒，另一方面作为商品出售。

尽管如此，棉布依然成为当时最大的流通商品之一。明代以后，棉布作为商品的重要地位是不可动摇的，鸦片战争以前棉布的国内市场流通额与丝绸、茶和盐的总和大致相当。

在第一章我们提到，1793年，英国使团在正使乔治·马戛尔尼的带领下到访中国。他们以祝贺乾隆八十大寿为名，带来了600箱礼物。礼物中包括蒸汽机、棉纺机、织布机等工业革命最新成果。乔治·马戛尔尼向乾隆展示大英帝国的经济实力以及综合国力，并借此机会提出通商要求，让乾隆同意他们在舟山、宁波等地做生意。很遗憾，当时乾隆看不起这些工业革命的产品，直接拒绝了英国的通商请求，说"天国物产丰盈，本不需互通有无"。从此，大清朝错失了开展工业革命的千载良机，当然这是后话。

与此同时，18世纪中叶，毗邻英国的荷兰已经成为当时全球最领先的经济体，覆盖造船、工业、金融、航运等产业；法国启蒙运动也如火如荼，一直想成为世界中心。但是第一次工业革命却悄然从英国曼彻斯特兴起了。

1764年，英国兰开郡一个名叫哈格里夫斯的纺织工，一天晚上回到家，开门后不小心踢翻了妻子正在使用的纺纱机。当时他第一反应是赶快把纺纱机扶正。但是当他弯下腰时，却突然愣住了。原来，他看到那台被踢倒的纺纱机还在转，只是原先横着的纱锭变成直立的了。他猛然想到，如果把几个纱锭都竖着排列，用一个纺轮带动，就可以一下子纺出更多的纱。哈格里夫斯兴奋至极,马上试着干,第二天他就造出用一个纺轮带动八个竖直纱锭的新纺纱机,功效一下子提高了8倍。1764年,他制成了以女儿的名字命名的珍妮纺纱机。

从此,围绕纺纱机的创新源源不断。1768年,木匠海斯发明了水力纺纱机。第二年,理发师理查德·阿克莱特仿制了海斯的水力纺纱机并提前获得为期14年的专利。1771年,阿克莱特在曼彻斯特建立了全球第一家棉纺厂,利用终年不息的德文特河水作为动力来源,驱动他的水力纺纱机,从而在减少用工数量的同时,增加机器上纱锭的数量。阿克莱特因此被誉为"现代工厂体制的创立人"。

有了纺纱机还不够,如果只是单独依靠人力或水力作为动力,纺纱机效率无法得到质的飞跃。新的生产力适时出现了。1769年,英国发明家瓦特改进了纽科门蒸汽机,使其效率大为提高,商业应用变得可行。1782年,瓦特又制成复动式蒸汽机,并逐渐在棉纺织业中得到应用。

蒸汽机的动力源于煤炭。曼彻斯特是英国最靠近中北部产煤区的城市,有方便运输的运河,还拥有充足的水资源和煤炭供应,是煤炭让曼彻斯特插上了工业革命腾飞的翅膀。1789年,蒸汽机代替水力开始装备纺织厂,从此这里的棉纺业发展更为迅猛。1790年,阿克莱特将蒸汽机引进到自己的工厂。在煤炭与蒸汽机有效捆绑后,释放了蒸汽机的巨大能量,整个纺织行业进入了快速扩展期。这种动力驱动能使纺纱工人的劳动生产率达到手纺工人的40倍。到1830年,曼彻斯特的棉纺织厂已达99家。

机械化生产使得英国在不具有棉纺织产业其他要素优势的情况下,单单依靠劳动生产率的提高,就取得了全球棉纺织品的价格竞争优势。

在工业革命前,英国与荷兰等其他欧洲国家一样,已经经历了商业与贸易革命。有了远洋运输的工具,欧洲的贸易中心慢慢走出了地中海。商业和贸易革命助推了英国崛起。

有了贸易革命、工业革命的开端,从此英国的纺织业不但摧垮了印度的传统手工纺纱业,也解体了中国从黄道婆起源的手工纺纱业,让英国一举成为世界工厂。因为煤炭蒸汽机的发明,整个曼彻斯特纺织业甚至可以从美洲的殖民地进口棉花。这项发明催生了蒸汽火车、蒸汽轮船,并驱动了铁路的诞生,运输效率大幅提升。曼彻斯特的棉纺织品可以出口到遥远的印度、中国市场,从此这座城市一举成为全球工业革命中心和全球贸易中心。

曼彻斯特的工业革命还改变了社会结构形态。因为蒸汽机的应用,原先的手工作坊升级为工厂,农民手工业者变成了工人,工业的集群带动了城市的现代化。这让曼彻斯特成为全球第一个现代化城市,进而带动英国成为全球第一个真正意义上的"日不落帝国"。

第一次能源革命和第一次工业革命,让英国率先建立了全球领先的工业体系。到1850年,英国工业总产值在世界工业总产值中的占比达到39%。1860年,英国钢、铁、煤的产量均占全球产量的60%以上,英国由此被称为"世界工业的太阳""世界农业的中心"。1850年,英国商船吨位达356.5万吨,占世界船只总吨位的50%以上;到1870年,发展到569.1万吨,相当于美、德、法、荷、俄、日等国家的总和,英国成为名副其实的"海上霸主"。

▶ 石油造就了休斯敦的工业体系

1784年,当曼彻斯特已经在大力发展水力纺纱工厂的时候,大西洋彼岸的美国刚刚赢得了独立战争的胜利,经济凋敝,百业待兴。到18世纪90年代,美国的机会来了。1791年,西印度群岛奴隶造反,法国种植园主阶层逃散到美国,为美国带来了急需的棉花种植技术。与此同时,南方种植园主引入了成千上万的奴隶,"西进运动"侵占了印第安人大量的肥沃土地。美国比其他任何国家都更能灵活地提供棉花生产的三大关键要素:劳动力、土地和信贷。

从此,美国的棉花开始源源不断地向英国出口,为英国纺织业提供原料。到 1861 年美国内战爆发前,美国出口棉花占欧洲棉花消费量的 80% 以上,迅速成为全球最大的原棉市场供应国。

美国占领这一市场、取得原始资本积累的背后是万恶的黑奴制度。从 1790 年到 1860 年,美国的黑奴人数由 70 万增加到 400 万,南方各州几乎都是蓄奴州。棉花为种植园主创造了巨额财富,却给黑奴带来了苦难。根据真人真事改编的电影《为奴十二年》所描述的主人公所罗门·诺瑟普的故事就是发生在这一时期。1841 年,所罗门是一个木匠兼小提琴手,原本在纽约萨拉托加市过着安逸幸福的生活,后被骗到美国南方成为奴隶。在为奴 12 年后,所罗门重获自由回到了家乡。在他成功脱离苦海 10 年后,美国时任总统林肯颁布了著名的《解放黑人奴隶宣言》。

创建于 1836 年的休斯敦也把握住了这次机会。19 世纪 50 年代,休斯敦开始建造铁路,逐渐成为得克萨斯州东部的商业和运输枢纽,连接内陆和港口,主要出口棉花等商品。这些铁路成为日后休斯敦崛起的重要基础设施之一。

如果说传统美国南方城市的形成与棉花贸易有关,那么新时期南方每一座大城市的崛起都离不开工业的支撑。

1900 年,休斯敦的城市规模只有新奥尔良的 1/6。当时休斯敦所处的得克萨斯州的商业和海运中心是加尔维斯敦。得克萨斯州毗邻路易斯安那州,后者最大的城市就是新奥尔良。休斯敦从 1900 年的无名之地到 1950 年成为南方最大的城市,完全是石油提供了崛起的基因和动力。

此时全球已经迎来了第二次工业革命的浪潮。与煤炭成为第一次工业革命的引擎相对应，石油、电力则成为驱动第二次工业革命的动力。

当能源消费从煤炭逐渐向石油过渡时，休斯敦开始取代曼彻斯特成为第二次工业革命的中心。休斯敦曾经是传统的农业生产基地，直到20世纪初这里发现了石油，资本家蜂拥而至，其经济围绕石油工业才迅速崛起。

1901年，休斯敦附近的斯宾德尔托普地区发现了大型油田，引发了一场石油热潮，其效应不亚于"淘金热"，其中六口井的年产量就是当时世界最大产油国——俄国产油量的两倍，从此开辟了美国液体燃料时代。

到1904年，德士古公司生产的石油已占美国全部石油产量的5%。1913年，十二家大型石油公司已经进驻休斯敦，最著名的莫过于现在的埃克森美孚石油公司。海湾石油公司仅在1910—1920年的10年间，就发展成为一家拥有油船队、可靠的国内外市场和强大的金融银行财团作后盾的垄断财团。

并不靠海的休斯敦，长期以来通过一条名叫水牛长沼的浅溪与海连接。为了更有效率地挖掘运输及加工石油，1914年，美国时任总统威尔逊提议将水牛长沼深阔成运河，获得国会通过。美国挖通了直通墨西哥湾的40多千米的海运航道，建立了休斯敦港。自此，石油和海运撑起了休斯敦，使其成为全球石油开采、精炼和石油化学的中心。

1930年，得克萨斯州东部再次发现大油田，让休斯敦的工业化进入第二次高潮。到第二次世界大战前的1937年，休斯敦地区的原油产量已经达到了8314万吨/年，当时全美国每年的原油总产量约为1.77亿吨，其中接近一半产于休斯敦地区，炼油厂的处理量更是达到5430万吨/年，成为美国最大的石油基地。

"二战"时期来自联邦政府的大量军事采购，为休斯敦石油工业带来了产业结构升级的契机。自1943年到1945年的不足3年时间里，整个休斯敦地区承担约一半的美国战时用油。到"二战"结束时的1945年，休斯敦石油年产量达到了 1.06 亿吨，成为战时石油增长较快的地区。

依托石油开采，休斯敦建立起了完整的石化工业体系。20 世纪 30 年代早期，休斯敦的石化工业还比较薄弱，但在政府的帮助下，尤其是"二战"期间，石化工业得以飞速发展。航空燃料和炸药用甲苯、丁二烯、丁苯橡胶等一系列石化产品被当地企业生产出来。仅"二战"期间，得克萨斯州的化学产品产量就在各州之中由第十位上升为第六位。在石化工业的带动下，运输、冶金、制造、建筑等行业纷纷扩大产能。

自 20 世纪石油工业开启后，休斯敦迅速成长为全球石油工业革命中心和世界能源之都。

休斯敦石油工业的快速发展还促进了美国汽车工业的腾飞。虽然世界上第一台汽车内燃机出现在法国，世界上第一辆汽车出现在德国，但世界汽车工业的飞速发展却发生在 20 世纪初的美国。它既得益于福特的流水线生产，大大降低了汽车制造成本，使汽车从奢侈品变成大众消费品，又得益于当时美国石油的大发现和石油工业的突飞猛进，为大众的汽车消费提供了充足廉价的燃油。

自休斯敦 1901 年发现巨型油田后，一直到 1973 年石油战争爆发，国际原油一直保持着每桶 3 美元以下的低廉价格，充足又便宜的石油支持着汽车在发达国家和新型工业化国家的普及，支持着世界汽车工业的快速发展。在整个 20 世纪初，汽车工业都是美国的明星产业，汽车工业的崛起又进一步带动了石油工业、钢铁工业的高速发展。

▶ 页岩气革命再次夯实休斯敦工业地位

但是好景不长。由于油田逐渐走向衰竭，休斯敦的石油产量到 1972 年达到顶峰后开始下降，到 1987 年降至 1.62 亿吨，只有最高峰时的 57%。

在休斯敦石油产量达到顶峰的同时，为了提高油价，以中东产油国为首的石油输出国组织（OPEC）于1973年悍然对美国发起了石油禁运，引发全球第一次石油危机。这导致1973—1974年，国际原油价格从不到3美元猛涨到12美元，上涨了3倍，给当时包括美国在内的工业化国家沉重的打击。这次石油危机使美国国内生产总值下降了4.7%。1979—1980年，两伊战争爆发引燃了第二次石油危机，直接让原油价格飙升至34美元，又上涨了近2倍。美国国内生产总值在第二次石油危机中又下降了3%。油价的暴涨让美国人转而购买进口的小排量轿车，导致美国汽车产量大幅下降。而日本小型节能汽车则在本次危机中获得巨大机遇，一举占领美国市场的25%。

到1985年岁末，OPEC第76届部长级会议正式宣布以"减价保产"争夺市场份额来取代过去的"限产保价"政策，国际石油市场由此出现大混乱，石油价格暴跌。西方国家被产油国肆意蹂躏。到20世纪80年代中叶，由于全球油价的暴跌和石化行业的大萧条，休斯敦的经济遭受了严重打击，造成大批工厂倒闭，技术人才外流。此后，休斯敦不得不致力于改变单一石油工业的经济格局，向多样化方向发展。

几次石油战争让美国等西方国家意识到石油对一个国家具有前所未有的战略意义。1990年，萨达姆带领伊拉克进攻科威特。时任美国总统老布什认为，如果世界上最大石油储备的控制权落入萨达姆手中，那么美国人的就业机会、生活方式都将遭受灾难。1991年，美国悍然发动了"海湾战争"，这场战争也被形容为一场石油战争。

然而，美国在海外油气领域的攻城略地并不能从根本上解决问题。关键时刻，页岩气革命像英雄一样出现了，并适时地拯救了休斯敦和美国。1981年至1998年期间，位于休斯敦北郊的米歇尔能源公司投入大量资金，开发出水力压裂和水平井技术，最终实现了页岩气的规模商业开发。

其创始人乔治·米歇尔也被称为"页岩革命之父"。

这种新型"水力压裂法"主要是通过在水平钻井至页岩层后,利用向管道中输送的水、沙子和相关化学物质来击碎岩石,从而达到导出岩层中天然气的目的。页岩气和页岩油的技术突破统一被称为"页岩革命"。得益于此,2006—2010年,美国页岩气产量暴涨20倍,并在2009年以6240亿立方米的产量首次超过俄罗斯,成为世界第一大天然气生产大国。根据美国能源信息署数据,美国页岩气占天然气全部产量的比例,由2007年的7%突飞猛进至2017年的68%,年产5264亿立方米。

借助21世纪前10年的高油价取得页岩气技术突破,并形成产业化规模,2014年下半年的油价暴跌未能阻止美国油气行业的繁荣。美国于2018年超越沙特阿拉伯和俄罗斯成为世界第一大石油生产国,2019年首次正式成为石油净出口国,实现能源独立。页岩气产量的急剧变化,不仅让美国在短短几年中从能源高度依赖海外进口的局面,向全面实现自给自足转变,还蜕变为一个天然气出口大国,甚至在很大程度上改写了全球政治经济格局——美国正在进一步掌控全球能源的定价权和主导权。

页岩油同样如此。目前美国有7个页岩油产区,其中休斯敦附近的Permian和Eagle Ford产量最大。在页岩革命的推动下,休斯敦地区的石油天然气出口大增,能源产业再一次为这个城市的经济发展提供了最重要的动力。

在全美国100家最大的能源公司中,有28家将总部设在休斯敦,其中包括康菲石油、哈里伯顿、斯伦贝谢和贝克休斯等石油及油服业巨擘。休斯敦及周边地区的炼油能力占据全美国炼油能力的30%、乙烯占70%、人造橡胶占50%以上、基本石油化学品占60%。除此之外,休斯敦有17.5万名员工直接从事油气相关产业,还有成千上万的供应商或承包商。休斯敦拥有完整油气工业产业链:油气开采、石油服务、机械和金属制品、中游管道建设和管理、金融、物流等应有尽有。

2011年休斯敦GDP总额为3411亿美元，在全球城市中排名第十，到2019年休斯敦GDP已经达到5680亿美元，跻身全球第七，上海以5005亿美元排名第八。

▶ 中国工业体系兴起于东北

与曼彻斯特、休斯敦一样，中国东北的煤炭、石油驱动了中国工业体系的兴起与建立。

东北地区在清朝时期被视为龙兴之地，长期实行严格的封禁制度，禁止民众进入封禁区采摘、狩猎、耕种，对于可能会破坏"大清龙脉"的开矿活动，当然是更加不被允许的。但是鸦片战争的失败重创了清政府的统治，其内部的洋务派也将目光投向了开矿、冶金等行业。

1901年，红顶商人王承尧、翁寿等人集体上书清政府，申请开采抚顺煤矿。在一番争论之后，他们如愿获得了抚顺煤矿的开采权。沉寂多年的抚顺煤矿终于热闹起来。然而仅过了4年，采矿权就被俄国人抢走了，后来又落到了日本人的手里。在巨大经济利益的诱惑之下，日军对抚顺煤矿进行了无节制的开采。无数的矿车在矿田中沿着铁路线穿梭，将这个亚洲第一大露天煤矿中数以万吨计的煤炭资源运往日本境内和日军在中国设立的各个基地。

日本和苏联为了争夺东北，在最大化掠夺东北资源、获取巨大经济利益的基础上，进一步建设了东北的基础工业设施，也培养了一大批熟练的技术工人。到抗日战争结束的1945年，东北的经济生产总值占全中国的85%。到1945年8月，东北的铁路总里程已经达到11479千米，几乎已经能够覆盖到发达地区的所有村镇。1949年新中国成立时，全国能通车的铁路总里程也不过 21989 千米，东北铁路占比超 50%。

东北财经委员会在 1949 年做了一份资料——《伪满时期东北经济统计》，开篇就提道："东北的煤产量占全国的 49.5%，发电能力占 78.2%，钢产量占 93%，属于中国工业的重地。"新中国成立后，百废待兴，亟须发展工业，苏联援建的 150 个项目中有 57 个落在了东北，因此，东北被称为新中国的"工业摇篮"。

新中国成立后，"一五"至"二五"期间，东北煤炭产业成为中国工业发展的最大引擎。"一五"期间，东三省原煤产量占全国的 1/4，其中最著名的煤矿就是阜新市海州露天煤矿。海州露天煤矿自 1953 年建成投产以来累计采煤量达 2 亿吨，是当时中国第一座大型机械化露天煤矿，也是当时世界第二、亚洲最大的露天煤矿。阜新煤田更是有"百里煤海"之称。

1954 年版的邮票和 1960 年版的 5 元人民币上的图案就是海州露天煤矿（详见图 4-1、图 4-2），由此可以想象海州露天煤矿昔日是何等辉煌。

图 4-1　1954 年版的邮票

图 4-2　1960 年版的 5 元人民币

煤和钢是工业化的基础。"一五"期间，仅辽宁就生产了全国17%的原煤、27%的电、60%的钢，为新中国建立完善的国民经济工业体系做出了历史贡献。经过"一五"时期的工业建设，东北地区成为全国最大的钢铁工业基地、石化工业基地和机械工业基地。

石油是工业的血液。在"二五"时期，石油进一步成为驱动东北工业发展的助燃剂。1959年9月，黑龙江松辽盆地发现了第一个大型油田，命名为大庆油田。这一发现结束了中国油荒的历史，也让大庆成为中国工业史上最知名的地点之一。自开发建设起，大庆油田连续27年实现5000万吨以上高产、稳产，为我国提供了近1/2的原油，创造了世界上同类油田开发史上的奇迹。它为中国提供了源源不断的能源支持，也是中国工业发展的动力。1960—1987年，大庆油田生产的原油累计达9亿吨，财政上缴819亿元，相当于同期国家对油田投资的21倍。

大庆油田曾经涌现了许多英雄人物，如"铁人"王进喜。他率领钻井队打出了大庆第一口油井，并创造了年进尺10万米的世界钻井纪录，为我国石油工业的发展做出了重要贡献，成为中国工业战线的一面旗帜。

无缝钢管被誉为工业的"血管"，是国家工业建设和国防建设的重要原材料。新中国成立时，无缝钢管还依赖进口。1953年10月27日，仅用1年零3个月建成的鞍钢无缝钢管厂就生产出了新中国第一根无缝钢管，从此奠定了工业发展的基础。1956年7月13日，在长春第一汽车制造厂崭新的总装线上，被毛泽东主席命名为"解放"牌的第一辆汽车试制成功，开启汽车的国产化时代。

在东北工业的助推下，1952年工业占中国社会总产值的比重提升至34.4%，到1978年工业占社会总产值的比重大幅提高到61.9%。门类齐全的工业体系基本形成，中国还创立了电力、原子能和导弹等国防工业体系。

▶ 改革开放后中国工业体系逐渐向南转移

改革开放前，东北一直是中国最大的重工业基地。1978 年全国经济总量排名前十的城市中就有 4 个在东北，当年东北三省 GDP 总量占全国的 14%。改革开放后，中国经济发展的驱动力发生了重大改变。中国加入了经济全球化的历史进程，开始从严密组织的计划经济转向更具活力的市场经济。对于经济和技术不太发达的中国来说，要向世界各国出口产品，重工业设备显然不是首选。国家的工业战略政策，逐渐从以投资重工业为主向以轻工业为主转变。

20 世纪 80 年代，中国出口增长开始加速。20 世纪 90 年代和 21 世纪 00 年代，尤其是中国加入 WTO 之后，对外开放政策吸引了大批外资进入东部、南部沿海城市，中国出口在全球出口中所占比重持续扩大，出口成为中国经济增长的最重要引擎之一。

以重工业为主，大型央企、国企林立的东北无法适应市场化的浪潮，"积重难返"，便在全球化的进程中逐渐落后了，而有轻工业优势的长三角和珠三角地区取代东北，成为中国经济发展最快的地方。

在加速工业化时期，中国因为全面改革开放，广泛地获得了发达国家转移的产业，特别是制造业的发展机会。由于世界产业分工不断细化，发达国家和新兴工业化国家的传统产业加速向中国转移。

以来料加工贸易为主的工厂，如雨后春笋般在拥有区位优势的南方城市拔地而起。1978 年 7 月，位于广东东莞虎门境内的太平服装厂与港商开展合作，创办了全国第一家来料加工企业———太平手袋厂。投资少、风险小、见效快、转向灵的"三来一补"（来料、来件、来样加工和补偿贸易）业务迅速流入东莞等南方城市。

此后，以亚洲"四小龙"向中国大陆转移劳动密集型产业为直接动力，进料加工逐渐取代来料加工成为我国加工贸易的主要方式。1980年，蛇口工业区开始招商引资，来自瑞士、日本等地的资金相继涌入，为深圳注入新鲜血液，也让蛇口很快成为中国最开放的工业区。

随着加工贸易规模的扩大，很多企业在海外的配套产业链也跟随而来，在中国投资设厂。在规模效应带动下，中国国内企业也在加速投资。同时，通过长期技术引进和不断学习，中国企业的技术水平和产品质量大幅提高，成本也有所降低，比较优势日益突出。

从1988年到1998年，仅用了十年时间，加工贸易占进出口的份额就从23.2%上升至53.5%，奠定了中国经济"半壁江山"的地位。

此后，中国的能源生产和供给形势也发生了重大变化。中国自1993年由石油净出口国变为原油净进口国后，原油对外依存度便不断上升。此后中国以每年增加1000万吨的趋势从海外进口大量的石油。当时中国对海外石油的依存度为6%，到2009年这一数据已经升至50%，此后进一步提升到目前超过70%。进口石油直接供给东部沿海城市，那里的石油炼化厂拔地而起，乙烯、苯等石油化工项目也批量上马。

与此同时，东北地区原本建立的煤炭、石油战略资源优势，也逐渐被山西、内蒙古、新疆等地所取代，中国的能源战略逐步西移。

地处内蒙古中部区域的鄂尔多斯就是中国能源战略西移的受益方。这是一个典型的资源型城市，能源、化工、建材资源非常丰富，号称"塞外宝库"。其中探明煤炭储量2102亿吨，约占全国的1/6；探明天然气储量近5万亿立方米，占全国的1/3，是国家"西气东输"的主要气源地之一。

改革开放前，鄂尔多斯工业基础非常薄弱。1980年后，随着国家能源战略的西移，鄂尔多斯境内东胜煤田、准格尔煤田等国家重点建设工程相继开工，同时交通、通信等基础设施也大规模展开，为鄂尔多斯工业发展带来了绝好的机遇。到1999年，鄂尔多斯第二产业比重提高至56%，成为中坚力量，基本形成以煤炭、纺织、化工、电力四大产业为主导的产业格局。

在上一个十年基础之上，从2000年开始，鄂尔多斯明确了新的发展定位，即实现资源转换，将资源优势转化为产业优势、经济优势和竞争优势，提出了"六高"（高起点、高科技、高效益、高产业链、高附加值、高度节能环保）新型工业化发展思路和发展"大煤炭、大化工、大煤电、大载能"的产业战略。到2007年，鄂尔多斯人均GDP已经突破1万美元，超过了北京和上海，被国家领导人认为是继"深圳模式""温州模式"之后，创造出了独特的"鄂尔多斯模式"，成为西部地区经济发展的楷模。到2011年，鄂尔多斯第二产业比重进一步提升至60.1%。

但是南方区域经济发展更快。通过铁路、油气管道等基础设施的修建，西部、北部区域煤炭和石油源源不断地输送到东部沿海地区。北煤南运，西气东输，为东部和南部沿海城市提供了蓬勃动力。最多时（21世纪初）中国沿长江每30千米就有一座发电厂。

与东北一样，伴随整个中国经济中心逐渐向珠三角、长三角地区转移，山西、内蒙古、新疆等拥有资源禀赋的地区以及东北三省经济占全国的经济总量的比重不断下滑。以哈尔滨和深圳为例：1980年哈尔滨GDP是45.7亿元，深圳GDP为2.7亿元，深圳经济总产值只有哈尔滨的5.9%。在1991年以前，哈尔滨的GDP高于深圳，但是从这一年开始发生了逆转，此后差距逐渐拉开，到1999年深圳GDP超出哈尔滨1倍，2015年超出2倍，2018年超出3倍，2019年超出4倍，详见图4-3。

房地产曾经是鄂尔多斯转型后重点培育发展的非资源型产业，一度成为支柱产业发展对象，但经历了高速发展后，泡沫最终破灭。此后，鄂尔多斯也一直试图挖掘其他产业寻找新的经济增长点，但是形势并不乐观。

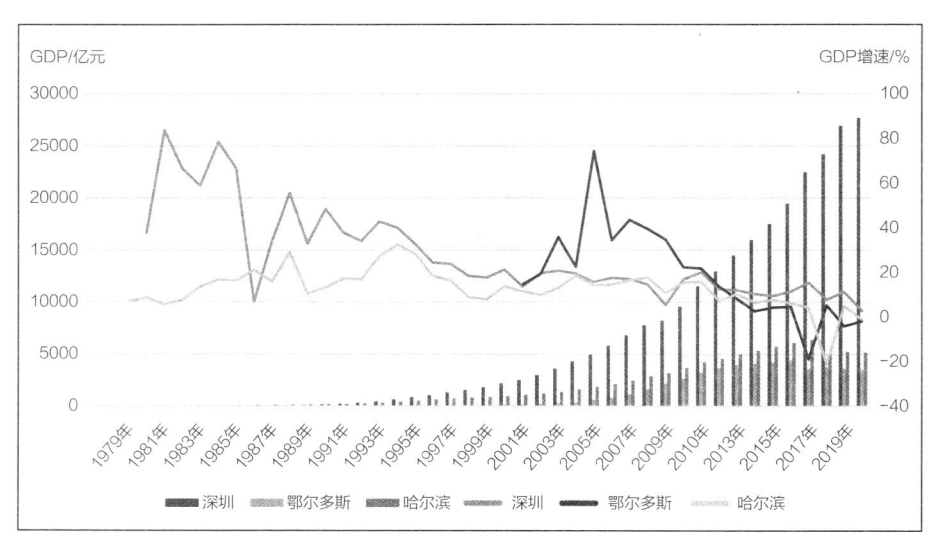

图 4-3　1979—2019 年深圳、鄂尔多斯、哈尔滨 GDP 增长曲线图

多年来，国家一直倡导振兴东北老工业基地和鼓励西部大开发，并出台了多项政策，但依然止不住经济占比的下滑。这一背后的根源就是生产力发生了重大变化。生产力逐渐从过去以能源为主导，转向以劳动力、交通效率为主导，再转向以科技创新为主导。

▶ 碳中和为传统能源密集型城市提供新的发展机遇

现在，东北振兴、西部大开发真正的机会已经到来。

与发达国家一样，中国现有工业体系也是建立在高强度的碳排放之上的。按照实现碳达峰、碳中和的战略目标要求，以风电、光伏发电、水电为主的可再生能源将替代煤炭、石油成为新的生产力。原先的高碳工业也必须适应新的生产力。

从内部环境看，中国能源安全形势日趋严峻，延续既往的思路经济增长难以持续，全球气候环境问题也要求中国必须改变高碳的能源结构和工业体系。从外部环境看，同样要求中国大幅降低碳排放。全球主要经济体已经开始对碳排放进行定价，中国产品将面临碳关税壁垒。以欧盟为例，2021年年中，欧盟碳排放成本已经达到56欧元/吨的历史高位，较年初上涨了超过50%，且未来还将进一步上涨。欧盟即将出台碳边境调节机制，对进口产品征收碳差价税。美国和英国也正在酝酿类似机制。如果中国制造不实现零碳转型，中国贸易出口将为此付出巨大成本并失去竞争力。

有人认为，当前可再生能源成本仍然不够低，如果工业体系全部采用可再生能源，将失去竞争力。实际上这是一个零和游戏。在国内，不同行业、不同企业之间开始赛跑。在国际上，不同国家之间进行比赛。跑在前面的企业不但不会死，而且还会持续不断地吸取落后企业的利润，直到落后企业的利润被吸干而退出。

因此，我们必须充分加速发展可再生能源，并加快打造基于零碳能源的新工业体系。

从国内外形势看，中国劳动密集型产业的人口红利已经日渐消失，这些产业将面临向海外转移的风险，而在中国内部，西部、北部地区大量人口在东部、南部沿海城市打工造成了严重的社会问题、区域经济不平衡问题，如何实现部分产业向内部转移：打造零碳新工业，既形成完整的产业链，又解决中西部的就业问题。

中国制造的产品不仅将获得"绿色通行证"，绕开碳关税，而且还会因减碳而降低成本。中国制造的优势将进一步凸显，中国也将从"人口红利"转向"绿能红利"，成为全球零碳新工业的中心。这既畅通了国内大循环，又联通了国内国际双循环。我们已经具备这一条件。能源行业本身正从"资源特性"转向"科技和工业特性"，风电、光伏和储能成为"新煤炭"，氢能和动力电池成为"新石油"，能源行业将成为"新工业"的排头兵。零碳新工业体系的建设，将使产业各领域的技术路线和生产装备产生重大变革和转型升级，也会为物联网、云计算、数字孪生和人工智能等技术提供广阔的应用场景。

"三北"地区拥有打造完整零碳新工业体系的优势。从生产力角度看，东北、华北、西北以及西南地区是我国可再生能源资源最为丰富的地区。中国 80% 的风能、90% 的太阳能分布在西部和北部，80% 的水能分布在西南部。铁矿石、铜、铝等矿产资源也主要分布于此。这里不仅资源丰富，而且成本较低，可以为新工业提供源源不断的新动力。

虽然当地的绿色电力可以通过特高压、超高压等电网输送到中东南部区域，但是有很大局限性。首先是输配电价较高，特别是高耗能、对于电价较为敏感的行业，很难在"双碳"压力下在东部区域继续生存；其次是我国电力输送的能力有一定限制，输电网络有地理要求，不可能将全部资源或绝大部分资源都输送到中东南部区域；最后是"三北"地区也有发展经济的动力和压力，如果绿色电力能够吸引大量企业前往当地投资，当地政府会更愿意将绿电留在省内消耗，创造出更多的 GDP。

在"三北"地区建设大规模新能源基地，匹配更具国际竞争力的零碳新工业，可以形成完整的产业链，进而带动其他产业的融合发展。

事实上，中国工业企业的地理布局已经悄然发生了变化，只是许多人尚未察觉。前面章节我们提到过，近几年，中铝、魏桥等高耗能企业已经纷纷在云南投资建设电解铝工厂，以利用当地便宜的水电资源。在"双碳"目标提出之前，高耗能工业向水电丰富的区域转移，主要考量的是成本的下降。而"双碳"目标提出后，这一颇具慧眼的战略转移同时破解了碳成本难题。

在北方区域，为了降低用电成本和碳减排压力，政府兴建的一个个低碳、零碳产业园区拔地而起。

在吉林白城，全国第一个"绿电产业示范园区"落户这里。以白城市洮北区为中心，整合100千米半径内的2300万千瓦风电、光伏资源，可提供550亿千瓦时的绿色电力，当地政府以洮北经济开发区为依托，规划建设绿色新材料、绿色冶金、绿色装备制造、绿色大数据、绿色食品及医药健康、绿色氢能、绿色化工七大专业园区，吸纳具有高投入、高产出、高技术、高附加值为特性的产业化项目。当地企业原本从电网购买电力，价格高达0.428元/千瓦时。而按照远景科技集团与当地政府一起制定的零碳产业园规划，新能源为园区直接供电的价格只有0.26元/千瓦时，让园区内企业综合用电价格可以降至0.38元/千瓦时以下，电价降幅32%，既解决了高用电成本问题，又降低了二氧化碳排放。

同样的故事也在鄂尔多斯上演。自"双碳"目标提出后，这座曾经创造过奇迹的资源型城市感受到前所未有的压力。内蒙古地区一年碳排放量约为7亿吨，鄂尔多斯就占据1/3。

事实上，鄂尔多斯拥有丰富的风电、光伏资源。按照远景科技集团联合鄂尔多斯市政府规划的零碳工业园构想，周围将规划大量的风电、光伏电站为园区输送绿色电力，价格仅为0.2元/千瓦时左右，未来这一价格伴随风电、光伏发电成本的下降还将进一步削减，而当地原先的工业企业从电网购电，即便按照政府给出的优惠电价也有0.26元/千瓦时。

鄂尔多斯当地拥有33万辆重型柴油卡车，如果全部换成换电重卡，运行成本不足柴油重卡成本一半，即便按照0.26元/千瓦时的电价算，一年仅此一项就可以节省300亿元运营费用，这还不包括碳排放成本。这些重卡每年碳排放达到3000多万吨，如果按照目前国内50多元/吨的碳交易价格，理论上其应该支付的碳成本将高达15亿元。

如果这些柴油重卡全部换成换电重卡，需要投资120万千瓦风电厂或相对应的光伏电站，才能满足其用电需求。重型卡车生命期比较短暂，一般每5年就需要更换一批。风电和光伏发电的成本还在不断下降，当地还可以规划绿色氢能，绿色电力和氢能将为汽车、钢铁、电解铝、甲醇等工业提供源源不断的绿色动力和原材料，既节省了成本又大幅降低了碳排放，未来甚至可以实现完全零碳排放。所以无论是换电卡车企业、风电光伏企业还是其他相应的工业企业都有强劲的动力在当地设厂。

绿氢产业是联结鄂尔多斯可再生能源和工业体系去碳化的重要枢纽。目前，内蒙古地区风电度电成本可以实现 0.1 元，电解水制绿氢成本可降至 10 元/千克，但煤制氢成本在 6~8 元/千克，随着碳排放成本计入，绿氢比灰氢将更具成本优势。煤化工现在是鄂尔多斯的支柱产业之一，绿氢未来将重构煤化工产业，绿氢与捕集到的二氧化碳经过工业化学反应衍生出甲醇、芳烃等将构建新兴化工产业。

我们可以想象这样一幅零碳工业的未来图景：高炉焦炭炼钢将转向绿色氢气炼钢；汽车船舶的燃油系统将被动力电池和氢燃料电池所取代；绿电制氢生物合成技术将取代使用化石原料的传统化工，生产出零碳并可回收的材料。

因此从布局上看，未来中国主要基础产业的地理分布将出现明显变化。对此，中国宏观经济研究院能源研究所研究员姜克隽及其团队做过深入研究，他们在《零碳电力对中国工业部门布局影响分析》一文中分析道，考虑多种实现产业深度减排技术的情况下，不少产业将转向可再生能源富集和低成本地区，特别是光伏发电成本优势地区，以实现本地光伏发电、制氢、产品制造的系列化。

未来，钢铁、乙烯、苯、合成氨、二甲苯、甲醇、氢等制品工业将逐渐从中东部地区向西南和"三北"地区转移。西南和"三北"地区等可再生能源丰富的区域，将兴起零碳产业集群。这些产业的转移将进一步带动下游产业的转移，而本地生产下游产业的产品将有效降低运输成本。产业地理格局变化，将推动碳中和目标下中国工业部门布局发生变革。而这些变化，也与国家西部大开发战略和振兴东北老工业基地战略相一致。

从中东部地区特别是沿海地区看，未来高耗能行业将加速逃离这里。虽然海上风电、分散式风电和分布式光伏能够在一定程度上提供绿色电力，但是远远满足不了高耗能行业对绿色电力的需求，在成本上也缺乏竞争力。当地的发展重点应该转向高科技行业、高端制造业、高附加值行业。

工业在中国国民经济体系中一度占据半壁江山。尽管工业产值在 GDP 中的比重已经从 2006 年的 42% 一路降到 2019 年的 32%，同期制造业占比由 32.5% 降到 27.7%，但依然是中国经济的顶梁柱。所以建立零碳新工业体系，成为适应国际新形势的必要条件。我们只能适应且必须取得胜利。2020—2030 年，是应对全球气候变化的关键十年，也是中国建立零碳新工业体系的宝贵机遇期，中国有条件也有能力站在这场新工业革命的前沿。

在迈向碳中和的历史关口，可再生能源取代化石能源成为大势所趋，化石能源也将逐渐退出世界舞台。这场能源革命将引发新一轮工业革命，而中国也将依靠可再生能源这一先进生产力要素，推动构建新的零碳新工业体系。

第三节 零碳智慧出行

> 我们觉得智能汽车未来更像智能机器人，或者反过来说也对，也就是未来机器人的主流方向更像一台智能汽车。通过"聪明的车"和"智慧的路"，构建一个智能交通系统，不仅可以明显降低交通事故的发生，提升安全通行的概率，还能够让人们对美好生活更有感知，让出行更加绿色环保。
>
> ——百度创始人、董事长兼 CEO 李彦宏

2017年百度AI开发者大会上，一段百度创始人、董事长兼首席执行官李彦宏乘坐无人驾驶汽车的视频直播迅速引起轰动。视频中，李彦宏坐在一辆红色汽车的副驾驶座位上，驾驶座位却没有驾驶员。李彦宏在视频中称，自己刚刚上北京五环，正在前往会场的路上，"车处在自动驾驶的状态"。

无人驾驶汽车从梦想照进了现实。事实上，早在20世纪70年代，美、德、英等国就已开始无人驾驶汽车的研发。我国则是从20世纪80年代加入无人驾驶汽车研发行列的。1992年，我国第一辆无人驾驶汽车由国防科技大学研制成功。百度是无人驾驶汽车领域的后起之秀。继李彦宏在北京五环完成无人驾驶首秀后，2018年央视春晚，百度又领衔百余辆无人驾驶汽车，在港珠澳大桥上展示无人驾驶模式下的"8"字交叉跑等

高难度动作。

无人驾驶所代表的智慧出行与电动汽车所指向的零碳出行正在加速碰撞，共同勾画着未来能源网、交通网、信息网"三网融合"的绚丽蓝图。

诚如李彦宏在2021世界人工智能大会开幕式上发表演讲时所畅想的那样，未来出行将"通过'聪明的车'和'智慧的路'，构建一个智能交通系统，不仅可以明显降低交通事故的发生，提升安全通行的概率，还能够让人们对美好生活更有感知，让出行更加绿色环保"。

▶ 未来出行

想象四十年后的某一天，我们乘坐着自动驾驶的电动汽车出行。

彼时，以新能源为主体的新型电力系统已经形成，关于电动汽车所用能源是否清洁低碳的质疑也早就销声匿迹。由于动力电池技术不断取得突破，电动汽车的续航里程也有了质的飞跃。

自动驾驶汽车每天早上把我们从家里送到上班地点，晚上再把我们从上班地点接回家。中间这段时间，汽车不再像过去那样闲置，它可以进入无人驾驶网约车模式，通过打车软件接单赚取外快，在快没电时自动寻找临近的充电桩补电；也可以通过V2G充电桩，低充高放赚取电费差价。这辆高度智慧化的汽车可以通过精确计算在网约车模式和充放电模式之间自由切换，移动支付和区块链账本等都已高度普及。当下充电行业存在的找桩难等问题也早已荡然无存，通过对接专业的第三方充电平台，汽车可以快速精准地找到最近的可用桩。

在汽车内部，智慧化的软硬件设施极大提升了乘车体验。车内温度、湿度、空气净化度、香氛气味等都可以进行智慧化控制，在保证人体舒适度的同时节约能源。路线导航、视听节目播放、游戏娱乐、饮食供应、电话通信、移动办公等应用都已高度成熟。智能汽车未来更像一个智能机器人。

智能汽车是家庭物联网的一个重要端口。通过新一代信息技术，智能汽车与家中各种智能家居相连，实现远程操控。在下班途中就可以完成晚饭烹饪和空调降温，旅行途中照料家中宠物、进行屋顶光伏运维、调节屋内温湿度、操控扫地机器人打扫房间，等等。

未来的智能汽车行驶在智慧城市的智能交通管理系统之中。那时的交通管理系统，将是一个以交通信息中心为轴，连接公共汽车系统、出租车系统、城市捷运系统、城市轻轨系统、城市高速路监控信息系统、车速信息系统、电子收费系统、道路信息管理系统、交通信号优化系统、电子通信系统、车内导航系统的综合性集成系统。这个高效运行的交通管理系统，可以实现信息实时、顺畅交互，对交通状况做出及时、准确的判断，为出行者提供快速、有效的交通信息。

而未来的交通管理系统也是一个绿色低碳的系统。地铁、公交车等公共交通都已完全实现电气化、氢能化。充换电系统也高度成熟，光伏公路使边驾驶边充电成为可能，曾经制约电动汽车发展的关键问题得到有效解决。自行车道、人行道等绿色出行的基础设施建设更加完善，共享单车从商业回归市政公益。

此外，在无人驾驶电动汽车的带动下，无人驾驶电动轮船、无人驾驶电动飞机等新兴的零碳智慧交通工具也如火如荼地发展起来。无人驾驶交通工具的研发还将带动综合交通枢纽无人化发展。

这个庞大而精细的零碳慧能交通管理系统将深度参与碳交易市场。到那时，在已经发展了数十年的碳交易市场中，步行、自行车、使用清洁能源的汽车或飞机船舶等，都可以通过相应规则进行碳交易，从而促进环保与经济的统一。我们都可以在零碳智慧出行中获取可观收益，实现财富增长。

▶ 关键问题

零碳智慧出行从理想变成现实，需要解决几个关键问题。

（1）电气化

燃油车碳排放是温室气体的重要来源之一。缓解汽车对环境的影响，主要可以从发展新能源汽车和提高汽车的能源利用率两个方面入手。从长远来看，新能源汽车尤其是电动汽车替代燃油车，是交通领域碳中和革命的大势所趋。

新能源汽车包括纯电动汽车、混合动力汽车、燃料电池汽车、生物燃料汽车等。其中纯电动汽车是目前最具有竞争力和发展潜力的一个细分品类。

电动汽车发展需要政策、资本、技术三者相辅相成，携手攻坚。

中国在电动汽车核心技术领域努力冲刺全球制高点。其中，动力电池方面，中国目前已掌握几乎所有主流锂电池的核心技术，宁德时代连续四年摘得全球动力电池销量桂冠，全球动力电池十强名单中国占据六席；电机是中国制造的强项，对目前世界两种主流电机，中国现有工业体系能大规模量产且具备成本优势；电控是中国相对薄弱的环节，比亚迪、中车、斯达半导走在电控技术国产化前列，但总体而言，中国还有一场硬仗要打。

此外，电动汽车的发展还需要相关基础设施建设加快步伐。在未来完善高效的充换电系统中，光伏公路是一个特殊的领域。2017年12月，位于济南的首条光伏高速公路通车。光伏高速公路将路面资源与光伏发电技术相结合，不但解决了电车的动力问题，同时也为公路照明和监控设施等提供电能。光伏高速公路的安全性也有一定保障，其路面粗糙，不会形成镜面反射，同时也增加了路面的抗滑性，其电磁辐射等各项指标也都符合国家安全标准。

未来，电气化浪潮还将从汽车领域波及飞机、船舶等其他交通领域。

2015年，我国首款新能源飞机——锐翔RX1E电动双座轻型运动类飞机研制成功。飞机的能源来自锂电池，机体结构采用全复合材料制造，零污染，完全避免了传统通用飞机使用化石燃料所造成的污染问题。目前，我国电动飞机的研制还在有条不紊地推进中。

2017年，我国研发出世界首艘2000吨级新能源电动自卸船。该船以锂电池和超级电容双电为动力，船速能够达到12.8千米/小时，可持续航行80千米。该船在航行过程中不消耗燃油，达到《内河绿色船舶规范》的最高等级GreenShip-III，符合废气污染物等零排放的要求。

不过，交通工具电气化在经济性、安全性，以及配套基础设施等方面还有很长的路要走。

（2）智能化

智慧出行已成为全球关注的热点。这主要包括交通系统智能化和交通工具智能化两个方面，即"智慧的路"和"聪明的车"。

智能交通系统是智慧城市的重要组成部分。它建立在新一代信息技术基础之上，在宏观上整体协调控制交通的运行，实现交通系统的系统性、交互性与服务型建设，提高交通效率，保障交通安全，减少能源消耗与碳排放。

智能交通的发展受到国家的高度重视。2017年，国家发改委与交通运输部共同签署《全面推进智能交通发展战略合作协议》，通过部门合作共同推进智能交通的发展，包括"完善智能交通发展顶层设计，协同推进智能交通发展战略实施，共同营造开放的智能交通技术开发应用环境，加强交通运输数据跨部门、跨地区、跨行业共享融合，推行'畅行中国'综合交通运输信息服务，推进智能交通创新能力建设和先进技术应用推广，联合开展相关领域研究工作，提升交通运输管理决策水平，推进交通运输行业转型升级、提质增效、服务模式创新和安全绿色水平提升"。

不过,智能交通系统的发展仍面临诸多问题,如网络布局不完善、城市内外衔接不畅、信息化共享水平不高、综合交通枢纽建设相对滞后等问题。构建符合我国国情的智能交通系统,需要广泛的跨部门、跨领域的相关机构密切合作。

说完"智慧的路",我们再来说"聪明的车"。交通工具是交通系统中的重要元素,新一代信息技术为其带来新的活力。汽车企业与互联网企业争先恐后地投入大量人力、物力、财力,将自动驾驶汽车塑造成全世界关注的热点。

这一领域最为人所熟知的是春晚无人驾驶表演。2018年2月,在狗年央视春晚上,由无人车、无人船、无人机组成的全球首个"陆海空"无人系统联合展演在世界最长的跨海大桥——港珠澳大桥上震撼上演,百度、比亚迪、云洲智能、零度智控和高巨创新等高科技企业联袂献礼。此次亮相的百度 Apollo 无人车队中,囊括了百度与比亚迪合作打造的无人驾驶新能源乘用车,与金龙客车合作打造的全国首款无人驾驶微循环巴士,以及与智行者科技合作打造的无人驾驶扫路机和无人驾驶物流车等,能够满足家用出行、园区接驳、城市清洁、物流运输等全方位的需求。

不只是百度,在"智慧的路"与"聪明的车"相结合方面,能链等新兴企业也已做出了一些有益尝试。依托 AIoT、SaaS、AI 等技术,可以打造出车辆数字化管控解决方案,提高出行运输管理效率。这主要包括两个方面:一方面是科学管理驾驶人的能源补给行为,通过建立加油、充电规则,帮助驾驶人自动匹配行车路线,并智能推送沿途加油站、充电桩,减少车辆空驶里程,少跑冤枉路,降低单车的碳排放;另一方面,管理驾驶人"驾驶行为",避免疲劳驾驶、危险动作、异常行为等情况发生,通过车载智能终端进行安全监控,降低企业用车风险。

能源补给是车辆运营的一个重要部分，也是交通智能化提升的一个先行领域。能源补给的发展历程大致如下：从 Pass Buy（开车路过购买）到 LBS Buy（基于地理位置购买），再到 Data Buy（基于数据指导购买），未来将最终实现 Auto Buy（无人驾驶的智能能源补给消费）。基于此，能链于 2021 年 4 月推出了助推能源供需两端数字化连接的 NaaS（NewLink as a Service，连接即服务）服务，以期通过这些布局，在未来实现车辆与充电场站的自动连接，帮助无人驾驶电动汽车自动补给能源，实现能源消费 Auto Buy。

总之，智慧出行若要释放出巨大的市场潜力，还需政策、资本、技术继续碰撞，形成引燃产业大爆发的合力。

（3）交通体系优化

就零碳智慧出行而言，良好的顶层设计，建立科学、高效、系统的绿色交通体系，是其健康发展的基础；健全的管理体制、法律法规与行业技术标准，是其有序实施的保障；科技的支撑，是其创新改革的根本。

电气化和智能化是科技创新的范畴，再来看绿色交通体系的顶层规划与管理。

绿色交通体系包括步行交通、自行车交通、常规公共交通和轨道交通，其中交通工具主要为低污染交通工具。绿色交通体系的建设，应关注交通系统的整体规划与发展，完善基础设施网络化布局，包括建设多向联通的综合运输通道、构建高品质的快速交通网、强化高效率的普通干线网、拓展广覆盖的基础服务网。

绿色交通体系的建设是多层次的，需要因地制宜地制定绿色交通解决方案。例如，百万人口以下规模的城市可以重点发展慢行交通，即步行交通、自行车交通等，保障公共交通服务质量，减缓机动车的增长，并进行差异化停车政策等；百万至千万人口规模的大城市重点发展大容量公共交通服务，加强慢行交通与公共交通的衔接，严格小客车管理制度等；千万人口以上规模的超大城市则需要加强轨道交通、大容量公共交通与慢行交通建设，并加强各种交通的衔接与服务管理，严格控制机动车的增长与行驶管理等。

总之，构建绿色交通体系，需要从整体角度自上而下地协调、设计与实施，从节能低碳、生态保护、污染防治、节约资源等多个角度对传统交通进行优化与创新。

（4）完善电 – 碳市场

电力市场与碳交易市场的发展与完善，将使我们从零碳智慧出行中获取可观收益，从而激发大众积极参与零碳智慧出行的热情，有效推动交通领域"双碳"目标的实现。

2015年，中共中央、国务院印发《关于进一步深化电力体制改革的若干意见》，宣布将"有序向社会资本开放配售电业务"。未来随着电力市场化改革进一步深化，我们将有机会通过电动汽车的动力电池、V2G充电桩等参与售电，从而获得财富增值的机会。

2021年7月，我国启动全球最大的碳交易市场。此前我国碳交易市场试点中曾允许个人参与碳配额买卖。未来，随着碳交易市场的不断完善、深化和普及，我们普罗大众或许也有机会参与其中，零碳智慧出行也有望成为碳交易市场的有机组成部分。我们也将从中享受到碳中和的时代红利。

因此，电力市场与碳交易市场的发展程度和普及水平，是一项值得我们长期关注的课题。

综上所述，未来在政策、资本、技术等各项要素的共同努力下，"聪明的车"和"智慧的路"终将成为我们生活的新常态。

第四节 新建筑革命

> 建筑的目的是提升生活,而不仅仅是空间中被欣赏的物体而已。建筑必须融入人类活动,并提升这种活动的品质,这是我对建筑的看法。我期望人们能从这个角度来认识我的作品。
>
> ——中国工程院外籍院士、美籍华裔建筑师 贝聿铭

2017年9月13日,苹果公司首次在新总部大楼Apple Park举行新品发布会。这个被称为"乔布斯遗作"的环形建筑宛如一架宇宙飞船,停泊在美国加州库比蒂诺市郊。维持Apple Park正常运转的能源主要来自楼顶的太阳能面板、镶有太阳能面板的窗户、沼气燃料电池和附近的光伏电站。得益于那些经过特殊设计的面板和窗户,大楼在一年中大部分时间里都无须使用空调。此外,该新总部还以绿色空间为主,种植着数千棵树木,并设立有果园和中心花园。

这座充满未来感的建筑,让"绿色建筑"理念彻底出圈。20世纪60年代以来,维克多·奥戈雅、保罗·索勒里、麦克哈格、安东·施耐德、布兰达·威尔、罗伯特·威尔等建筑师不断探索人、建筑、自然与社会的协调关系,并形成和完善了绿色建筑相关理论。

在此基础上,"净零碳建筑"理念也伴随着碳中和的时代浪潮应运而生。关于净零碳建筑的概念目前尚未统一。本书参考能源基金会等智库的

报告，采纳以下定义：净零碳建筑是指个体建筑一年内来自可再生能源的发电量等于或大于建筑本身消耗的能源总量。由于计算隐含碳排放和能耗极具挑战性，大多数地区净零碳建筑只考虑建筑运行能耗和碳排放。

中国在绿色建筑及净零碳建筑领域虽起步较晚，但发展势头强劲，相关技术也日趋成熟。

如今，在碳中和大背景下，建筑领域点燃了绿色革命的新火炬。如何实现绿色健康建筑、绿色智慧建筑与绿色生活方式的有机统一，将是未来建筑界与广大居民共同奋进的目标。诚如著名华裔建筑师、卢浮宫金字塔与苏州博物馆的设计者贝聿铭所言："建筑的目的是提升生活，而不仅仅是空间中被欣赏的物体而已。建筑必须融入人类活动，并提升这种活动的品质。"

▶ 未来楼阁

畅想 40 年后，我们已经生活在碳中和时代。绿色建筑、净零碳建筑不再是奢侈品，而已经成为大部分人生活的新载体。

在中国，全国各地都因地制宜地探索出了满足人们宜居需求的绿色建筑及净零碳建筑相关标准。那时的建筑，不仅能够降低能源消耗和温室气体排放，提升空间舒适度和空气质量，最大限度地实现人与自然和谐共生；还能产生多种社会经济收益，推动建筑与能源网、交通网、信息网的紧密结合。

未来建筑像一个用特殊材质制成的巨大保温瓶。外墙、屋面和楼地面具有良好的保温与隔热性能，保证"冬暖夏凉"的居住体验，从而减少冬季室内采暖耗热量，降低夏季的空调能耗。立面上的反光板把光线引入室内更深处，而遮阳板则增强了室外景色和自然采光的视觉效果。自动百叶窗根据一天中太阳的高度调整角度，保障了室内空间的舒适环境。自然通风技术则进一步降低建筑采暖、制冷与通风的能耗。

未来建筑将成为清洁能源替代化石能源的重要阵地之一。太阳能、风能、生物质能、浅层地热能、水能等多种清洁能源将在这里实现综合利用。太阳能将成为其中最重要的一种能源，与建筑一体化设计的太阳能光伏电板和集热器，既能满足居民清洁用电需求，又能驱动太阳能热水器提供热水。清洁电能在满足自用以后，还可以余电上网，通过当时已经高度成熟的电力市场售电。另一个值得一提的是浅层地热能，地源热泵将地球表面土壤、浅层水源（如地下水、河流和湖泊）或者人工再生水源（如工业废水、地热尾水等）充分利用，形成既可供热又可制冷的高效节能空调系统。

除了先进的能源系统，未来建筑还将对水资源进行高效利用与回用。雨水收集系统将每年存储体量可观的水资源。生物废水处理系统则能够回收和处理废水，并进行除饮用以外的再利用，满足建筑物部分厕所的用水需求。综合规划的用水方案，能将生活用水、景观用水、绿化用水等不同水质按要求分梯级处理回用，最大限度地高效利用水资源，减少水资源消耗量与污废水排放量，从而实现用水的良性循环。

在未来绿色建筑中，材料资源的合理利用及再利用也是一项重要课题。在建筑材料的生产制造、建筑规划设计、建筑施工与安装、建筑装修、建筑运营使用及维护、建筑物拆除后废弃物的重复使用与资源再生利用等建筑全生命周期各环节中，都将按照碳中和时代的新标准，实现节约材料、节约耗能和环保。未来绿色建筑将与能源体系、工业体系形成一个相辅相成的有机统一体。

不过，我们需要认识到，未来建筑终究是"人"的建筑，其根本目的是提升人们的生活品质。第四次工业革命风起云涌，人类社会迈向新的智慧文明。在此背景下，新一代信息技术在建筑行业不断探索实践，"智慧建筑"的概念应运而生。

未来智慧建筑是在新一代信息技术广泛应用的基础上，建立起来的一种创新环境下的建筑形态。一方面，它以电动汽车智能充电技术为纽带，将建筑与电力、交通等行业更加紧密相连；另一方面，它通过使用智能技术、设备和设计，包括智能家居的使用，对住户需求进行最优化匹配，为住户提供一个安全高效、环境舒适、能耗更低的人性化建筑环境。电动汽车和更多智能家居将接入这个庞大而又精细的生态体系，远程遥控"家居总动员"将从科幻变成现实。

▶ 中国之路

不过，从科幻回到现实，中国建筑领域在"双碳"目标提出后迎来了新的挑战。

建筑作为能源消耗的三大领域之一，是温室气体排放的重要来源。建筑节能也成为我国实现"双碳"目标的关键领域。根据中国建筑节能协会能耗统计专委会发布的《中国建筑能耗研究报告（2018）》，2016 年，全国建筑总面积达到 634.87 亿平方米；中国建筑能源消费总量为 8.99 亿吨标准煤，在当年全国能源消费总量中占比约为 1/5；中国建筑碳排放总量为 19.6 亿吨二氧化碳。

如果我们更细致地观察建筑领域碳排放情况就会发现：进入 21 世纪以来，全国建筑碳排放总量从 2000 年的 6.68 亿吨，增长到 2016 年的 19.6 亿吨，增长了约 2 倍，年均增幅高达 6.96%。不过，党的十八大以来，建筑碳排放增速已显著放缓。

实现"双碳"目标，必须加强对绿色建筑，尤其是净零碳建筑的重视程度。

由于历史与经济原因，中国绿色建筑工作起步较晚。西方发达国家早在 20 世纪 60 年代就开始初步形成绿色建筑相关理论。而直到 1982 年著名建筑学家李道增在《世界建筑》上发表《重视生态原则在规划中的运用》一文，才开启了中国绿色建筑理念的萌芽时代。

1992 年里约峰会以后，中国政府开始大力推动绿色建筑的发展。2006 年，《绿色建筑评价标准》颁布，绿色建筑被列入国家中长期规划纲要，中国由此建立起官方的绿色建筑技术标准体系。

2006 年版和 2014 年修订版《绿色建筑评价标准》对"绿色建筑"的定义是，在全生命期内，最大限度节约资源（节能、节地、节水、节材）、保护环境、减少污染，为人们提供健康、适用和高效的使用空间，与自然和谐共生的建筑。2019 年修订版对"绿色建筑"的最新定义是，在全寿命期内，节约资源、保护环境、减少污染，为人们提供健康、适用、高效的使用空间，最大限度地实现人与自然和谐共生的高质量建筑。

中国的绿色建筑发展呈现出其自身特点。首先，发达国家是在工业化、城镇化高速发展之后的后工业化时期才开始绿色建筑进程的，而中国却是在城镇化高速发展的起步阶段同步推进绿色建筑的。建筑尤其是住宅属于长期消费品，无法频繁更新。出于节约能源和资源的考虑，一般会选择对已建建筑进行符合时代标准的改造以延长其使用寿命或装修期限。因此，如果中国在城镇化过程中能够及时普及推广绿色建筑，将有利于避免走发达国家对已建建筑反复进行节能改造的弯路。

其次，中国幅员辽阔且地域差异巨大。从南到北、从东到西，气候条件、地理环境、自然资源、城乡发展与经济发展、生活水平与社会习俗等方面都有着巨大差异。可以说，中国是全世界地区差异最大的国家。加之社会阶层的分化，形成了对建筑、住区和住宅的不同需求，进而产生出不同的建筑标准。

根据中国绿色建筑发展的特点,中国形成了一套符合本国国情的绿色建筑评价标准。按照 2019 版《绿色建筑评价标准》,绿色建筑评价指标体系应由安全耐久、健康舒适、生活便利、资源节约、环境宜居五类指标组成。绿色建筑评价共分为四个等级,即基本级、一星级、二星级、三星级,其中三星级的绿色等级最高。

中国幅员辽阔,气候条件各异,在居住建筑节能设计标准上通常按三个气候区分为三部标准:北方的寒冷及严寒地区,长江中下游的夏热冬冷地区,南方的夏热冬暖地区。在此基础上国家出台了《绿色建筑评价标准》。其中的节能标准,是以 20 世纪 80 年代的建筑能耗水平为基准编制的。

除《绿色建筑评价标准》外,国家还出台了一系列更为细化的绿色建筑标准。此外,全国各省市还纷纷出台地方绿色建筑评价标准。绿色建筑标准正向全寿命周期、不同建筑类型、不同地域特点及由单体向区域的几个维度充实和完善。

值得注意的是,在建设绿色建筑的过程中,节能减排是重中之重。不断降低建筑能耗、提升建筑能效和利用可再生能源,推动建筑迈向超低能耗、近零能耗和零能耗,始终是建筑节能领域的中长期发展目标,因而受到各界广泛关注和深入研究。

国际合作开启中国净零碳建筑建设之先河。2011 年,中国与德国能源署开展"中国超低能耗建筑示范项目"合作,首次借鉴德国 Passive House 被动房技术体系,成功建设了河北秦皇岛"在水一方"等符合中国国情的超低能耗建筑示范项目。2013 年,中国又与美国合作开展了近零能耗、零能耗建筑节能技术的研究,建成中国建筑科学研究院近零能耗建筑示范工程。

政策层面的扶植也接踵而至。2016年，国务院发布《"十三五"节能减排综合工作方案》，提出"开展超低能耗及近零能耗建筑建设试点"。2017年，住房和城乡建设部（以下简称住建部）在《建筑节能与绿色建筑发展"十三五"规划》中，提出"积极开展超低能耗建筑、近零能耗建筑建设示范""鼓励开展零能耗建筑建设试点"。2019年，首部引导性建筑节能国家标准《近零能耗建筑技术标准》（GB/T 51350—2019）颁布，提出超低能耗、近零能耗和零能耗建筑的定义并规定室内环境参数与能效指标，为我国2025年、2035年和2050年中长期建筑能效提升目标奠定理论基础。2021年，《中华人民共和国国民经济和社会发展第十四个五年规划和2035年远景目标纲要》则将开展近零能耗建筑等重大项目示范写入。

一系列政策推动着项目建设如火如荼地开展起来。2019年11月11日，中国建筑科学研究院作为首批第三方评价机构，在北京组织召开了"2019年第一批近零能耗建筑项目评审会"。截至2019年年底，全国已有18个项目获得超低、近零、零能耗建筑标识。另一项数据显示，截至2020年6月，我国在建及建成超低能耗建筑项目超过900万平方米，其中大部分项目分布在北京、河北、河南和山东四个省市。

可以预见，在这些示范项目的引领下，未来中国绿色建筑及净零碳建筑领域将迎来跨越式的发展。

▶ 他山之石

在净零碳建筑领域，美国和欧洲走在世界前列。他们的实践对中国具有一定的借鉴意义。

美国和欧洲越来越多的地区开始在建筑领域实践净零碳标准。由于建筑使用周期较长，因此，要实现建筑节能减排，既需要新建建筑达到净零碳标准，又要翻新改造既有建筑。但是，净零碳建筑的推广面临着多重挑战，包括信息不完善、激励错配、融资困难，以及多元化、分散市场中的高风险。

国家和地方政府采取多元化策略来解决这些问题。其中包括强制性政策（例如将净零碳标准写入建筑节能标准）和自愿性政策（例如利用财政激励或举办能源绩效竞赛）。一些政府通过增加建筑能耗数据透明度和颁布建筑节能减排教育政策（例如建筑能效公示计划或出版建筑节能减排教育材料），向利益相关者普及净零碳建筑的益处。还有一些政府则采用"以身作则"的方式，要求所有公共建筑贯彻净零碳标准，以证明净零碳建筑的可行性和可负担性。几乎所有推行净零碳政策的地区都将上述政策配合使用。

本节我们将重点介绍美国马萨诸塞州波士顿的情况。

波士顿被普遍认为是美国在清洁能源和节能方面的领导者。统计数据显示，以2005年为基准，至2017年波士顿碳排放总量减少了21.7%。同期建筑领域（商业、住宅和工业建筑）的碳排放量减少了26.9%，这主要是得益于电力部门的减排和燃油被清洁低碳能源所替代。

根据波士顿2019年版《气候行动计划》，该市的总体目标是于2050年实现全市所有行业领域的碳中和。其中，建筑是实现碳中和目标的重点领域。该计划希望通过三管齐下的方法，到2050年实现净零碳建筑，即① 建筑应在极高能效水平下运行；② 要求建筑供能电气化；③ 仅向建筑供应清洁电力。这些政策同时适用于新建建筑和既有建筑。该计划要求所有新建建筑最迟在2030年达到净零碳标准。到2050年，至少对80%的既有建筑完成节能改造和电气化。

为了实现建筑领域的碳中和目标，波士顿采取了一系列政策措施。

在新建建筑方面，波士顿制定并实施了专门的净零碳公共建筑标准、净零碳保障房标准和 E+ 建筑计划。这三项政策向私有开发商证明了净零碳建筑的可行性和价值。以净零碳保障房为例，实践证明净零碳建筑是可以实现成本效益的。即使不考虑激励措施，并将节能带来的经济效益排除在外，建造净零碳小型多户住房产生的额外建造成本（与按照既有建筑标准建造的房屋相比）一般小于 2.5%。

在既有建筑方面，波士顿出台《建筑能耗报告和公示条例》予以监督，非达标者每年每座建筑可能面临最高 3000 美元的罚款；同时，又通过波士顿复兴信托基金为公共建筑节能改造提供资金支持。

除了上述政策，波士顿还积极与马萨诸塞州政府合作，实施其他政策来支持和推进波士顿的减排目标，例如积极推动州级层面将强制性净零碳标准纳入引领性节能标准。

此外，波士顿政府也认识到了人才储备对建筑领域转型的重要性，并着手实施多项人才计划。波士顿的几所高中开设了职业技术教育课程，向学生教授建筑设施管理、工程和环境科学等方面的职业技能。该市还创办了建筑设施操作员认证培训班，负责教授市政设施管理人员如何最大限度地提高建筑能效。

在波士顿制定建筑节能政策的过程中，利益相关者的广泛参与一直是其中一个关键部分。

波士顿有几个常设组织负责将利益相关者召集在一起。波士顿绿丝带委员会是其中之一，该委员会由各领域代表组成，包括房地产、高等教育、技术、政府、卫生保健、公共事业和文化机构等，主要致力于更全面地实现《气候行动计划》目标。另一组织"美好城市"则召集了多样化的社区和私营机构代表，以参与多方面的政策制定，包括环境和能源、交通和基础设施、土地使用和发展等相关政策。

波士顿每五年更新一次《气候行动计划》。绿丝带委员会、波士顿市政府和波士顿大学的可持续能源研究所共同合作完成《波士顿零碳报告》，通过独立的技术分析向波士顿市政府提出有关更新《气候行动计划》的建议。波士顿市政府随后采纳该报告的调查结果，并通过广泛的利益相关方参与，设计出既有挑战又具有可行性的政策。

波士顿实施的政策在大多数利益相关者中认同程度较高。除了普通民众，业主、开发商、运营商等建筑领域利益相关者也普遍支持波士顿为碳中和所做的努力，即使他们要在严格的政策下承担更多责任和更高成本，他们通常也愿意对这些议题进行公开讨论。

不过，尽管公众对波士顿的减排工作大力支持，但这项工作短期内仍然面临重重挑战。

想要说服利益相关者相信净零碳建筑是可行的，最大的挑战之一就是打消其对高昂成本的顾虑。建筑开发商通常误以为实现净零碳建筑的成本过高。但事实上，目前建筑技术已经发展到了新的高度，净零碳建筑的建造成本与普通建筑几乎相同。由于安装高能效建筑围护结构可以降低建筑的能源需求，因而建筑只需安装相对功率较小的供热和制冷系统，而节约下来的能源成本可以抵消安装高能效建筑围护结构产生的额外费用。净零碳建筑的交付通常需要很少或不需要额外的成本投入，对于波士顿常见的小型多户住宅楼尤其如此。

不过，并不是所有的净零碳项目（尤其是节能改造项目）都具有成本效益。即使有些项目通过有效的融资手段释放了未来节省的能源开支来支付当前的成本投入，也不一定能实现项目的收支平衡。项目融资依然是波士顿目前尚未完全解决的最关键的障碍，其中节能改造项目尤其如此。

另一重挑战来自传统能源企业。基于《波士顿零碳报告》中的分析，波士顿市政府决定在建筑部门推行全面电气化，从而为推进净零碳建筑奠定基础。但这项政策遭到了天然气公司的反对，因为推行建筑全面电力供能将颠覆其商业模式。作为回击，当地天然气公司对建筑电气化的成本效益提出了质疑，他们提出可再生天然气（由有机废物厌氧消化产生的天然气）或合成天然气（可再生能源发电系统产生的天然气）或许会是更经济的选择。反观《波士顿零碳报告》给出的论断，此类基于天然气的能源系统或许可以在未来帮助波士顿实现净零碳建筑，但目前这些系统仍不具有成本效益，且此类能源系统的大规模运用尚不可行。该报告还提议推行高分辨率空间数据解析，以有效地确定针对单个区域的最具成本效益的电气化方案。

以波士顿为鉴，中国需要立足本国国情，在瞄准"双碳"目标的前提下妥善处理各种错综复杂的关系，从而在政策、市场与技术的竞合中将这场新建筑革命推向胜利。

第五节 智慧城市

> 智慧城市是科技巨头的新战场,因为智慧城市最有希望成为使科技巨头市值再增加1万亿美元无形资产的温床。
> ——黑莓手机制造商 RIM 公司前董事长兼联合首席执行官 吉姆·巴尔西里

前面章节我们描绘了零碳世界中能源、工业、交通、建筑等核心领域将如何演绎,这里有一个关键问题——每个领域目前都处于割裂的状态,每个行业都归于一个核心部委管理。比如,能源属于国家能源局管理,工业属于工信部管理,交通属于交通运输部管理,建筑属于住房和城乡建设部管理。其实,每个领域都有千丝万缕的联系,相互融合、无法割裂。

如果政府部门无法时刻看到所有产业的数据,就无法从顶层设计上进行管控。这意味着效率的低下。当某个部委单独从一个产业的维度对其进行零碳规划,可能是合理的,但是如果从全局看可能并非最佳方案。只有当政府能够时刻掌控所有产业的变量数据,才能够从整体上进行统筹规划。上到中央政府,下到地方政府,都面临这样的境况。

比如,林业和新能源就遇到这样的窘况。林业管理部门有自身目标任务和考核体系,需要不断提高森林覆盖率,植被的增长有利于提高碳汇,有利于吸收自然界中的二氧化碳。发展新能源同样有利于降低碳排放。林业和能源两大管理机构都有自身的规划，希望大幅提高各自领域的规模。但是从全国一盘棋的角度看，在同一个区域，如果全部用以建设新能源，其对碳减排的贡献相当于植树造林的20倍。

最近几年生态环境部门对于生态红线较为粗放的划分，就制约了新能源的发展。因此需要科学的数据支撑，进而统筹考虑生态红线和新能源的发展。

城市更是如此，其作为碳排放最大的来源、经济最活跃的区域，是一个国家的经济支柱更需要进行统筹规划与建设。2021年7月，国际能源署发布《为净零未来赋能城市——解锁弹性、智能、可持续的城市能源系统》报告指出，城市占全球人口的50%以上，占全球GDP的80%，占全球能源消耗的2/3，占全球年度碳排放量的70%以上。这些因素预计在未来几十年还将继续显著增长：到2050年，全球70%以上的人口将居住在城市，从而导致对城市能源基础设施的需求大幅增长。

在城市中，天然气行业拥有低碳属性，支持者们认为应该大规模发展；氢能被认为是未来的终极清洁能源，其拥趸认为国家给予的力度应该超过电动汽车行业；风电、光伏都属于最核心的清洁能源，在同一地区如果两种能源都适合发展，应该优先发展哪种？类似的冲突还有很多。

因此，智慧城市的建设成为统筹上述各种问题，从而达到实现"双碳"目标效率最大化的强大支撑。

事实上，智慧城市的建设已经成为全球的热点，并在一些国家和城市取得了初步成效。

比如，在智慧交通、智慧政务方面，北京市交管部门推出的"交管12123"App上，市民可以在手机上自行处理车辆年检、缴费、扣分事宜。此前许多人都是开车前往交警大队，在服务大厅耗上漫长而又无聊的时间，既耽误工作又浪费能源。从温室气体排放的角度看，这项服务意义重大。一辆车百公里油耗大约 7 升，每升汽油排放二氧化碳 2.4 千克。按照一个人从家到交警服务大厅来回路程约 25 公里计算，需要排放 4.2 千克二氧化碳。假设每天全国有 10 万人因为处理交通缴费和扣分事宜，选择在网上处理而非现场处理，全部按照这样的行程距离计算，那么每天可以减少 420 万千克二氧化碳排放，全年仅此一项服务就可以减少超过 126 万吨二氧化碳。

这还是一个偏于保守的数字。截至 2020 年 6 月，全国汽车保有量达 2.7 亿辆，大部分车辆都会存在不同程度的违章。"交管 12123" App 只是北京智慧交通战略的一部分，智慧交通还可以有效减少堵车，提升出行效率，大幅降低二氧化碳排放。如果智慧交通能够在各个城市落实，对于碳减排的贡献将是巨大的。

类似的数字化服务越来越多。智慧交通、智慧教育、智慧能源、智慧环保、智慧医疗、智慧水务、智慧社保、智慧园林绿化等领域的智慧化逐渐普及开来，所有这一切最终将构成智慧城市。

城市作为碳中和目标实现的最大应用场景，智慧城市建设是碳中和全面展开的最好抓手，以创新驱动和绿色零碳为导向的低碳城市、低碳产业、低碳生活、低碳环保等，是实现碳中和愿景的重要途径。构建智慧城市，既可以提升城市运行效率，解决"城市病"，还可以从根本上解决城市的碳排放问题。

▶ 什么是智慧城市？

前面章节我们介绍了零碳能源世界、零碳新工业体系、零碳智慧出行、新建筑革命，这些领域都是智慧城市的组成部分，但是智慧城市不仅仅包括这些，还囊括了智慧环保、智慧医疗、智慧水务、智慧政务等众多领域。

那么，什么是智慧城市？

这要将时间拉回到十几年前。2003年，瑞典斯德哥尔摩市的一位政府官员提出了一项关于交通拥堵定价的计划，这项计划规定对一天之内不同时点超出城市交通限制的车辆收取费用，目的是将高峰时段市中心的车辆数量减少10%~15%。不过，通过收费方式改善交通状况的计划遭到当地民众的抵制。民众不愿交钱，而且对这一措施能否真正改善交通缺乏信心。为了平息民众的敌对情绪，政府决定先进行为期半年的测试，然后由民众投票决定计划是否继续执行。

IBM最终在斯德哥尔摩市组织的项目招、投标中脱颖而出，他们需要按照政府的要求在2006年之前建立一个能够精确识别99%车辆的系统。尽管中间遇到了一些困难，但是IBM最终解决了难题。斯德哥尔摩市2006年开始试用智能交通系统，交通总流量在系统一开始实施之际就锐减35%，随后又减少了22%，这不仅是在高峰时段，也不仅局限于市中心，尾气排放也减少了14%。一些经济学家担心，进城次数的减少意味着内城商业活动的减少，但是这并没有发生。最终市民投票通过了这个项目。

这个收费系统帮助驾驶人实时掌握哪里的交通路况较拥堵。如此，那些在高峰时段艰苦跋涉的驾驶人就知道他们可能是在花更多的钱去买罪受。最终的结果是，大家似乎开始减少不必要的出行了。比如，在放学接孩子回家的路上顺便去趟超市购物。简而言之，瑞典人开始更加智慧地开车了。到2009年，斯德哥尔摩市实现交通堵塞降低25%，交通排队所需时间降低50%，出租车的收入增长10%，城市污染也下降了15%，并且平均每天新增4万名公共交通工具乘客。

基于类似场景的成功应用，2008年11月，恰逢上一轮全球金融危机伊始，IBM在美国纽约发布的《智慧地球：下一代领导人议程》主题报告中提出了智慧地球这一概念,即把新一代信息技术充分运用在各行各业之中。

IBM 提出的"智慧"理念,就是透过新一代信息技术的应用,使人类能以更加精细和动态的方式管理生产和生活的状态,通过把传感器嵌入和装备到全球每个角落的供电系统、供水系统、交通系统、建筑物和能源系统等生产生活系统的各种物体中,使其形成的物联网与互联网相连,实现人类社会与物理系统的集成,而后透过超级电脑和云计算将物联网集成起来。

在 2008 年 IBM 首次提出智慧地球概念之前,智慧城市已经具备了一定的基础,各国在宽带城市、无线城市、数字城市建设方面都取得了初步成绩。新加坡是其中的典型,该国早在 2006 年就将"智慧国"战略上升到经济社会引领型战略高度,提出通过智慧城市建设降低城市交通拥堵、促进经济增长、改善城市服务水平。

奥巴马就任美国总统后,便对 IBM 的智慧地球概念做出积极回应。2009 年 1 月,在新任总统奥巴马与美国工商业领袖举行的一次圆桌会议上,时任 IBM 掌舵人的彭明盛向奥巴马政府提出智慧地球这一概念,并建议奥巴马政府投资新一代的智慧型信息基础设施。奥巴马政府果断采纳了这一建议,并将其纳入国家战略和应对金融危机的新的经济增长点。

当时有人甚至将智慧地球概念与克林顿政府时期的互联网革命相提并论。1993 年,克林顿政府提出"信息高速公路"的国家振兴战略,大力发展互联网。这一战略不仅继续稳固了美国霸主地位,更推动了全球信息产业的革命。有人认为,奥巴马或许也可以利用智慧地球重现这一幕,将美国带出金融危机的泥潭。

2009 年 6 月,美国商务部和能源部共同发布了第一批智能电网的行业标准,这标志着美国智能电网项目正式启动。就在这项标准公布前的

2009年5月15日，让IBM引以为傲的、以智能交通系统闻名于世的斯德哥尔摩市，因在智能交通、宽带部署、数字包容性、城市创新能力等领域的优秀表现，获得了美国智能社区论坛颁发的"年度智能城市奖"。

2009年9月，美国艾奥瓦州的迪比克市宣布将建设美国第一个智慧城市。迪比克市采用IBM一系列数字化技术，将城市的所有资源都连接起来，比如水、电、油、气、交通、公共服务等。迪比克市政府可以整合各种数据，并智能化地做出响应，服务于市民的需求。

此后智慧地球、智慧城市概念逐渐被世界各国所接纳，并作为应对金融海啸的经济增长点。同时，发展智慧城市被认为有助于让城市实现可持续性发展，缓解"大城市病"，提高城镇化质量。

2010年，IBM正式提出了智慧城市愿景。IBM认为，城市是由关系到城市主要功能的不同类型的网络、基础设施和环境等六个核心系统组成的。六个核心系统有组织（人）、业务/政务、交通、通信、水和能源。这些系统不是零散的，而是以一种协作的方式相互衔接。城市本身，则是由这些系统所组成的宏观系统。

IBM描绘中的21世纪的智慧城市，是能够充分运用信息和通信技术手段感测、分析、整合城市运行核心系统的关键信息，从而对包括民生、环保、公共安全、城市服务、工商业活动在内的各种需求做出智能的响应，为人类创造更美好的城市生活。

▶ 中国智慧城市行动

IBM绝不会放弃商业化机会。出于这一目的，这家跨国公司很快提出"智慧的城市在中国"战略，并相继与中国多个省市签署了智慧城市共建协议，使得智慧地球、智慧城市等新概念引起各界广泛关注。

2011年，中国开启了第十二个五年规划，当年中国城镇化率首次超过50%，城镇人口数量超过农村人口数量。"城市病"问题越来越突出。此时，中国开始密集制定相关政策和指导意见，推动智慧城市在国内落地。

为应对全球智慧城市建设的趋势，2012年11月，中国正式发布《国家智慧城市试点暂行管理办法》，拉开了中国智慧城市建设的序幕。2014年，中国又出台了《关于促进智慧城市健康发展的指导意见》，将智慧城市上升为国家战略，提出到2020年建成一批特色鲜明的智慧城市。

新型智慧城市战略提出后，中国智慧城市试点和建设呈现出分级建设、多点开花、提质增效的发展趋势。于是这一领域成为兵家必争之地，竞争异常激烈。比如2017年，先有腾讯云以0.01元中标厦门政务云，随后在同年的云栖大会上阿里云宣布产品大降价，最高降幅达53%。此外，华为、百度、平安等巨头也纷纷下场竞争。

根据前瞻产业研究院发布的《2020—2025年中国智慧城市建设行业发展趋势与投资决策支持报告》，截至2020年年底，住建部公布的智慧城市试点已有290个，加上各级地方政府和"十三五"规划，全国约有700个智慧城市试点。

但是许多智慧城市建设可能徒有其表。2020年是智慧城市亮成绩的时候，却恰巧遭遇了新冠肺炎疫情。2020年年初，一场肆虐全球的新冠肺炎疫情以迅雷不及掩耳之势给智慧城市带来突击测试：许多智慧城市相关设施在此次防疫任务中陷入瘫痪。一些地方没有应对人口流动调查的信息化系统，起初只能靠手工填表，而部分有软件平台的地区，也因各部门、地区的数据不互通导致系统一度形同虚设。

这只是表象，背后的问题是，一些智慧城市项目沦为"拿地"噱头，部分地方政府为了完成招商任务，将智慧城市项目作为招商手段，建设了许多雷同项目，造成资源浪费和项目烂尾；一些地方政府成立了大数据管理局，但因为职责权力边界问题，数据孤岛仍然难以打破；而由于项目普遍侧重建设而非运营，部分项目自建成之日起便沦为空壳摆设。

智慧城市在许多领域远未完成。比如智慧能源，2021年3月15日，中国提出为实现碳达峰、碳中和目标，必须构建以新能源为主体的新型电力系统，我们可以将其理解成智能电网。事实上，早在2009年，电网企业就提出要构建智能电网，但是到目前为止，智能电网的建设远未达到智能的水平。

再如智慧交通，以北京为例，最近几年北京大街上交通摄像头多了数倍。这些摄像头对于行车规范、车辆管理与收费、社会治安等方面有着积极的作用，但是在交通疏堵方面却没有质的提升。

问题存在很多，成绩也不能忽略。比如在智慧能源方面，在中国绝大部分地区，人们已经不必再去营业厅缴纳电费了，甚至有的城市可以在手机上直接缴纳天然气费和自来水费，电力系统对可再生能源消纳的能力也越来越强。

在智慧供热方面，部分城市升级了城市供热系统，将供热系统进行数字化改造，进而将城市供热效率提升30%~50%，大幅降低了碳排放。供热系统一般深植于城市的地下管道中，在数字化改造前，热水跑冒滴漏现象频繁，特别是老旧城市可能有一半的供热资源被浪费。数字化改造后，工作人员可以及时看到哪里出现跑冒滴漏问题，这样可以迅速安排人员进行维护。在东北一些城市，冬天供热温度太高以至于在家中只能身着短袖，体会着"热死在冬天"的幸福和无奈。智慧供热解决了这一痛点，通过在居民家中部署传感器，供热公司就可以远程调控供热能力，达到既节约能源又让温度适中的效果。

在智慧政务方面，此次抗击新冠肺炎疫情中，大数据、人工智能、数字政务等智慧城市管理新手段价值凸显，在筛查确诊病人的密切接触者、监控隔离人员、保障居民正常生活、在线学习、协同办公等方面脱颖而出，保障了城市的正常高效运转。可以说，智慧城市水平已经成为城市核心竞争力的重要体现。

只是这些成绩远未达到智慧城市的标准。

▶ 数字化破解智慧城市难题

通过过去多年的积累，互联网已经实现了互联互通。无论是政府部门还是企业，对于互联网的数据已经实现了掌控，并且广泛应用于日常的政府管理、规划、决策，以及企业业务拓展等方面。这并非难点，真正的难题是产业互联网和物联网，是硬件的数字化。一座城市需要通过数字化、标准化将万物进行互联，才能实现智慧城市。

工业、交通、运输、建筑、供热等领域远未实现数字化，只有先实现数字化才能够实现标准化，进而实现智能控制。比如交通领域的数字化才刚刚开始，电动汽车加速了汽车领域数字化进程，建筑领域也只是崭露头角，工业领域数字化略早，但是距离智能化还有遥远的距离。

不仅如此，当前各个智慧城市建设还缺乏准确性、全局性和完整性的底层逻辑，仍然存在城市大脑的"排异反应""认知障碍""局部残疾"等问题。

数据的共享交换一直是智慧城市建设的最大障碍。为解决这一难题，2020年2月，上海市政府发布《关于进一步加快智慧城市建设的若干意见》（简称《若干意见》），核心就是聚焦三大建设重点——政务服务"一网通办"、城市运行"一网统管"、全面赋能数字经济；三大基础保障——"城市大脑"、信息设施、网络安全。"一网通办""一网统管"这"两张网"的建设，被提升至重要地位。对于"一网通办"，《若干意见》指出，要推动政务流程革命性再造，加快电子证照、印章等应用，高效办成一件事；不断优化互联网+政务服务，完善"一网通办"总门户功能；在"医教养""文旅体"等领域，整合升级一批示范性强、体验度好的系统平台项目。

《若干意见》从六个方面对城市运行"一网通管"进行了细化。紧扣"一屏观天下、一网管全城"目标，加强各类城市运行系统的互联互通，形成统一的城市运行视图，加快形成跨部门、跨层级、跨区域的协同运行体系；基于城市网格化综合管理需求，打造信息共享、相互推送、快速反应、联勤联动的指挥中心，实现高效处置"一件事"；深化建设"智慧公安"，实现感知泛在、研判多维、指挥扁平、处置高效，构筑全天候全方位安全态势；推动物联传感、智能预测在给排水、燃气、城市建设领域的应用，全面提升城市运行安全保障能力；优化城市智能生态环境，加强对水、气、林、土、噪声和辐射等城市生态环境保护数据的实时获取、分析和研判，提升生态资源数字化管控能力；提升基层社区治理水平，推进街镇、居村各类信息系统归集，有效支撑居村委会减负增能。

通过这些手段，上海计划全面推进新型智慧城市建设与城市发展战略深度融合，到2022年，将上海建设成为全球新型智慧城市的排头兵，国际数字经济网络的重要枢纽。如果上海真能做到这一切，距离真正的智慧城市就不远了。

有人认为，碳排放问题重点是能源、交通、建筑、工业等领域，只需重点解决这些问题即可，没有必要向全局拓展。事实上，碳排放问题发生在生产、生活的方方面面。智慧能源系统可以大幅消纳可再生能源，智慧交通可以提升出行效率，智慧政务可以提升政府与民众的沟通办事效率，智慧绿色建筑可以大幅降低能耗……通过这些方式可以降低碳排放。但是这些领域并非孤立的，而是紧密联系在一起的。

只有智慧城市的建设，才可以将这些领域统筹起来。这类似于中医与西医的区别，西医侧重局部、中医讲究全局。有的病西医见效快，但是一些病可能只有中医才能从根本上医好。碳中和就是如此，只有将各个领域统筹起来，共同发力才能完成这一艰巨的任务。

信息安全是智慧城市至关重要的一环，可能也是最容易被忽视的一环。它关乎每个人的安全，甚至关乎一座城市、一个国家的安全。上海此次在智慧城市方面规划就尤其是重视信息安全等。谷歌就是因为这一因素失去了高达13亿加元（约为人民币66亿元）的多伦多智慧城市项目。

2017年10月，加拿大总理贾斯廷·特鲁多在多伦多召开了一场举世瞩目的新闻发布会，计划将建设加拿大第一个数字连接的智能城市社区，在无缝物联网神经系统上安装最先进的传感器，最终将多伦多市区的基础设施全部改造成智慧城市的展示案例。谷歌拿下了这个项目。但是此后一年多时间里，多伦多居民担心谷歌用智能技术将其改造成全天候监控云，搜集人们的日常活动数据，然后将这些数据出售给第三方用于商业目的。

加上2020年受新冠肺炎疫情影响，谷歌最终放弃了这个项目。杰里米·里夫金认为："在向绿色智慧城市或区域过渡的过程中，确保每一步都有公众参与的方法是，在从构想到后续部署的每个开发阶段中都融入'公众的深度参与'。在这方面做得不足正是导致谷歌的多伦多智慧城市项目土崩瓦解的主要原因。"

读到这里，你是不是似曾相识，是不是经常接到信息骚扰电话，内容涉及保险、理财、教育、医疗等各个方面。这很可能就是不法企业或机构出售了你的网上购物数据、旅游信息、孩子教育信息等。如果这些隐私信息得不到安全保障，智慧城市将是一场灾难。

杰里米·里夫金认为，在智慧城市建设的公私合作伙伴关系中，当开发商的商业利益主要是保障长期利润丰厚的收入来源时，往往会违背"基础设施作为人人都离不开的公共产品和服务，因而最好归代表所有公民意愿的地方政府所有"的理念。"尽管人们欢迎企业帮助打造智能社区，甚至参与平台的扩展和管理，但是监督权和决策权必须留给管理当局和公众。"

建设智慧城市对气候问题的贡献是得到广泛认可的。瑞典斯德哥尔摩市在2019年巴塞罗那举行的全球智慧城市大会上，就摘得"智慧城市奖"桂冠。大会给出的获奖理由是，斯德哥尔摩具有创新、开放和连接的智慧城市战略，并且在经济、生态和社会方面打造了一个智慧、可持续性且互联互通的城市，为斯德哥尔摩公众提高了生活质量和营商环境。如今，这座城市已经提出到2040年实现碳中和的宏伟目标，这要早于全球绝大部分国家和地区的城市。

研究表明，低碳智慧城市建设不仅可以解决碳排放问题，还可以提升城市的竞争力。城市转型联盟在题为《抓住中国城市机遇：将城市置于"十四五"规划以及气候韧性和净零排放国家愿景的核心位置》的报告中指出，以长三角地区为例，通过推进汽车减排和提高建筑能效，以及建筑改造、热电联产和电力脱碳等雄心勃勃的气候行动，到2050年，长三角地区政府总收入可较2020年增加6倍，达到38.1万亿元。这些行动还可以从2025年起每年额外创造近380万个就业机会，也将给其他地区带来直接和间接的效益。

城市转型联盟指出，通过持续创新，中国极有可能在不久的将来实现更快、更广的减排，成为世界的典范。

第六节 新农业与新农村

> 中国将以更有力的举措、汇聚各方合力推动粮食和农业系统转型变革。着力提升农业综合生产能力，深化农业供给侧结构性改革，推进农业产业链供应链现代化，围绕实现碳达峰、碳中和目标，构建资源节约、环境友好、绿色导向的气候智能型农业。
>
> ——农业农村部部长　唐仁健

2020年11月，在青岛举行的"2020中国国际农业机械展览会"上，两台外观很科幻的无人驾驶银色拖拉机引人注目。它们全部由国家农机装备创新中心研发，一台被命名为"100马力无人驾驶轮边电机拖拉机（ET1004-W）"，是目前国内首台大马力轮边驱动电动拖拉机概念样机；另一台被命名为"5G+氢燃料电动拖拉机（ET504-H）"，是一台氢能源电动拖拉机，这款拖拉机具有综合续航时间长、零碳排放、加氢时间短、噪声低等特点。

两台零碳概念的无人驾驶拖拉机为我们打开了未来农业的理想之窗。而农业领域的碳中和之路，需要重点关注"农业碳排三巨头"，即种植业、养殖业、能源消耗。

农业农村部（以下简称农业部）农村经济研究中心经济体制研究室主任金书秦等几位研究员曾做过一个课题——《以低碳带动农业绿色转型：

中国农业碳排放特征及其减排路径》。他们发现,在农业温室气体排放方面,1979年以前,中国农业碳排放主要是甲烷和一氧化二氮;1979年以后,农业的能源消耗逐步变多,二氧化碳成为第三种温室气体来源;近年来的趋势是:来源于甲烷的农业碳排放占比逐渐减少,而来源于一氧化二氮的比例平稳上升,来源于二氧化碳的比例呈上升趋势且占比增加越来越大。图4-4为中国农业碳排放成分结构的变化。

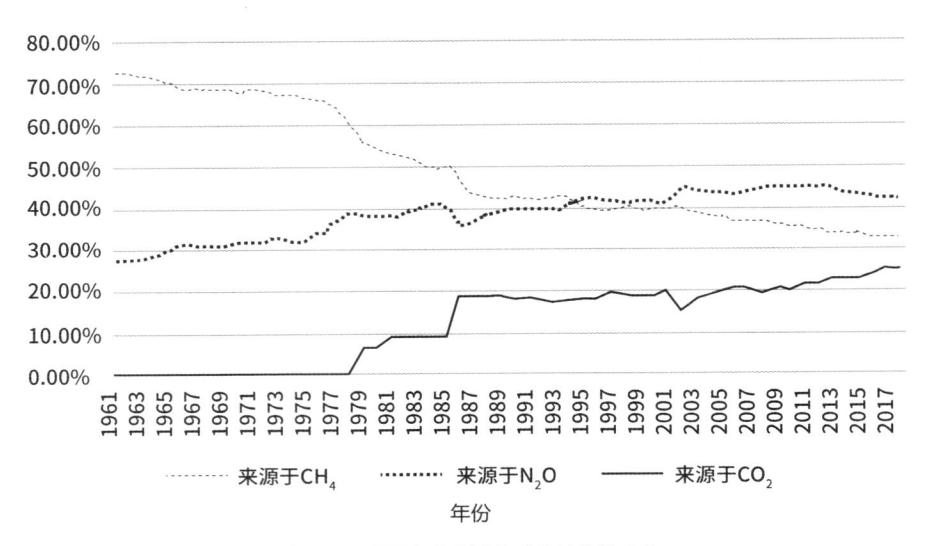

图4-4 中国农业碳排放成分结构的变化
数据来源:《以低碳带动农业绿色转型:中国农业碳排放特征及其减排路径》

不只是中国,全世界都面临着农业碳减排的问题。比尔·盖茨曾指出:"在全球范围内,肉牛和奶牛的养殖规模大约为10亿头。它们每年打嗝和放屁所排放的甲烷,就所造成的温室效应而言,相当于20亿吨二氧化碳,约占全球温室气体总排放量的4%。"于是包括比尔·盖茨、莱昂纳多·迪卡普里奥等一众明星人物呼吁,应该减少牛肉消费量,以降低对地球气候环境的影响。这或许是一种解决办法,但是我们并不太认可这种极端方式。我们坚信,人类应该以更加科学的方式,满足自己对美好生活的向往。

▶ 种植业——减肥就是减碳

化肥是我国农业领域的第二大碳排放源，其排放的温室气体主要是一氧化二氮。同时，化肥也是近年来最大的农业减排贡献者。

按每千克纯养分计，中国生产氮肥、磷肥和钾肥所产生的平均温室气体排放普遍为欧美平均水平的 2 倍左右。此外，施用到农田的氮肥约有 1% 会以氧化亚氮排放的形式损失。因此，减少化肥施用一直是中国农业减排和环境保护的努力方向。

2005 年以来，财政部、农业部在全国实施"沃土工程"和测土配方施肥行动计划，中央财政累计投入近 80 亿元，为 2 亿农户和近 15 亿亩农田提供测土配方施肥服务，使化肥利用率提高了 5%，累计减少施用量 1000 多万吨，累计减排达 2500 多万吨二氧化碳当量，同时还实现了 6%～10% 的粮食增产。2017 年以来，中国为落实"绿水青山就是金山银山"的生态文明理念，进一步开展"绿色农业发展五大行动"，其中提出以果菜茶有机肥替代化肥，取得了农业减肥、农民增收、土壤增碳等多重良好效果。

成绩是斐然的。2014 年我国化肥的碳排放达到峰值，为 2 亿吨二氧化碳当量；2018 年化肥碳排放量下降到 1.82 亿吨二氧化碳当量。这与化肥施用总量变化趋势基本一致。据国家统计局统计，2015 年我国农用化肥用量达到历史峰值 6022 万吨，之后开始下降，2016 年下降到 6000 万吨以下，这是自 20 世纪 70 年代以来首次出现负增长。2018 年农业碳排放相较于 2016 年的排放峰值减少了 1534.32 万吨，其中化肥碳减排对农业碳减排的贡献达到 94.5%。

结合中国化肥施用数据，计算化肥施用碳排放强度，农业部农村经济研究中心经济体制研究室主任金书秦发现，1962—2018年单位化肥碳排放量呈总体下降趋势，从每吨化肥施用后排放8.3吨二氧化碳当量下降到3.2吨二氧化碳当量。这也能从化肥利用率的提高得到印证。根据农业部公布的数据，2013年中国水稻、玉米、小麦三大粮食作物化肥利用率为33.6%，逐步提高到2015年的35.2%、2017年的37.8%、2019年的39.2%和2020年的40.2%。相同用量的化肥，被作物有效吸收的比例高了，排放自然就少了。

南京农业大学资源与环境科学学院副教授程琨研究发现，这"一减一提"，不仅是农业减肥的成就，也意味着减排的重大机遇。研究表明，施肥模式的优化，以及新型肥料和抑制剂（如缓控释肥、硝化抑制剂）的使用，可减少农田氧化亚氮排放达50%。相比2015年6022万吨的化肥用量，中国正在实行的减肥10%的绿色农业行动，将避免排放1800多万吨二氧化碳当量。

种植业领域减排的另一项重要措施是减少稻田排放。

水稻是农作物，其光合作用可以吸收二氧化碳，但其水田却是甲烷的排放大户。水稻是在灌有浅水的稻田上种植的。土壤淹水程度越高，微生物分解的有机物就越多，并释放出甲烷。这跟农村沼气池里的农作物秸秆发酵产生甲烷是一个道理。如果水太少，水稻产量就会受到影响。

但是我们不可能因为水稻田产生甲烷，就因噎废食，不种植水稻。粮食安全仍然是重中之重。不过我们可以通过技术创新，减少稻田的甲烷排放。

中国是全球最大的水稻生产国，2018年产量高达2.09亿吨，碳排放量则为1.11亿吨。

科学家尝试通过技术创新降低水稻田的碳排放。上海农业科学院生态环境保护研究所周胜教授带领他的团队研究了几种控制稻田甲烷排放的方法。他估计，对稻田的灌溉时间和水位进行细致管理，可以减少10%~20%的甲烷排放。此外，他还在研究一种将秸秆转化为生物炭的技术。这种类似木炭的物质能够以稳定的形式储存碳，也可用于改善田地的土壤质量并提高产量。此外，周胜目前还与上海的另外一个研究团队合作培育一种很有前景的新节水抗旱稻。周胜说，这种稻灌溉用水少，因此可减少多达90%的甲烷排放。

目前，这种新的水稻品种正在安徽和江西等华东省份推广。它可以为全国各地的农场提供一个绿色的解决方案。

种植业领域还有一个值得关注的概念是"气候智慧型农业"。

2010年10月，在海牙召开的"全球农业、粮食安全和气候变化会议"上，联合国粮农组织首次提出了"气候智慧型农业"概念，并很快引起国际社会高度重视。

2012年1月，由联合国粮农组织和欧盟共同实施的第一批"气候智慧型农业"项目，在马拉维、越南和赞比亚三个国家启动，并陆续推广至其他一些发展中国家。

2014年，"气候智慧型农业"在中国启动。在世界银行支持下，研究人员计划用5年时间，在安徽省怀远县与河南省叶县建立10万亩示范区，开展小麦—水稻和小麦—玉米生产减排固碳的关键技术集成与示范、配套政策的创新与应用、公众知识的拓展与提升等活动。

项目围绕农药减量施用技术、平整农田与优化灌溉技术、保护性耕作配套栽培技术、农田固碳减排新材料筛选技术、农田固碳减排新模式筛选技术、生态拦截技术进行了深入研究。项目实施几年来，粮食产量基本得以稳步提升。和非项目区比较，项目区的小麦产量能提高5%~10%，水稻产量提高5%以上，玉米产量能够提高10%以上。在叶县，项目实施后，每亩地肥料减施 20%，农药减施 30%，农业用水每亩地节约了 50% 以上。这意味着，一亩地可以节本增收约 200 元。此外，新技术的使用，不但保证了项目区粮食产量不下降，而且品质更好，每斤小麦要比农民原来种的高上 0.1 元，农民真正实现了节本增效增收，既丰产又丰收。

但是如何让传统农户主动去接受新思想、落实新技术，并推而广之，是一个需要重点思考的问题。安徽省怀远县农业农村局局长朱兴涛就遇到过这种难题："一开始困难最大的就是农民不接受，包括地方基层干部对这个项目也有很多模糊不理解的地方。"

河南省农村能源环境保护总站副站长吴国林认为，如何打通这"最后一公里"，关键在于要让老百姓看见实打实的好处。要让老百姓接受这些事物，必须在实践当中让他认识到，这样做是有好处的，让他们实打实地看到这些好处，才能一点一点接受。这其中一个重要环节就是沟通培训。通过培训，农民才能了解从而愿意实践这个项目。

▶ 养殖业——牛肉保卫战

发表于 2000 年《动物技术年鉴》的一篇文献指出，动物胃肠道所排放的甲烷约占人类活动所产甲烷总量的 19%，占农业源所排放甲烷总量的 37%。

动物肠道发酵主要是反刍类动物的肠道发酵。反刍类动物进食经过一段时间以后，会将胃中半消化的食物返回嘴里再次咀嚼。牛胃内的细菌可分解植物的纤维素，然后发酵产生甲烷。牛胃中的大部分甲烷会通过打嗝排到体外，也有一小部分会以肠胃胀气的形式，即放屁，从另一端排出。

比尔·盖茨说，他现在虽然依然爱吃汉堡，但已经不再像过去那样经常吃了——因为他了解到牛肉和其他肉类对气候变化的影响。

但牛肉爱好者们并不认同这一观点。尤其是对于一个肥胖者或健身达人，你的教练可能会让你尽量多吃牛肉，减少猪肉等其他肉类的摄入。事实上，爱吃牛肉的人并非反对环保，而是他们认为一定有更加科学的方式降低温室气体排放。解决问题，首先要看到主要矛盾。温室气体最主要矛盾是化石能源的问题，因此首先应该解决能源的问题，而不是牛肉的问题。在此基础上，我们再考虑如何更优地解决牛肉的问题。

现在科学家已经尝试运用创新手段来解决胃肠道内发酵问题，如用疫苗控制牛肠道内产生甲烷的微生物、采用自然饲养方式减少排放、在饲料中添加特殊物质或药物等方式。其中，有一种名为3-硝基氧丙醇的化合物颇具前景，可以将甲烷排放量减少30%，但问题是必须每天至少给牛喂食一次该化合物，这在目前大多数牧场不具备可行性。

改良牛的品种也是一个重要方向。研究发现，南美洲的牛产生的温室气体量是北美洲的牛的5倍，非洲的牛排放的温室气体更多。这是因为，北美洲养殖的牛大多是改良品种，可以更高效地把饲料转化为奶和肉。另外，它们也会得到更好的医疗护理和更高品质的饲料。如果能够把这些改良的品种和最佳饲养实践推广到世界各地，那么不仅可以减少甲烷的排放，还可以帮助贫困农民提高收入。

改善饲粮结构、使用添加剂、人为调控瘤胃菌群结构和免疫系统是减少反刍动物胃肠道甲烷排放的几种途径，其中一些调控措施已经在生产实践中取得一定的成效，例如，优化饲粮结构，适当补饲脂类、硝酸盐和植物次级代谢物添加剂和改善粗饲料品质等。

研究人员指出，随着分子分析技术的不断发展，利用基因组测序技术了解瘤胃菌群组成，对了解甲烷的产生机制和抑制甲烷的产生有着重要意义。通过分子生物学技术控制甲烷的产生可能是未来的研究方向。

▶ 能源消耗——电能替代进行时

除种植业和养殖业外，能源消耗也是农业碳排放的主要领域。

自 1979 年有统计以来，农业领域能源消耗的碳排放一直呈上升趋势，能源消耗碳排放量从 1979 年的 3002 万吨持续上升至 2018 年的 2.37 亿吨，增长了近 7 倍。

农村能源消费主要包括炊事、取暖、照明等生活用能，以及农林牧渔业等生产用能。在"双碳"目标与乡村振兴战略的双重历史责任下，农村能源转型迫在眉睫。

一方面是农业机械电动化。我国农业领域能源消耗的碳排放持续上升，与农业机械化水平快速提高有关。鉴于我国农业机械化还有提升空间，由此产生的能源消耗还将带来新的碳排放，这将成为影响中国农业整体碳达峰的最大不确定因素。因此，农业机械的电动化将是重要方向。电动化在乘用车领域已经日渐成熟，从技术上看，电动拖拉机、电动收割机等农业机械的电动化同样不存在难题。

另一方面是农村生活领域的能源转型。

2017 年，国家启动北方冬季清洁取暖试点，这项举措取得了一定成效，但"煤改气"和"煤改电"存在成本高（初装费、运行费高）、政府无法持续大量补贴、大面积"气荒"等问题。虽然我国农村已经实现电气化，但在当前，如果北方农村冬季将电和天然气作为炊事和供暖的主体能源，多数农民是不具备经济条件的，天然气供给也存在问题。

在北方农村，冬季漫长，用能消耗主要来源于取暖和炊事时使用的燃煤，电和天然气只是补充。农村有资源——生物质能，农民也有用能需求，关键是搭建起产业链条和市场利益链条将生物质资源转化为清洁能源。

中国农作物秸秆产量每年高达 10 亿吨以上，秸秆露地焚烧一度十分普遍，21 世纪初以来中国一直实行严厉的秸秆禁烧管控。根据国家温室气体清单，2012 年之前秸秆焚烧导致每年 900 万吨的温室气体排放。2012 年，中国实施"绿色能源示范县建设"计划，财政补贴支持秸秆等作为农业生物质能源。根据国家发改委发布的《可再生能源中长期发展规划》，到 2020 年中国以农作物秸秆为主的生物质固化成型燃料年利用量将达到 5000 万吨。常说"两吨秸秆一吨煤"，此项可潜在抵消化石能源温室气体排放达到 1.3 亿吨二氧化碳当量以上。

2015 年以来，农业部通过财政专项支持，鼓励在华北、东北、西北等地区发展秸秆的"五料化"（能源化、肥料化、基质化、材料化和饲料化），利用率已达 80% 以上，避免或者抵消排放的贡献十分显著。

但是废弃秸秆和畜禽养殖场粪污的沼气化利用并不高。2019 年年底，全国沼气发电累计装机容量只有 790 兆瓦，年上网电量 29.8 亿千瓦时。而 2018 年德国沼气发电装机容量约为 5000 兆瓦，发电量约为 330 亿千瓦时，占总发电量比重的 5.09%。中国的沼气发电装机只有德国的 15.8%。

除了沼气利用，风电和光伏发电等新能源，尤其是分布式光伏和分散式风电，将是未来农村能源转型另一大方向。

当前农村用电平均价格为一度电 0.5 元。如果在广大农村的屋顶上投资户用光伏，几乎已经可以实现平价上网，价格普遍在 0.38 元/千瓦时。这一价格远低于其从电网直接购电的成本，并且光伏价格还在持续下降中。

据住建部最新公布的数据，我国目前农村人口约 6 亿，以 12 个农村居民拥有一个可利用屋顶来测算，假设户均装机容量 20 千瓦，仅乡村的户用光伏市场总容量就可达 1000 吉瓦，市场总容量将达到 3 万亿元的规模，不仅可以降低农村用能成本，还可以拉动光伏市场的增长。

风电同样如此。中国可再生能源学会风能专委会主任秦海岩做过深入研究。目前，我国大部分地区的新建风电项目都实现了平价上网。以河南某风电场为例，基于当前的技术水平，按当地约7500元/千瓦的单位造价水平测算，项目的度电电价可降至0.3元/千瓦时，低于河南省的标杆上网电价0.3779元/千瓦时，项目可以获得较为可观的经济效益。按安装2台3兆瓦风电机组，年利用小时数为2760小时（发电1656万千瓦时，较保守的水平）测算，年电费收益可达625.8万元。扣除贷款、运维等成本，年均净利润约为292.2万元，20年运行期将累计创造利润5844万元。考虑到河南省的风能资源条件在我国处于中等偏下水平，因此，这一测算适用于我国的绝大部分地区。这一价格同样远低于农民直接从电网购电的成本。

而且在农田上安装风电机组不会影响农业生产。风电机组排布时会考虑尾流影响（机组之间必须保持一定距离，避免风吹过前排机组之后，因降速导致后排机组的发电量降低），一般按照4倍和6倍风轮直径的距离进行机组间隔布置。如果使用5兆瓦机组，机组间的行与列间隔分别为600米和900米，也就是风电装机的最高密度不能超过900亩地1台机组，相当于在两张乒乓球台上放一个乒乓球。

若采用桁架式塔架基础（类似巴黎埃菲尔铁塔），支撑塔架的四个角各占地1.5平方米左右，总占地面积只有6平方米。且塔架下面空间非常宽阔，可以行驶拖拉机与收割机，不影响机械化耕种。这种排布密度对农作物产量的影响微乎其微。如果采用桁架式塔架基础，几乎不会对农业生产造成任何影响。因此，完全可以在不改变农田使用性质的情况下，在农田上开发风电。

风电项目还可以发挥美化环境的作用。在天润新能广西崇左天等县牛头岭风电场，铜鼓、壮锦、花山壁画等极具当地自然和民俗风情的元素点缀于风电机组塔筒和叶片之上，形成一道推广壮乡文化的风景线。"与风机合影"成为游客出行的新时尚,当地政府也正在推进实施基于彩绘风电机组的"四星级旅游景区"方案。旅游业的繁荣,促使之前务农、外出务工的当地村民改为在山下开起小餐馆和特产店。

在华能河南汤阴风电场,详见图4-5,风电机组塔筒涂装上甲骨文、文字演变、青铜文化、十二生肖、七彩长廊、城市符号、狩猎祭祀七大地方历史人文图案。这些"大地文化艺术品",成为中华传统和地方特色文化的载体。而风电场也成为新的"网红打卡地"。

图 4-5　河南汤阴风电场

全国拥有 69 万个行政村,假如其中有 10 万个,每个村庄都在田间地头、村前屋后、乡间路等零散土地上找出 200 平方米用于安装 2 台 5 兆瓦风电机组,全国就可实现 10 亿千瓦的风电装机。

风电投资企业在保证合理收益水平的前提下,可以拿出一部分利润与村集体分享,由此每年可为村集体提供 15 万~20 万元固定收入。2019

年，全国近一半村集体的收入低于 5 万元，60% 低于 10 万元。即使在较为富裕的江浙地区，十几万元也是村集体经济收入的一个"门槛"。江苏省提出 2020 年年底将 562 个低收入村的集体经营性收入提高到 18 万元以上的目标；浙江省提出，到 2022 年年底，全省集体经济年收入达到 20 万元以上的行政村实现基本覆盖。可见，每年为村集体带来 20 万元收入是一件了不起的事情，大力发展风电，能够快速提高我国广大农村地区集体经济收入水平。

综上所述，农业和农村的碳中和仍然有较大潜力，特别是在能源的绿色替代方面有很广泛的应用前景。

第五章
Chapter 5

我们怎么办

第一节 企业转型进行时

> 作为企业的老大，在企业如日中天的时候，要看到大败局来到的时刻。
>
> ——英特尔创始人、前CEO　安迪·格鲁夫

2021年5月，曾经不可一世的手机巨头LG黯然宣布退出手机业务。21世纪初，LG曾与诺基亚、三星三足鼎立，引领全球手机市场崛起，并开创出属于他们的宏图霸业。然而，颠覆者如不思进取，也难免落得被颠覆的下场。随着智能手机风靡世界，苹果发起对老牌手机巨头的革命，诺基亚、LG相继倒下，如今手机界新三甲已换成顺势而为的苹果、华为和三星。

历史的潮流浩浩汤汤，顺之者昌，逆之者亡。从智能手机对传统手机的革命，到互联网对电话的革命，再到移动互联网对PC的革命，每一次颠覆性革命都是"物竞天择、适者生存"的时代演习场。

可以预见，绿色低碳转型将会在未来40年的时间里成为我国经济社会发展的全新驱动力，引发多领域的颠覆性变化。传统能源企业正在进行清洁智慧能源转型；新能源企业正在技术革命中不断更新迭代；高耗能企业一边加速提升能效，一边继续向清洁能源生产地进行产业转移；传统车企正在谋划新能源汽车领域的弯道超车。

越来越多的"LG 们"轰然倒下、黯然离场。但更多的新生力量将前赴后继地迎接科技进步与商业模式创新的时代浪潮，并在大浪淘沙后成长为碳中和时代的新世界主宰者。

▶ 传统能源企业——大象起舞

2002 年，IBM 前董事长郭士纳的亲笔回忆录《谁说大象不能跳舞？》在全球范围内迅速走红。同年，这位 IT 界传奇人物从 IBM 功成身退。在他身后，IBM 已经从废墟中再度崛起，并成功完成转型，重现昔日辉煌。

如何让一只大象起舞？20 年前郭士纳抛出的思考题，至今仍在启发着碳中和大背景下传统能源企业的掌舵者们。

自我国提出"双碳"目标后，五大发电集团纷纷按下清洁能源大发展的加速键。

五大发电集团即华能集团、大唐集团、华电集团、国家电投、国家能源集团。2002 年，原国家电力公司的发电板块拆分成旧五大发电集团，五家企业后来又经过几次重组，形成如今的新五大发电集团。简单地说，五大发电集团是中国发电领域尤其是火电领域的主力军。无论是五者的合计电力装机容量，还是合计火电装机容量，都占据全国总量的近半壁江山。因此，"双碳"目标能否实现，五大发电集团的转型成绩至关重要。

国家电投是五大发电集团中第一家公布碳达峰时间表的企业。2020 年 12 月，国家电投公开表示，该公司将于 2023 年在国内率先实现"碳达峰"。这张时间表比全国 2030 年的目标时间提前了七年。

国家电投也是五大发电集团中首个清洁能源装机占比过半的企业。截至 2020 年年底，该公司清洁能源装机占比已达到 56.09%，比上年提升 5.59 个百分点，在五大发电集团中一骑绝尘。根据国家电投的发展规划，

2025年该公司清洁能源装机比重将提升到60%，2035年这一指标将提升到75%。

国家电投的能源转型并非一蹴而就，其成绩离不开前后三任掌门人的励精图治。早在2002年"电力大分家"时，国家电投的前身中电投曾是五大发电集团中实力最弱的一家。不过，当时所谓的弱，主要是指火电和水电实力相对薄弱，这反而成为该公司日后能源转型时的一大优势。2011年，原中电投总经理陆启洲主导该公司与协鑫集团达成战略合作，希望以光伏为突破口谋求战略转型。如今，国家电投早已坐稳全球最大光伏发电企业之位。稳住光伏基本盘的同时，该公司近年又在新任董事长钱智民的带领下在风电领域开疆拓土。目前，该公司已成为仅次于国家能源集团（龙源电力母公司）的全球第二大风力发电企业。

2021年1月，大唐集团和华电集团也紧随国家电投之后公布碳达峰时间表，二者均将目标瞄准2025年。不过，相比起步早、历史包袱轻的国家电投，这两家发电集团无疑是时间紧、任务重。截至2020年年底，大唐集团和华电集团的清洁能源装机占比分别为38.2%和43.4%，幅度较上年分别提升5.69和3个百分点。大唐集团去年的增长幅度居五大发电集团之冠，但面对2025年碳达峰目标，该公司"十四五"期间新增装机几乎全部依靠清洁能源才有可能完成任务，且存量项目中或许还要淘汰一批火电装机。

事实上，转型不只是数字上的此消彼长，其背后错综复杂的关于人、财、事、物的系统性问题要如何平衡与突破，考验着改革者的智慧。

华能集团和国家能源集团肩负更为艰巨的任务。截至2020年年底，华能集团、国家能源集团的清洁能源装机占比分别为36.5%与26.59%，幅度分别提升2.5与1.69个百分点。

在过去很长一段时间里，华能集团曾是中国发电领域当之无愧的带头大哥，但这也意味着其火电包袱尤为沉重。最近几年，该公司在新任领导班子的带领下开启大刀阔斧的改革。该公司风、光两拳出击，大举进军新能源。按照华能集团规划，到2025年，该公司新增新能源装机将达8000万千瓦以上，清洁能源占比达到50%以上，碳排放强度较"十三五"下降20%；到2035年，预计清洁能源装机占比达到75%以上。这是目前五大发电集团给出的最为迅猛、力度最大的清洁能源发展规划。此外，华能集团于2021年2月成立了第一家央企碳中和研究所。

国家能源集团的情况则更为复杂。2017年，原国电集团与原神华集团合并重组成国家能源集团。原国电集团是2002年"电力大分家"时的旧五大发电集团之一，仅该公司旗下龙源电力的风电装机容量就足以长期稳坐全球风力发电企业的头把交椅。合并后，龙源电力、原国电集团其他板块、原神华集团三者合计，使国家能源集团成为全球最大的风力发电企业。另外，原国电集团的火电装机量在"五大"中位居中游，而神华集团则是全球最大的煤炭企业、"煤电联营"的标杆企业、中国四小发电集团之一。二者合并后，新的国家能源集团一跃成为全球最大煤炭企业和全球最大火电企业，其煤炭和火电的绝对体量遥遥领先于其他竞争对手。这也是"为什么全球最大风力发电企业的清洁能源装机占比仅有26.59%"的原因。因此，新能源与传统能源的博弈在这家公司表现得尤为激烈，转型可能带来的阵痛或许在这里展现得最为淋漓尽致。

当然，"能源生产清洁化"还离不开国家电网和南方电网的支撑，二者需要加快建设以特高压为骨干网架的坚强智能电网，促进清洁能源的"西电东送"。同时，二者还要采取搭建大规模智慧车联网平台等措施，推动"能源消费电气化"。

除了五大发电集团和两大电网公司，"三桶油"（中国石油、中国石化、中国海油）的动向也备受瞩目。

从能源生产角度来看，首先，"三桶油"立足公司和行业的实际，选择将相对低碳的天然气作为实现碳中和的过渡能源。例如，2020年中国石油的天然气产量首次超过原油，标志着该公司向绿色低碳转型取得重要进展。其次，"三桶油"结合各自优势，积极布局新能源业务。例如，中国海油充分发挥海洋工业比较优势，加快推动海上风电产业化、规模化发展，在2020年实现首个海上风电项目并网发电；中国石化树立"建成中国第一大氢能公司"的发展目标，目前年产氢气超300万吨，并建成多个油氢合建示范站，可形成全氢能产业链。

从能源消费角度来看，首先，"三桶油"将绿色低碳的理念融入工业生产之中。例如，中国海油在"绿色油田""绿色工厂"建设中推动电力改造及清洁能源替代，改变原有海上平台用能模式，探索利用陆地大电网为海上油田生产供电，减少海上油气田能源消耗，削减海上温室气体和污染气体的排放。其次，"三桶油"积极探索分布式新能源与建筑的多样化结合。例如，2021年5月，中国石化首座光伏建筑一体化碳中和加油站在广西百色正式投运，该公司还宣布"十四五"期间将布局7000座分布式光伏发电站点。最后，"三桶油"正在加快跨界布局"新能源+交通"的步伐。例如，2021年4月，中国石化与蔚来合作建设的全球首座全智能换电站正式投运，该公司还规划到2025年建设5000座充换电站；中国石油也在全国多个省市探索"油+电"转型，投运综合供能服务站，将加油站与充电桩合二为一，为新能源车主提供服务。

从碳去除角度来看，"三桶油"也正在着力建设碳中和林，推动CCUS技术发展。

"三桶油"大象起舞，正顺应了全球石油巨头加速向综合能源服务商转型的世界大势。近年来，BP、壳牌、道达尔、埃尼、挪威国家石油等欧洲石油企业纷纷给出零碳排放时间表。他们坚信化石能源终将被替代，在减少油气勘探开发投资预算的同时,积极投资清洁电力、可再生能源,试图掌握时代变革的主动权。

▶ 新能源企业——破茧成蝶

蝴蝶是一种早在恐龙时代就已经存在的动物,它们在数亿年的时光流转中经受住了物竞天择的生存法则。蝴蝶的一生会经历四个阶段:卵、幼虫、蛹、成虫。一次又一次的蜕变后,幼虫才能变成蛹,最后再破茧成蝶,翩翩起舞。

新能源企业的发展与蝴蝶类似,他们必须在技术革命中不断更新迭代,才能摆脱被淘汰的命运,破茧成蝶。

中国光伏行业便是一个龙争虎斗,纵横交错的世界。

早在21世纪初,中国光伏企业就凭借低廉的人力成本,打败了外国竞争对手,迅速占领全球市场。尚德、英利、汉能、协鑫、赛维等一大批中国光伏公司曾风光一时。但2012年前后欧美实施去补贴和"双反"政策,使得中国光伏企业几乎全部陷入巨额亏损。来自国际市场的风暴迫使中国光伏企业开启第一轮迭代。

这轮洗牌中,市场嗅觉敏锐且把握住中国光伏市场萌芽契机的企业得以胜出。协鑫便是其中最典型的代表。随后光伏产业在行业的剧烈动荡中继续大幅度降本,而新阶段的降本则主要得益于技术进步。

2015年前后,长期专注于单晶硅的隆基在硅片切割技术上取得巨大突破。他们创造性地选用电镀金刚线替代传统的砂浆切割,从而大幅缩小了单晶硅与多晶硅之间的成本差距。加之单晶硅的转换效率本就高于多晶硅转换效率,于是,单晶硅在市场上实现了对多晶硅的碾压式超越。

但竞争并没有因此终结。近年钙钛矿、异质结电池等新兴技术层出不穷。曾经的多晶硅霸主协鑫更是将钙钛矿列入未来五到十年的核心业务之一，以期在技术转型中东山再起。

光伏逆变器也经历过类似的更新迭代。

阳光电源是早年光伏逆变器国产化浪潮的领军者，在实现技术国产化后，该公司凭借成本优势称霸全球。但阳光电源的霸主地位很快受到挑战。"跨界之王"华为中场搅局，凭借IT界国际化大公司的技术优势和市场强势，在光伏逆变器赛道上后来者居上。如今，二者在激烈的"内卷"中不断推动光伏逆变器产业的技术迭代和成本下降，并结合新一代信息技术促进能源网与信息网的深度融合。

中国风机企业则在激烈竞争中走向多样化发展的道路。

早年金风与华锐引领了本土风机企业的国产化逆袭。此后，金风稳坐中国风机行业的铁王座，华锐却因为经营不善走向没落。远景凭借低风速风机异军突起，在中东南部地区迅速打开局面，从而跃升为中国第二大风机商。2019年，东方电气结合其在水电设备领域全球领先的技术优势，在海上风电领域取得突破，成功研制出我国首台10兆瓦海上风机，这台风机目前已在福建兴化湾并网发电，从而使东方电气在海上风电领域抢占主动权。

值得注意的是，风机企业的目光早已不仅局限于风电行业。

金风聚焦风电、能源互联网、环保三大板块。2021年年初，金风科技亦庄智慧园区经北京绿色交易所认证，成为中国首个可再生能源"碳中和"智慧园区。这个建筑面积超过9万平方米的园区，集可再生能源、智能微网、智慧水务、绿色农业和运动健康等功能于一体，通过部署4.8兆瓦分散式风电、1.3兆瓦分布式光伏和钒液流、锂电池、超级电容等多种形式储能在内的智能微网，最终实现碳中和。

远景的转型之路走得更远。除了赖以起家的风电，该公司版图还覆盖光伏、动力电池、储能、智能物联网等多个板块。2018年远景集团收购日产AESC电池，远景AESC在2020年全球动力电池装机量排名中位列前十。2019年，远景又与国际石油巨头道达尔合资成立道达尔远景，主攻面向中国工商业企业的分布式光伏市场。值得一提的是，2018年远景中标了新加坡政府科技局物联网开发平台项目。远景EnOS™智能物联操作系统在新加坡的实践，为中国乃至全球建设智慧城市积累了丰富经验。

▶ 高耗能企业——角马大迁徙

每年6月，坦桑尼亚大草原进入旱季，青草等食物变得越来越少。为了生存，数百万头角马会与数十万计的斑马、羚羊一起长途跋涉3000多千米，寻找新家园。这是地球上最为壮观的动物大迁徙场面。

中国高耗能企业如今正如角马般开启数千千米的产业大迁徙。

2019年12月，魏桥集团位于云南的200万吨绿色水电铝项目正式破土动工。魏桥是全球最大的电解铝生产企业之一，该公司为全球90%的苹果手机壳提供所需的铝板材料。

电解铝属于高耗能产业。生产1万吨电解铝大约需要1.4亿度电，相当于4万多个家庭一年的用电量。对于电解铝企业而言，用电成本是生产成本中最主要的成本。为降低用电成本，魏桥自1999年起建设自备电厂。此后十余年，该公司先后建成45台火电机组。而魏桥所在的山东省也从2013年开始出现自备燃煤电厂井喷式增长。

这个全国火电第一大省引起国家相关部委的高度重视。2017年11月，原中华人民共和国环境保护部公布中央第三环境保护督察组向山东省反馈督察情况，其中魏桥被点名批评。当年，该公司宣布关停268万吨产能。2018年3月，国家发改委又下发"史上最严燃煤自备电厂整治方案"，要求严格控制新燃煤自备电厂、全面清理违法违规燃煤自备电厂。

但产业的生存与发展不应该为减碳压力而止步,相反,行业应该更加努力地去寻找经济与环保兼顾的解决方案。

此时的云南伸出橄榄枝。2018年年底,云南省发改委公开承诺,将给予新增电解铝产业0.25元/千瓦时的优惠电价。考虑到电解铝行业平均用电成本约为0.32元/千瓦时,云南此举无疑极具吸引力。云南位于水电资源丰富的西南地区,但由于经济发展相对落后,电力需求量不足,即便有"西电东送"工程缓解供需矛盾,但当地"弃水"现象(在水电站发电能力下可用来发电而因各种原因所致实际未用于发电的水量,弃水水量可以发出的电量称为弃水电量)仍十分严重。

在此背景下,魏桥毅然踏上产业西迁的新征程,并创下令外界震惊的效率纪录:从与云南省洽谈到签约仅用了28天;从签约到开工仅用了65天。

魏桥入滇只是云南打造"绿色能源牌"的一个缩影。"国家队"中铝集团、河南神火集团、四川其亚铝业等也纷纷加入云南绿色低碳水电铝材一体化基地建设中来。

云南着力打造的还有水电硅材一体化工程。

早在2015年,来自传统能源大省陕西的光伏企业隆基决定南下云南建厂。三年后,丽江隆基和保山隆基各5吉瓦硅棒项目、楚雄隆基10吉瓦硅片项目陆续达产。事实上,隆基在过去几年里能大幅降低单晶硅的生产成本,除了金刚线的功劳,还需感谢云南廉价的水电资源。

光伏企业中,河北的晶龙集团、江苏的荣德新能源、辽宁的锦州阳光、四川的通威集团等紧随隆基之后落户云南。2019年12月,曲靖晶龙1.2吉瓦拉晶项目正式宣布投产。同年,荣德新能源曲靖20吉瓦太阳能晶硅电池一体化生产项目及一期20吉瓦晶砖项目、锦州阳光二期年产3.6

吉瓦单晶硅棒及硅片项目也签约落地曲靖。2020年11月，云南通威4万吨高纯晶硅项目在保山正式开工。

不过，随着大量高耗能企业西迁，云南原本富余的水电资源也开始吃紧。于是，云南决定在"十四五"期间建成800万千瓦风电和300万千瓦光伏发电项目，并布局建设水风光多能互补基地，用更为多样化的清洁能源来支持产业发展。

云南为广大西部清洁能源富集区树立榜样。未来我国高耗能产业或将大举西迁。

但高耗能产业西迁也引起部分专家的担忧。电解铝等高耗能企业同时也是高污染企业。以前电解铝企业的二氧化碳排放可以分为两部分：电解铝所需电力来自火电，而电解铝生产过程也会产生二氧化碳排放。产业西迁至云南后，清洁低碳的水电、风电、光伏发电取代了火电，但生产过程的二氧化碳排放却并没有被有效遏制。未来业界还需要下大力气研究如何降低这些企业因生产引发的碳排放。

▶ 传统车企——天马行空

最初古代中国在与匈奴的对战中处于劣势，其中一个重要原因就是中原地区原有马种奔跑能力与耐力远逊于匈奴马。后来，西汉从乌孙、大宛等地相继引入"天马"，改良马种，从而实现弯道超车，建立起属于自己的装备优势。

如今，中国在汽车领域也需要进行一场类似的产业革命。

中国在传统燃油车时代长期落后于美、日、德、法、韩等先进国家。尽管中国一直在为后发劣势而疯狂补课，不断积累人才、经验和技术，但仍未能培养出奔驰、宝马、奥迪这样的国际品牌。时至今日，国外品牌依然维持着技术优势和利润优势。

新能源汽车的兴起终于让中国看到了弯道超车的机遇。传统车企纷纷吹响转型的号角。

比亚迪是其中的佼佼者。该公司最初从电池行业起家，2003年斥资2.7亿元人民币收购西安秦川汽车公司，正式跨界汽车产业。秦川汽车是一家起源于1954年的军工企业，后来在国家主持下引进了奥拓的技术平台。不过，比亚迪在收购秦川汽车时，就宣布要进军电动车研发，为此该公司曾股价连跌三天，连大股东都威胁将要抛售股票。

但比亚迪并没有因此气馁。2008年，比亚迪推出首款新能源汽车。此后十余年，该公司成长为集电池、电机、电控、整车制造、销售等上下游全产业链的大型企业，也是国内唯一一家掌握了"三电"核心技术的新能源车企。

从整车情况来看，比亚迪连续多年稳居中国市场份额第一。不过，更重要的是比亚迪在电动汽车"三电"技术上的突破。在燃油车时代，中国始终在发动机、变速箱、底盘这三大核心部件方面远远落后于发达国家。进入新能源汽车时代，中国在"三电"核心技术领域具有一定优势。

首先，比亚迪是仅次于宁德时代的中国第二大动力电池生产商，也是2020年全球第四大动力电池生产商。它目前已掌握磷酸铁锂和三元锂等动力电池的核心技术。其次，电机本就是中国制造的强项，我们暂且不论。最后，最值得一提的是电控，这是中国相对薄弱的环节。在电控大家族中，技术含量最高的是IGBT芯片，但全球IGBT市场被德、日、美等国长期垄断。而中国本土厂商中，比亚迪是IGBT技术领先者。

除比亚迪，各大传统车企也加快了转型步伐。长城、吉利、东风、上汽、长安等车企巨头接连推出新能源汽车品牌和产品，并试图赋予公司更多的科技属性。

2020年11月，长安汽车宣布携手华为、宁德时代联合打造高端智能汽车品牌。其中，长安汽车负责整车制造系统集成，宁德时代负责动力电池相关技术，华为负责自身在电子科技和智能运算领域最擅长的车机系统和自动驾驶技术。

不久后，上汽集团、浦东新区和阿里巴巴宣布三方联合打造高端智能纯电动汽车项目"智己汽车"。其中，上汽集团具有60余年的专业造车经验，浦东新区坐拥张江高科技园区世界级的高科技产业集群生态和AI、芯片等核心技术资源，阿里巴巴则将发挥大数据、云计算等方面的技术优势。

不过，我们需要注意的是，除比亚迪之外，大多数传统车企其实并不具备新能源汽车的"三电"核心技术。而掌握核心技术，进而培养出具有国际竞争力的民族品牌，才是中国政府近年来大力扶植新能源汽车产业的动力源泉。从这个意义上说，中国传统车企乃至整个中国汽车产业的转型依然任重而道远。

第二节 风口上的人

> 拥抱趋势，你将顺势而上。
>
> ——亚马逊创始人　杰夫·贝索斯

我们常常说，人生没有回头路，在这条道路上，方向比速度更重要，选择比努力更重要。诚如亚马逊创始人杰夫·贝索斯所言："拥抱趋势，你将顺势而上。"个人的命运既要依靠自身的努力奋斗，又要充分考虑历史的发展进程。

风口大概可以分为事业型风口和财富型风口两大类。

回首改革开放四十余年，从20世纪七八十年代开始的个体经济、乡镇企业遍地开花，到20世纪末"国退民进"中大量民营企业茁壮成长，再到21世纪初以来互联网浪潮吸引了前赴后继的"弄潮儿"。那些高呼着"好风凭借力，送我上青云"的人，在风口上果断把握住了冲刺事业巅峰和个人财富顶端的机遇。

碳中和是一场广泛而深刻的经济社会系统性变革。这意味着我们将迎来一个事业与财富的双重风口。那么，处在浪潮中的我们要何去何从？

历史上的风口

我们不妨先来回顾一下改革开放以来数次"时势造英雄"的历史风口。

1978年年底,十一届三中全会召开。这次会议做出了把党和国家的工作重心转移到社会主义现代化建设上来和实行改革开放的战略决策。不过,当时市场经济还没有提上议程,计划经济仍是整个国民经济的基石。因此,中国的改革开放最早起步于计划经济相对宽松的农村地区,第一代民营企业家就是从这里破土而出。他们中的杰出代表有浙江万向集团董事局主席鲁冠球、浙江正泰集团董事长南存辉、四川新希望集团董事长刘永好、广东美的控股有限公司董事长何享健等。不难发现,第一批民营企业家不仅拥有敏锐的市场头脑,更具备甘冒风险的牺牲精神和冲破思想牢笼的智慧与勇气。他们在第一时间牢牢把握住改革开放后的第一个风口,从而收获了改革开放的第一波红利。

1992年年初,邓小平在视察南方期间发表了一系列重要讲话。同年10月,党的十四大正式确立我国经济体制改革的目标是建立社会主义市场经济体制。五年后,党的十五大明确提出"以公有制为主体、多种所有制经济共同发展,是我国社会主义初级阶段的一项基本经济制度""非公有制经济是我国社会主义市场经济的重要组成部分"。整个20世纪90年代,随着国企改革深入,大量经营不善的国企通过股权交易成为民企。国企改革的新风口为新一代民营企业家提供了难得的历史机遇。事实上,在全国工商联发布的《改革开放40年百名杰出民营企业家名单》中,就有不少人是通过收购国企奠定事业基础的,他们将市场经济理念与民企新机制引入老国企,从而让那些陷入困境的老国企重获新生。

世纪交替期,轰轰烈烈的互联网时代吹响号角。1997年,丁磊创立网易;1998年,张朝阳创立搜狐,马化腾等5人创立腾讯,王志东创立新浪；1999年，马云等18人创立阿里巴巴；2000年，李彦宏创立百度。从门户到网游，从搜索引擎到社交再到电子商务，互联网的风口一浪接一浪，而创新始终是这个时代企业家精神的主旋律。

进入21世纪10年代，移动互联网与国家"双创"政策奏出交响曲，社交、游戏、电商、生活服务等业务都实现了移动化，外卖、打车、移动支付、短视频等新业态蓬勃发展。以"TMD"（今日头条、美团、滴滴）为代表的新兴互联网创业公司与"BAT"（百度、阿里巴巴、腾讯）老牌互联网三巨头在竞合中推动行业不断进化，同时也催生出更多的市场机遇。

不过，在新世纪互联网产业的强势话语权下，还有两大风口往往被忽视：一个是以山西为中心的煤炭风口，另一个是从海外吹来的光伏风口。我们常说，中国用几十年时间走完了发达国家几百年走过的工业化历程。中国特殊的发展路径，造就了过去近二十年间"煤老板与光伏企业家同场争辉"的经济奇观。众所周知，煤炭是第一次工业革命的主力能源，光伏发电将会成为第四次工业革命的主力能源之一。二者随着2001年中国加入WTO实现汇流。

中国加入WTO彻底打开了原煤出口的大门。2002年，国家又取消了电煤指导价。煤价在市场化改革后迎来爆发式增长。许多矿工出身的煤矿主，就此摇身一变，成为腰缠万贯的煤老板。"2005胡润能源富豪榜"公布后，大众对这个神秘符号群体终于有了一个量化的概念：上榜的31名富豪中，有8名来自山西煤炭业，占比超过1/4。

而受中国加入WTO、《京都议定书》正式生效与欧洲多国出台力度空前的补贴政策等因素的影响，使得中国光伏行业成为堪比互联网的造富神器。尚德的施正荣、汉能的李河君先后登顶2006年和2015年的中国首富；协鑫的朱共山则于2009年力压一众煤老板，摘得中国能源富豪榜桂冠；赛维的彭小峰、英利的苗连生曾分别是江西和河北的首富。

如果说事业型风口为"弄潮儿"创造出事业与财富共同奋进的超级赛道，那么财富型风口则让普罗大众享受到财富增值的红利。

每一次风口都是一次事业大孵化的培育场，既意味着创业维艰，也代表着物质与精神的丰厚回报。每一次风口也是一次财富大转移的争夺战，既诱人又残酷。所以，我们总是渴望着下一个风口降临。

▶ 碳中和新风口

在认识碳中和这个新风口之前，我们需要再重点强调一下碳中和的本质，即这是一场广泛而深刻的经济社会系统性变革，其背后彰显出中国在第四次工业革命的大背景下，应势而动抓机遇、顺势而为谋振兴的雄心壮志。因此，在碳中和的新风口上，我们应该把着力点放在转变发展方式、推进经济转型上来，努力为科技创新与现代服务业发展贡献力量。

关于碳中和新风口，我们将拆解成相关传统行业区、碳中和红海区、碳中和蓝海区三部分来论述，这三个细分领域都可能产生相应的机遇。

（1）相关传统行业区

这一领域包括煤炭、石油等化石能源产业，钢铁、水泥、有色、化工等高耗能高排放产业，以及传统汽车行业等。在实现"双碳"目标大背景下，这些传统产业受到不同程度的冲击，但并不意味着它们将会消失。加之中国特殊的国情，化石能源行业、高耗能高排放行业的主力军往往是"三桶油"、山东能源集团这样的重点央企和地方国企，因此这些行业未来发展的主旋律应该是转型而非消亡。

石油行业发展早已历经数次变革。最初石油就是应用于煤油照明。电灯的发明让石油行业险些遭受灭顶之灾。但内燃机的广泛应用使之焕发出新的生机，从此石油取代煤炭成为最重要的燃料。如今，新一轮能源革命促使石油行业再次谋求转型之路。世界石油巨头 BP 集团首席经济学家戴思攀曾经指出，到 21 世纪 30 年代，石油需求最主要的增长来源将不再是给汽车、卡车或飞机加油，而是塑料和织物等石化产品的生产。

不只是石油，煤炭行业也在研究推动煤炭由燃料向工业原料转化。所谓燃料，是指燃烧时产生热能、动力或光能的可燃物，比如燃烧煤炭可以驱动蒸汽机、带动发电机，还可以冬季取暖。所谓工业原料，则是用于工业生产的原材料，比如上文说的把石油用来生产塑料和织物等石化产品。相比石油，煤炭属于中国的优势资源。与石油化工相似，煤化工也可以生产出甲醇、化肥、乙烯等化工产品。此外，尽管碳排放在全球受到抵制，但碳元素所主导的新兴材料体系却正在显现自身更大的发展潜力和更富挑战性的工业影响力。除了聚乙烯、聚丙烯等合成材料，碳纤维、碳纳米管、石墨烯、碳分子筛等新型碳材料也是重要的发展领域，被广泛应用于航空、汽车、风机、建筑等多个行业。煤炭及煤系衍生物是生产新型碳材料最理想的原料。

因此，通过技术突破实现化石能源转型，对"双碳"目标下缓和传统能源与新能源之间的矛盾、推动能源革命软着陆、解决历史遗留问题等具有重要意义。

钢铁、水泥、有色、化工等高耗能高排放产业的行业集中度将会加剧。2021 年 7 月，中国启动全球最大的碳交易市场，这些行业将陆续纳入碳交易体系之中，经受四十年的洗礼。因此，对于有志加入这些行业的人而言，选择头部企业才是相对稳妥的职业规划。即便是头部企业，也需要在不断的技术创新和管理优化中保持持续的竞争力，从而避免被淘汰的命运。

传统汽车行业原本就不是中国的优势产业。也正是基于此，中国才一往无前地扶植新能源汽车行业，以期实现弯道超车。因此，传统汽车行业或许才是相关传统行业区中真正的夕阳产业。各家传统车企未来发展好坏，也主要取决于其向新能源汽车的转型成功与否。

（2）碳中和红海区

这一领域包括光伏、风电、动力电池、新能源汽车等相对成熟的新能源行业。这些行业大多已形成相对稳定的行业竞争格局，未来行业集中度将进一步加剧。如果不是拥有颠覆性技术，新创业者将很难再有施展空间。而加入头部企业将会是相对理性的选择。此外，在部分国产化程度不高的细分领域，身怀绝技的新创业者或许还有颠覆行业的可能。

光伏行业爆发的临界点已经到来。首先，大型发电央企和地方能源国企迫于提升清洁能源占比的巨大压力，将成为光伏地面电站领域的主力军。这就需要大量的专业开发与运维人才加入团队。运维市场大发展，需要的不只是低端劳动力，更需要技术研发人员帮助提升运维服务水平。其次，分布式光伏将向普罗大众和企事业单位释放大量机会，我们可以在屋顶建设分布式光伏，然后通过未来发展成熟的电–碳市场参与交易，从而获得财富增值。最后，光伏制造端目前已是巨头林立，头部企业虹吸着整个行业的巨大红利。但在这个以群雄角逐、错综复杂著称的行业里，一旦出现颠覆性技术，"后浪"逆袭也并非不可能，如今的行业霸主隆基就是一个典型案例。

风电行业以更加沉稳的态势迎接着行业大爆发。首先，与光伏情况类似，大型发电央企和地方能源国企将继续保持在风电场领域的领军地位。因此，风电行业也对专业开发与运维人才有着大规模的需求。而这种需求不止于低端劳动力，而是需要以技术研发人员为骨干提升运维服务水平。其次，在风机制造端，行业竞争格局在过去十余年间已基本成型且保持稳定，未来行业集中度还将进一步加剧。这一行业在技术、资金、政府关系、大客户关系等方面的高门槛，使得新创业者很难再顺利入局。因此，对于有志入局这一行业的人而言，头部企业将会是相对理性的选择。最后，过去十余年中国政府的国产化扶植政策使得风机制造已基本实现自主化，但轴承、电控等风机核心零部件目前依然受制于人。因此，这些细分领域还为技术突破者敞开着"鲤鱼跃龙门"的绿色通道。

目前，动力电池行业无论是在国内市场还是全球市场都已形成相对稳定的行业格局，且未来行业集中度还将进一步提升。因此，如果不是出现颠覆性技术，新入局者很难再有发挥空间。选择头部企业或许不失为一项明智之举。

新能源汽车行业联结着"汽车强国"与"能源安全"两大国家战略，长期保持着炙手可热的状态。首先，从整车制造来看，这一领域目前的主要参与者有传统车企、背靠"BAT"的造车新势力、雷军等跨界大佬、特斯拉等国际巨头等。由于汽车行业是一个技术和资金高度密集的行业，后补贴时代留给搅局者的机会已经不多了。而现有参与者的竞争格局目前还尚不明朗，择业者如何选择还需慎重考虑。其次，在新能源汽车关键零部件方面，中国目前也没有完全实现国产化，例如电控领域技术含量最高的IGBT芯片，其超过一半的中国市场份额都被德国企业英飞凌垄断着。因此，有志在这些细分领域进行技术攻关的研发人员还有广阔的空间。

（3）碳中和蓝海区

这一领域包括储能、动力电池梯次利用、综合能源服务、CCUS技术等事业型窗口和电力市场、碳市场等财富型窗口。这些行业大多还处在萌芽期，但在未来却有万亿级的市场发展空间。我们或将见证一批新兴企业和青年企业家在这些领域诞生并不断积累个人财富。

储能是未来新型电力系统的主角之一，它在发电侧、电网侧、用户侧均有广泛的应用空间，风电、光伏发电等新能源的发展高度依赖储能技术的进步。但目前经济性和安全性仍深深地困扰着这一行业。未来技术研发如果能解决这两个核心问题，储能将激活甚至远超光伏的市场潜力。

动力电池梯次利用即将在未来几年迎来爆发。动力电池在衰减到初始容量的80%以下后将不再适用于电动汽车，但它们还有广阔的梯次利用空间，可以应用于5G基站、电力系统储能等领域。动力电池梯次利用涉及运输、拆解、分拣、重组、梯次利用、回收等环节，是多阶段有机配合的系统工程。因此，入局者既要有核心技术，又要有强大的统筹组织能力。

综合能源服务是能源行业的一场广泛而深刻的变革。实际上，它包含两层含义，即综合能源供应+综合能源服务。简单来说，就是为客户提供电、气、冷、热等多元化能源和多样化服务。它将热电联供技术、新能源发电技术、储能技术等能源技术与新一代信息技术相结合，既能为客户降本增效、降低碳排放，又将促进能源网、交通网、信息网真正实现"三网融合"。综合能源服务的目标客户主要有商业综合体、医院、学校和工业园区等。这个新兴行业目前的参与者中，既有国家电网、南方电网、国家电投等大型电力央企，也有协鑫、远景等新能源头部企业，还有海澜集团等跨界民企。未来综合能源服务行业的发展，需要拥有不同基因的企业与人才共同探索，在实践中为这一高新技术产业和现代服务业丰富内涵。

CCUS技术即碳捕集、利用与封存技术，它有利于提升碳去除水平。基于中国高碳化的能源结构和重型化的产业结构，CCUS技术将是"能源生产清洁化、能源消费电气化"的有效补充。凭借CCUS技术，我们可以掌握化石能源退出的主动权，把握化石能源退出的节奏，避免因化石能源退出产生的一系列经济、社会甚至政治问题，使能源革命能够"软着陆"。目前我国在CCUS技术研发和应用方面还处在初级阶段，业内还有很多质疑的声音，因而该领域亟待更多优秀人才的参与。

说完事业型风口，再来谈谈与我们普罗大众更加息息相关的财富型风口。

一方面是电力市场。2015年，中共中央、国务院印发《关于进一步深化电力体制改革的若干意见》，拉开新一轮电力体制改革的序幕。这份新电改纲领性文件宣布将"有序放开输配以外的竞争性环节电价，有序向社会资本开放配售电业务"。未来随着电力市场化改革进一步深化，我们也将有机会参与其中。我们可以通过屋顶和幕墙的分布式光伏在家里生产电力并销售，还可以通过用户侧储能、电动汽车的动力电池、V2G（电动汽车入网技术）充电桩等进行电力的低买高卖，实现"中间商赚差价"。随着相关技术发展和商业模式创新，我们还有可能在电力市场获得更多财富增值的机会。

另一方面是碳交易市场。2021年7月，中国启动全球最大的碳交易市场。根据《全国碳排放权交易管理办法（试行）》，控排企业可以购买一定比例的CCER（核准自愿减排量）来抵消自身的碳排放。CCER主要来自光伏发电、风电、植树造林、沼气回收等减排项目，拥有这些项目的企业就是减碳企业，是碳中和政策的绝对受益者。碳市场的主要参与者是企业，但我国碳市场试点中还引入了个人投资者，允许个人参与碳配额买卖。未来碳交易市场可能成为世界上最大的商品交易市场，其规模甚至会超过原油市场。在这个体量巨大的新市场中，我们或许都将享受到碳中和的时代红利。

站在碳中和的新风口，我们每一个人都应该把握属于自己的时代机遇。

第三节 教育革新

> 教育要面向现代化，面向世界，面向未来。
>
> ——邓小平

改革开放 40 余年为我们积累了大量宝贵的精神财富，其中之一便是要站在战略高度优先发展教育。

改革开放之初，国家领导人就要求把教育作为拨乱反正乃至改革开放的突破口。他们立足于我国社会主义现代化建设全局和中华民族的前途命运，从推动我国经济社会全面发展的角度关注我国教育的改革发展。从某种意义上说，正是恢复高考等一系列教育革新，为中国现代化种下了人力资本的"种子"，才成就了后来改革开放"生根、开花、结果"的局面。

国运兴衰，系于教育。未来 40 年碳中和革命，也需要我们把教育革新摆在更加突出的位置。

碳中和领域的教育革新，必须与当前加快构建现代职业教育体系的国家战略相融合，努力培养更多高素质技术技能人才、能工巧匠、大国工匠；必须继续坚持科教兴国战略、人才强国战略、创新驱动发展战略，打牢基础研究和应用基础研究这个根基，加强创新人才教育培养；必须从娃娃抓起，营造全民参与的良好氛围。

只有将职业教育、科创教育、全民教育相统一，以职业教育为动力、以科创教育为核心、以全民教育为根本,才能推动碳中和真正成为一场广泛而深刻的经济社会系统性变革,从而引爆第四次工业革命。

❯ 职业教育是动力

在碳中和大背景下,全球制造业将形成新的产业格局。中国也将以此为契机,实现经济结构的调整与发展方式的转变,从而提升在全球产业链分工中的地位。重构中国经济尤其是中国制造业,必须依靠具备高素质的产业工人大军。职业教育则是这支队伍生生不息的动力。

职业教育是一种与普通教育同等重要的教育类型。但在过去很长一段时间里,全社会形成厚此薄彼的固有观念,职业教育没能受到应有的重视。与发达国家相比,我国职业教育还存在体系建设不够完善、职业技能实训基地建设有待加强、制度标准不够健全、企业参与办学动力不足、有利于技术技能人才成长的配套政策尚待完善、办学和人才培养质量水平参差不齐等问题。

公开数据显示,2020 年,我国重点领域的技能型人才缺口超过 1900 万,且该数据仍在不断扩大,预计在 2025 年将接近 3000 万。

随着我国进入新的发展阶段,产业升级和经济结构调整不断加快,包括碳中和产业在内的各行各业对技术技能人才的需求日益紧迫,职业教育的重要地位和作用也愈发凸显。

党的十八大以来,习近平总书记多次就发展职业教育做出重要指示,要求"必须高度重视、加快发展"。在此背景下,国务院制定出台《国家职业教育改革实施方案》,部省共建职业教育创新发展高地试点、职业教育东西协作行动计划等一系列重大举措也相继落地。2021 年公布的"十四五"规划纲要,又在"建设高质量教育体系"一章中明确提出"增强职业技术教育适应性"。

纵观全球，德国是职业教育最为发达和完善的国家。作为世界公认的制造业强国，德国的工匠精神得到了很好的传承与发展，这与德国一直高度重视职业教育密不可分。德国的职业教育为中国提供了一个值得学习借鉴的范本。姚永明在《德国是如何进行职业教育的》一文中曾对此做过详尽介绍。

德国的职业教育体系包括职业准备教育、职业教育、职业进修教育、职业改行教育。职业准备教育的目标，是通过传授获取职业行动能力的基础内容，从而具备接受国家认可的教育职业的职业教育的资格；职业教育旨在针对不断变化的劳动环境，通过规范的教育过程传授从事合格的职业活动必须掌握的职业技能、知识和能力（职业行动能力），并获得必要的职业经验；职业进修教育应提供保持、适应或扩展职业行动能力及职业升迁的可能性；职业改行教育应传授从事另一种职业的能力。

德国职业教育最为外界津津乐道的就是双元制职业教育的基本模式。所谓双元制职业教育，是指学生在企业接受实践技能培训和在学校接受理论培养相结合的职业教育模式。这种模式下，学生具备双重身份：在学校是学生，在企业是学徒工。接受双元制培训的学生，首先必须具备主体中学或实科中学（相当于我国的初中）毕业证书，然后通过劳动局的职业介绍中心选择一家企业，按照相关法律的规定同企业签订培训合同，得到一个培训位置，最后再到相关的职业学校登记取得理论学习资格。近年来，德国又出现了第三种培训模式，即跨企业培训。学生在接受企业培训和学校教育的同时，每年抽出一定时间，到跨企业培训中心接受集中培训，作为对企业培训的补充和强化。

德国职业教育具有以下几个主要特点。

第一，与生产结合紧密。双元制职业教育模式下，学生大部分时间在企业进行实践操作技能培训，且学习的是企业目前使用的设备和技术。培训在很大程度上是以生产性劳动的方式进行，从而减少了费用，并提高了学习的目的性，这样有利于学生在培训结束后随即投入工作。

第二，企业广泛参与。大企业多数拥有自己的培训基地和人员。没有能力单独按照培训章程提供全面和多样化职业培训的中小企业，也能通过跨企业的培训、学校工厂的补充训练或者委托其他企业代为培训等方法参与职业教育。

第三，各类教育模式互通。德国各类教育模式之间的随时分流是一个显著特点。在基础教育结束后的每一个阶段，学生都可以从普通学校转入职业学校；接受了双元制职业培训的学生，也可以在经过一定时间的文化课补习后进入高等院校学习。

第四，培训与考核相分离。这种考核办法，体现了公平的原则，使岗位证书更具权威性。

另一个值得关注的问题在于教育经费来源。德国职业教育的经费投入以企业为主、国家为辅。企业投入大约占65%~75%，政府投入占25%~35%。

未来中国职业教育的发展，必须将立足本国国情与吸收德国等发达国家先进经验相结合，形成具有中国特色、符合时代潮流、反映人民意愿的现代职业教育体系。

按照《国家职业教育改革实施方案》指明的总体要求与目标，经过5~10年，职业教育基本完成由政府举办为主向政府统筹管理、社会多元办学的格局转变，由追求规模扩张向提高质量转变，由参照普通教育办学模式向企业社会参与、专业特色鲜明的类型教育转变，大幅提升新时代职业教育现代化水平，为促进经济社会发展和提高国家竞争力提供优质人才资源支撑。

▶ 科创教育是核心

碳中和的使命是要用科技创新拥抱第四次工业革命。因此，教育革新的核心，就是要加强科创教育，在科教兴国战略、人才强国战略、创新驱动发展战略的指导下，形成一支科技创新主力军，面向世界科技前沿、面向经济主战场、面向国家重大需求、面向人民生命健康，不断向科学技术广度和深度进军。

中国实施科教兴国战略由来已久。1995年5月，中共中央、国务院在《关于加速科学技术进步的决定》中首次提出科教兴国战略。科教兴国，是指全面落实科学技术是第一生产力的思想，坚持教育为本，把科技和教育摆在经济、社会发展的重要位置，增强国家的科技实力及向现实生产力转化的能力，提高全民族的科技文化素质，把经济建设转移到依靠科技进步和提高劳动者素质的轨道上来，加速实现国家的繁荣强盛。

自科教兴国战略实施以来，我国的科技实力实现了质的飞跃。具体到碳中和相关领域，光伏、风电、特高压、动力电池、储能、新能源汽车等行业纷纷引燃技术大爆炸。

但我们依然面临着诸多亟待解决的现实问题。在碳中和领域比较突出的问题有：在工业方面，一些关键核心技术受制于人，部分关键元器件、零部件、原材料依赖进口；在能源资源方面，石油对外依存度达到70%以上，油气勘探开发、新能源技术发展不足。

在改革开放40余年中，中国作为世界工厂不断承接来自世界主要工业化国家的产业转移，也伴随产业转移大量吸收了西方先进技术。但在全球产业链分工和国际竞争格局中，发达国家并不愿意中国真正成长为足以与之匹敌的高新技术领跑者与高端产业参与者。

近年来的中美贸易战更是让举国上下透彻领悟了一条人间真理：关键核心技术是要不来、买不来、讨不来的，必须靠自力更生。

基础研究是科技创新的源头。我国基础研究虽然取得显著进步，但同国际先进水平之间仍存在着显著差距。当前我国面临的很多关键技术受制于人的问题，归根到底还是因为基础理论研究相对薄弱，没能把源头的底层东西搞清楚。因此，我们要建设科技强国，提升科技创新能力，必须打牢基础研究和应用基础研究这个根基。而打牢根基的根本则在育人。

▶ 全民教育是根本

碳中和是一场关乎所有人的伟大变革。我们说，在科学领域，科学普及与科技创新同等重要。在碳中和领域，全民教育也与科创教育、职业教育同等重要。我们要将碳中和的全民教育融入《全民科学素质行动规划纲要（2021—2035年）》之中。

当前，大部分人对于"碳中和"的认识还停留在概念上，甚至很多人知道这个炙手可热的新词也是源于资本市场或"朋友圈"。打造社会化协同、智慧化传播、规范化建设、国际化合作的碳中和全民教育生态，任重而道远。

碳中和革命，需要构建政府、社会、市场等协同推进的全民教育大格局，充分激发高校、科研院所、企业、基层组织、媒体、社会团体等多元主体的活力，调动全民参与的积极性。

教育要从娃娃抓起，碳中和的全民教育也要从娃娃抓起。在国民基础教育尤其是义务教育阶段，我们应该考虑将碳中和融入课堂教学和课外实践之中。

对标《全民科学素质行动规划纲要（2021—2035年）》，碳中和的全民教育也需要着力推动科普信息化提升工程、碳中和资源科普化工程、科普基础设施工程、基层科普能力提升工程、碳中和国际交流合作工程五项重点工程。

（1）科普信息化提升工程

进入移动互联网时代，媒体传播环境已经发生了翻天覆地的变化。因此，关于碳中和的全民教育，应当融入及时、泛在、精准的信息化全媒体传播网络之中，融入数字社会的建设之中。这要求我们进一步推动传统媒体与新媒体的深度融合，既要充分发挥图书、报刊、音像、电视、广播等传统媒体的力量，也要大力开发移动互联网时代包括动漫、短视频、游戏等在内的新形式科普作品。当然，我们还需要关注一个重中之重的问题，即一切形式都是为内容服务的。因此，在进行科普信息化提升的同时，政府层面还应该出台措施，大力支持优秀科普原创作品，扶持科普创作人才成长，培养科普创作领军人物。

（2）碳中和资源科普化工程

在前面几个章节中我们提到，中国新能源行业在过去十余年中经历了快速发展，目前已走在世界前列。在这个过程中，我国建设了大量的光伏电站、风电场、新能源汽车制造基地、动力电池制造基地和相关领域的实验室等。我们应当充分挖掘这些碳中和资源的科普价值，政府需要支持和引导相关企业、高校、科研机构等借此开展科普工作，并加强与媒体、专业科普组织合作，普及碳中和领域的重大科技成果、典型实践案例，宣传优秀人物和先进理念。

（3）科普基础设施工程

如前面所述，我们可以对既有的碳中和资源进行科普价值挖掘，但与此同时，我们也需要建设更多的碳中和科普基础设施。建设科普基础设施的方式是多样的，例如，可以鼓励相关单位建设专门的碳中和科普教育和研学基地；也可以把目光放开阔一些，在更为综合性的图书馆、文化馆、博物馆等公共设施中开展科普活动；还可以进一步扩大视野，把公园、自然保护区、风景名胜区、机场、车站、电影院等公共场所都发展成为碳中和的科普舞台。如果我们在798等艺术中心寻找灵感就会发现，一些有条件的工业遗产和闲置淘汰生产设施，也可以开发建设碳中和博物馆、体验馆、科普创意园等。

（4）基层科普能力提升工程

基层组织是整个国家肌体的神经末梢，无论是过去数十年的计划生育政策执行，还是近年的脱贫攻坚战和疫情防控工作，我国的基层组织都展现出了强大的战斗力。因此，开展碳中和全民教育，也必须充分发挥基层组织的力量，健全基层碳中和科普服务体系。这一体系，需要省、市、县各级各司其职，具体到基层，则应当以新时代文明实践中心（所、站）、党群服务中心、社区服务中心（站）等为阵地，以志愿服务为重要手段来构建。而碳中和基层科普工作的具体开展，可以参考其他基层工作情况来因地制宜地进行，有关部门可以鼓励和表彰创新典型，宣传和分享先进经验，让碳中和科普能像计划生育、义务教育、脱贫攻坚、扫黑除恶等一样深入人心。

（5）碳中和国际交流合作工程

实现碳中和将是我国构建人类命运共同体的实质性贡献，因此，碳中和全民教育也应该放在全球语境下来开展。在国家领导人的亲自带动下，中国应该更加积极地参与到碳中和相关领域的世界组织当中，参与议题发起和设置，探索制定国际标准，在多边活动中积极提供中国方案、分享中国智慧。我们还应当以"一带一路"倡议为契机，拓展碳中和领域科技人文国际交流渠道，尤其是开展青少年交流培育计划，在新时代碳中和全民教育中继续高举"面向现代化，面向世界，面向未来"的三面旗帜。此外，碳中和国际交流合作，还应当包括科普教育合作项目、科普产品交流交易等内容。更重要的是，通过这些国际化的碳中和全民教育，我们将组建出一支更具国际传播能力的队伍，从而在碳中和国际舞台上讲好中国故事，传播中国声音，形成同我国综合国力和国际地位相匹配的国际话语权，为我国改革发展稳定营造有利的外部舆论环境，为未来构建全球能源互联网积蓄文化软实力。

第六章
Chapter 6

碳中和时代的国际能源新秩序

> 由可再生能源驱动的全球能源转型将产生重大的地缘政治影响。它将重塑国家之间的关系，并引发经济和社会的根本结构变化。从可再生能源转型中产生的世界将与建立在化石燃料基础上的世界大不相同。全球权力结构和排序将以多种方式发生变化，国家内部关系动态也将发生变化。权力将变得更加分散和扩散。
>
> ——国际可再生能源署报告
> 《一个新世界：能源转型的地缘政治》

1882年9月，在一次公开集会上，时任英国海军上校的费舍尔逢人便说："英国必须改变海军使用煤炭作动力燃料的现状，代之以新型油燃料。"但这种观点遭到一片嘲笑，其同僚们认为他是异想天开。

到1904年，费舍尔上校升任海军最高指挥官——英国海军大臣，他迅速成立了一个委员会，"考虑并就确保英国海军的石油供应提出建议"。费舍尔上任后的第二年，英国秘密情报部门和英国政府终于认识到了石油的战略意义。

但是英国本身没有石油，必须依赖从美国、俄罗斯或墨西哥进口。"一战"前的1912年，美国生产的石油占世界总产量的63%，俄罗斯的巴库大约占19%，而墨西哥占5%。即使在和平年代，这种状况也令英国寝食难安，而一旦发生战争，完全依靠国外供油将根本不可能。好在1905年，英国得到了一个意义重大的开采中东石油的专有权。

石油在第一次世界大战中战略意义凸显。在空战、机动坦克战和快速海战的年代，安全可靠而又充足的新燃料供应日益成为成败的关键条件。

第六章 碳中和时代的国际能源新秩序

德国差点儿赢得"一战"。截至1918年,位于里海巴库的俄罗斯富油区一直是德国与英国军事和政治目标的一部分。英国先发制人,于1918年8月至关重要的几周时间里,先行占领了这一地区,断绝了德军总参谋部关键的石油供应。巴库断油给了德国致命一击,几周之后德国就缴械求和。而在数月前,德国几乎已经击败了以英法俄为首的协约国。

从那以后,所有大国都给予石油高度重视,并开始长达百余年的资源争夺战。美国原国务卿亨利·基辛格曾说:"如果你控制了石油,你就控制住了所有国家;如果你控制了粮食,你就控制住了所有的人;如果你控制了货币,你就控制住了整个世界。"

翻开人类近现代史不难发现,第二次工业革命以来的历史,某种程度上就是一部对石油的争夺史。《石油战争》作者威廉·恩道尔认为,过去100年的历史,是为攫取和控制世界石油储备而战斗的历史,任何其他因素都不能与此相提并论。首先是英国,后来是美国,主要受这两个国家的利益影响,围绕着原材料、石油,形成了世界政治与经济的权力版图。

在过去100年里,控制石油和天然气能源,是英美国家一切行动的核心。今天如果没有了石油,任何国家必然面临经济灾难。美国控制了石油,也就控制住了潜在竞争对手发展经济的关键。

这是旧世界的能源秩序,但新世界的能源秩序还会如此吗?

通过前面章节我们知道,未来的能源世界将不再是石油的世界,而是以风电、光伏发电为代表的新能源的世界。在新的能源时代,世界能源秩序又将如何演变?

▶ 决战新能源:谁是赢家?

在气候灾难导致的人类生存危机面前,所有国家都需共同努力。这是一个不以任何国家的意志为转移的趋势。

前面我们已经讲过气候危机的影响和背后的大国博弈，2018年，IPCC发表的1.5℃报告提出警告，想要实现21世纪末全球温升控制在1.5℃的目标，必须在2030年前将全球二氧化碳年排放总量削减一半，在2050年左右达到净零排放，即实现碳中和。

碳中和成为所有国家必须直面的必答题。截至2021年4月，全球已经有120多个国家陆续宣布了碳中和目标，主要发达国家都宣布到2050年实现碳中和，德国甚至宣布到2045年就实现碳中和。

到2050年实现碳中和意味着能源系统的巨大变革。从消费总量上看，2019年，化石能源消费仍占全球一次能源消费的84%。国际能源署预计，到2050年全球要实现净零排放，化石能源消费将由目前的近4/5减少到略超1/5。具体来看，对未采用减排措施的煤炭需求将仅占能源消费总量的1%，降幅达到98%；天然气需求将下降至1.75万亿立方米，降幅达到55%；石油需求更将下跌至2400万桶/天，相比2020年的约9000万桶/天，大幅降低约75%。

这意味着全球能源世界将"变天"，以新能源为首的电力将成为主要能源。国际能源署预计，新能源将迎来爆发式增长，未来10年太阳能和风能将迅速扩张。2030年之前，太阳能发电每年新增装机630吉瓦，风电每年新增装机390吉瓦，增速达到2020年纪录水平的4倍。到2050年，全球近90%的发电将来自可再生能源，其中风能和太阳能光伏发电合计占近70%。

2020年风能和太阳能的装机容量增长合计高达238吉瓦——这一数字比历史上任何时候都高出50%以上。但这只是未来40年碳中和之路的一个开端。

可以说，属于新能源的时代正在以不可阻挡的方式到来。

石油公司当然也看到了这一趋势。从 2020 年开始，全球能源行业发生大逆转。全球最大的可再生能源供应商美国 NextEra 能源公司市值飙升至 1500 亿美元，一度超越石油巨头埃克森美孚公司和雪佛龙，成为全球市值最高的能源企业。直到 2020 年年底，随着油价回升，埃克森美孚才勉强挽回些许尊严。

2020 年，全球化石能源巨头不约而同地豪掷巨资，入局新能源。这几乎颠覆了想象。美国能源巨头杜克能源欲斥资 4000 亿元砸向风电、光伏等领域；西班牙石油巨头雷普索尔计划将可再生能源产能扩大 5 倍；法国石油巨头道达尔计划未来 10 年内，每年在可再生能源上投入 30 亿美元；英国石油巨头 BP 将可再生能源产能从 2019 年的 2.5 吉瓦拉升至 50 吉瓦。

从目前公开资料统计，未来 5 年，全球至少有万亿美元以上资金将进入可再生能源领域。相对于未来更为庞大的体量，目前投入的资金还只是冰山一角。国际可再生能源署预计，到 2050 年，为了实现碳中和，全球需要在清洁能源领域累计投资 130 万亿美元。

这是一场史诗般的能源转型。而纵观历史，每一次能源转型都将伴随国家间实力对比的此消彼长。

发轫于 18 世纪的第一次工业革命，煤炭替代柴薪，推动英国从农业文明进入工业文明，并把英国推上"日不落帝国"的巅峰。20 世纪中叶以来，美国引领石油取代煤炭的第二次国际能源转型，进一步巩固和促进了美国的霸权崛起，构建了当今世界的化石能源文明，深刻影响和改变着世界历史进程。从国际政治的角度看，两次国际能源转型成就了英国和美国两个世界霸主。

余胜海在《没有硝烟的战场：能源战争》一书中指出，从全球历史演变来看，国家兴衰的前提条件是国际能源权力结构的变化，即国家是否拥有可以挑战现行体制的新能源链条，包括新能源的发现、新能源应用技术的应用，以及能源利用率的提高等。

依照历史经验，正在发生的第三次国际能源转型，可能重塑新的国际能源权力结构和世界能源秩序，也必然影响国家命运和大国兴衰。负责气候和能源事务的欧盟委员米格尔·阿里亚斯·卡涅特曾说："我们走在通往可再生能源的不可逆的道路上……那些不积极接受清洁能源转型的人将在未来成为输家。"

英国《经济学人》杂志在《清洁能源正在改变全球能源地缘政治》《中国有望成为全球能源转型的排头兵》等系列文章中指出："从工业革命开始，能源转型，比如转向煤炭，接着转向石油，这些转型改变了世界。最新的能源转型可能也会产生同样深远的效果。"

与煤炭、石油等前两次能源革命有所不同，第三次能源革命本质上并非资源的攫取，而是技术的革命。在新一轮国际能源转型大幕之下，没有一个国家拥有绝对优势。全球清洁能源转型将减少对化石燃料的依赖。这种转型必然会引发竞争，各国将争夺最先进的技术。此外，转型将对地缘政治产生复杂和深远的影响，并构建出新的全球能源秩序。那些具有丰富、可靠的清洁能源并有先进技术的国家将会是赢家。

目前欧美、中国是第三轮国际能源转型的主力军。欧盟一直在引领世界清洁能源转型，其目标是到2030年将温室气体排放量在1990年的基础上减少44%，到2050年实现碳中和。中国则正在大幅增加清洁能源生产与投入，加速清洁能源技术的创新，特别是在风电、光伏、电池和电动汽车领域。中国目前在诸多清洁能源领域拥有全球领先的技术、优秀的制造企业和生产能力。这有望让中国在清洁能源领域领先于欧洲和美国，成为全球能源转型的排头兵。

云南大学国际关系研究院教授吴磊指出，最明确的输家将是那些化石储备资源丰富的国家，以及那些将赌注押在石油上时间过长却不对其经济进行改革的国家。中东产油国认为，可再生能源不仅可以减少国内油气消费量，还可以增加供出口的油气产量，因而没有将新能源、可再生能源视为经济和生存的威胁。俄罗斯对能源转型的前景更为忽视，仍然把大量赌注押在石油上。总之，能源地缘政治将发展成一场竞赛，看哪个国家能够自己生产最多的能源，以及哪个国家能拥有最先进的技术。人类社会正走在通往可再生能源的不可逆转的道路上。新一轮能源转型可能需要数十年时间，可以预计，未来拥有资源、技术和市场的国家，特别是率先获得技术突破和市场的国家，将引领第三次国际能源转型，并由此提升国家实力、实现国家的发展和崛起。

在风电、光伏、动力电池、储能、特高压电网等未来电能时代主导的核心领域，中国都已占据相当的优势。

通过前文我们知道，中国生产了全球一半的风机、全球绝大部分光伏电池、全球一半以上的动力电池和储能电池，并成为全球唯一掌握特高压电网技术的国家。

吴磊认为，中国增加生产及使用可再生能源、电池和电动汽车已经产生了地缘政治影响。随着中国清洁能源革命的推进，中国可以减少对进口能源的依赖，加强自身能源供应能力，成为全球能源转型的排头兵。同时，得益于高速增长的经济、不断扩大的市场、日益加大的投入，以及市场结构和技术上的后发优势，中国在可再生能源领域已经处于全球领先地位。可以毫不夸张地说，中国已经成为新一轮世界能源变革的重要推动者和创新者。

❯ 新合纵连横：全球电网互联猜想

与化石能源时代不同，在可再生能源主导的时代，将是电力的天下。电是一种特殊的商品，发电和用电需要时刻保持平衡，如果供需双方无法平衡，很可能导致电网瘫痪，出现大规模停电的状况。

当然，我们可以利用储能将暂时没有使用的电储存起来。但从目前来看，这种解决方案的成本依然处于较高水平，且储能不可能解决极端气候条件下大规模、长时间的电力消费难题。比如中国某个区域出现长达数日的台风天气，风电因为风速太大只能停机自保，光伏发电也陷入暂时的"休眠"状态，这时候储能只能解决几个小时的用电问题，当地居民必须依赖其他区域发电设备进行远距离电力输送。这就是所谓的电网互联。

实际上，中国国内电网已经进行了互联，并且未来这一趋势还会加强。电网互联主要基于两个方面：一是中国清洁能源在地理上的供需矛盾突出，风电、太阳能大部分资源分布在"三北"地区和西部地区，水电资源大部分分布于西南区域，而用电中心则主要集中在东中南部区域。未来东中南部区域虽然可以在本地投资建设风电、光伏电站，但也只能解决30%～40%的用电问题，大部分用电还得依靠外送；二是中国已经成为全球唯一掌握特高压电网技术的国家，从"三北"地区到东南沿海相聚数千千米，特高压成为唯一具有优势的输电技术。

中国的特高压骨干网架建设实践，正在为未来碳中和时代全球范围内实现清洁能源资源优化配置投石问路。

中国清洁能源结构性矛盾是这一世界性难题的一个缩影。从全球来看，清洁能源分布不均衡，各大洲的清洁能源资源禀赋各异；而在各大洲内，清洁能源资源富集区也往往与电力消费集中区（负荷中心）呈逆向分布。全球46%的水能资源聚集在亚洲，32%的风能和40%的太阳能聚集在非洲。亚欧非大陆 85% 的清洁能源资源主要集中在从北非经中亚到俄罗斯远东、与赤道约成 45 度角的能源带上,与欧洲、东亚、南部非洲等地区的负荷中心相距数百到数千千米,与北美清洁能源距离负荷中心也超过 1000 千米。

适合大规模开发的清洁能源大多分布在远离城市用能中心的河谷、高原和沙漠地区,而这些能源无法像化石能源一样储存运输,只能就地转化为电能,再进行输送和配置。因此,只有通过超高压、特高压技术,将大型清洁能源基地与负荷中心进行远距离、大容量的互联,才能实现全球清洁能源的优化配置。

那么,特高压输电距离能达到多远呢?前面提到,我国目前已投入运营的特高压工程中,输电距离最长的是准东—华东(皖南)±1100 千伏特高压直流输电工程,从新疆昌吉到安徽宣城,全长 3324 千米,创世界纪录。而根据全球能源互联网发展合作组织发布的研究报告来看,±800 千伏、±1100 千伏特高压输电距离可分别达到 4000 千米和 6000 千米以上。参考全球主要的清洁能源基地与负荷中心之间的距离,如格陵兰岛向欧洲、美国东部的输电距离分别达 4200 千米和 3400 千米,亚欧洲际输电距离达 5200 千米,中东向印度的输电距离达 3000 千米,这意味着特高压技术基本能够实现全球输电全覆盖。

除了技术可行性,另一个备受关注的问题是特高压输电的经济性。争议背后是关于"电从身边来"还是"电从远方来"的大博弈。

我们可以对比"远方来"的集中式光伏发电与"身边来"的分布式光伏发电的经济性。世界著名投资银行 Lazard 的一份研究报告显示,2010 年至 2019 年,由于电池板价格和系统配套费用降低,集中式光伏发电成本从 0.378 美元/千瓦时降至 0.068 美元/千瓦时。这些因素使集中式光伏发电的总装机成本从 4702 美元/千瓦降至 995 美元/千瓦,下降了约

80%。而居民屋顶光伏、工商业屋顶光伏等分布式光伏，根据市场不同，其总装机成本为 1750~2950 美元/千瓦，远高于集中式光伏。

关于经济性还可以算一笔账。太阳能资源富集区每年的光照时间会远远长于光照并不充足的负荷中心，水资源和风资源分布也存在着同样的情况。此外，清洁能源资源富集区多为经济欠发达地区，投资成本相对较低。相关研究表明，如果同时考虑利用小时差（1000 小时）和投资水平差（1000 美元/千瓦），两端发电成本差可达 0.05~0.15 美元/千瓦时。采用国际通用造价水平的 ±1100 千伏特高压直流输电工程，通道利用小时在 4000~6000 小时，6000 千米的输电费需求约 0.048~0.065 美元/千瓦时，低于两端发电成本差。

另一项值得考虑的因素在于，全球太阳能资源富集区多与风能资源富集区相吻合，如北非、蒙古、中亚、美国中西部地区等，可以通过建设风光互补的清洁能源大基地，进一步提升特高压输电的经济性。

特高压为全球能源互联网提供技术支撑。在碳中和的大背景下，全球能源互联网取代化石能源时代的全球油气管网，将成为大势所趋。而中国也有望从现在的全球油气管网中的受端国家，变身为全球能源互联网中的送端国家，掌握特高压技术和清洁能源输出地的双重话语权优势。

《全球能源互联网研究与展望》一书曾勾勒出一幅全球能源互联网骨干网架总体格局示意图，畅想到 2050 年构建起"九横九纵"骨干网架，包括亚欧非"四横六纵"互联通道、美洲"四横三纵"互联通道和北极能源互联通道。

全球能源互联网的蓝图让我们看到了一个能源领域"日不落帝国"的雏形。风力发电和光伏发电具有波动性和不确定性特征，这让风、光等新能源一度陷入"垃圾电"的指责之中。诚然，一个狭窄空间的光伏发电曲线会呈现出昼夜间的剧烈波动，但放眼全球，24 小时不间断的太阳能则能让整个电网的曲线趋于平缓。不同地区的清洁能源资源特性存在互补性，可以通过全球能源互联网加以利用。

全球能源互联网可以实现清洁能源的跨时空时间差互补。对于电力系统而言，用电负荷峰谷差越小，对电网的冲击就越小。我们每天24小时的用电量曲线呈波浪形分布，而世界各地存在时间差，不同地域的"波浪线"在叠加后会形成一条相对平滑的曲线，也就是说，全球能源互联网可以进行跨国跨洲的峰谷调节和全球范围的清洁能源优化配置、消纳，从而使电网受到的冲击降到更低。研究数据显示，如果欧洲、亚洲、北美洲能实现电网互联，其峰谷负荷差将由三个区域电网的25%～40%降低到10%以内。

全球能源互联网还可以实现清洁能源的跨时空季节差互补。由于南北半球的季节差异，通过跨国跨洲电网互联，能够有效解决清洁能源基地电力外送问题，获得互补效益。即使仅在南美洲范围内，大电网带来的互补效益也十分明显。南美洲各流域水量年内分布不均，丰枯比多为5∶1与4∶1。但阿根廷中南部河流、乌拉圭河等与亚马孙右岸支流、圣弗朗西斯科河、巴拉那河干流等的丰枯特性存在明显差异，在全球能源互联网架构下，其整体丰枯比可降低至5∶2。

美国面临着与中国相似的电力供需分离矛盾。基于此，比尔·盖茨资助了一个项目，目标是建立一个覆盖全美电网的计算机模型。盖茨认为，除非强化电网建设，否则美国各州很难实现相应的清洁能源占比目标；同时，在电力输送方面，若采取统一的地区性和全国性策略，而不是各州自行其是，则有利于降低成本。盖茨在其书中透露，美国跨西部快速传输电力项目（TransWest Express）计划于2021年开工，目标是将怀俄明州的风电输送到加利福尼亚州和西南地区各州，预计2024年开始运营。这与最初的规划时间相比延后了大概17年。不知盖茨是否知晓，这恰是中国提出的大范围、远距离电网互联理念。

许多国家都已开始行动。为了增加电网互联容量，欧盟就提出，2020年各成员国跨国输电能力至少占本国装机容量的10%，2030年要达到15%。

目前，德国和邻国电网间的电力交换能力已经达到25吉瓦，占其总装机容量的12%、冬季最高负荷的30%。欧洲输电系统运营商联盟每两年发布一次电网十年发展规划方案，该机构最新发布的方案对跨国电网进一步互联进行了详细规划，利用场景分析深入研究高比例可再生能源结合电动汽车、智能电网和储能等与电网系统的融合，推动系统协调发展。

尽管蓝图是美好的，技术上也具备可行性，但全球能源互联网真正落地还将面临现实的磨难。从化石能源时代的中缅油气管道便可见一斑。六年谈判，三年建设，到如今运营八年，这条中国能源新生命线的故事充满坎坷。在2021年缅甸乱局中，中缅油气管道又一次受到攻击，值班警员遇刺身亡。波谲云诡的国际局势，让全球能源互联网的前景扑朔迷离。

于是，全球能源互联网受到很多人的质疑。他们质疑的最大理由就是地缘政治和安全性，尤其是当前逆全球化的浪潮愈演愈烈。

不过细究起来，这种质疑很难具有说服力。在化石能源时代，尽管阻力重重，全球依然逐渐形成了油气管网互联格局。在割裂与互联这对矛盾中，互联仍占据主导位置。

在跨国跨洲电力联网制约因素中，地缘政治博弈固然重要，但背后的根本考量依然是利益。如果电力联网对相关国家产生巨大的经济利益，政治很有可能会让位于经济。这就像油气行业一样。在全球最大的产油区中东，曾经也因为建设跨国油气管道争论不休。但是在巨大的利益面前，各国不得不妥协。

多年来，在阿拉伯半岛上，石油管道星罗棋布、纵横交错，总里程长达数十万千米。这种管道主要有两种：一是各国境内管道网，二是跨国管道网。输油管道将远离港口的石油分别输送到地中海、红海和海湾沿岸港口，然后再用油轮运到各消费国。而放眼世界，截至2017年，全球在役油气管道数量约3800条，总里程约196.1万千米，可以绕地球赤道近50圈，其中天然气管道约127.3万千米，占管道总里程的64.9%。

只是跨国跨洲的油气管道建设，因涉及不同国家利益，一般都需要经历漫长的谈判过程。中俄原油管道就是典型案例。20世纪90年代，中国从原油出口国变成进口国，且需求不断攀升，因此试图与俄罗斯探讨建设中俄跨国输油管道。在长达15年的艰苦谈判中，两国经历了全球油气价格和政治环境的剧烈变化，其间甚至出现日本搅局的插曲。直到2009年，协议终于达成，项目也正式开工建设。这条从俄罗斯西伯利亚地区到中国东北地区的原油管道，成为与中缅油气管道、中国—中亚天然气管道、海上通道并行的中国能源生命线之一。

可以预见，电网互联之路也将充满曲折。当前，电网互联仍以各国国内互联为主，跨国互联则主要集中在欧盟各个国家之间。中国曾试图推动中日韩、中缅孟、中俄电网互联，但由于种种原因一直未能成功。

不过，从长期来看，尤其是碳中和趋势下，各国对于能源的需求都将转向清洁电力，而很多国家完全依靠自身清洁能源资源无法满足电力需求。风能和太阳能资源的特殊性，使人类不可能像化石能源时代一样，通过船舶、火车将能源资源运输到本国。电只能在风力和光照丰富的区域发出来，再通过电网输送到需求方。

通过霸权主义占领煤炭、石油资源的旧时代终将过去。在电能时代，国家与国家之间只能互惠互利，形成"你中有我、我中有你"的局面。只有一个国家保障了另一个国家的能源安全，自身能源安全才能得到保障。

这或许是地球村的另一种表现形式。

后记 | 未来已来

> 在经济学里,事情发生所需要的时间总是比你想的要长;但事情一旦发生,后续变化的速度却比你想的要快。
>
> ——经济学家 鲁迪格·多恩布什

当我们在谈论未来的时候,未来已来,当我们讨论将至的可能性时,将至已至。

我们将用 40 年时间,把目前还占据绝大部分市场份额的煤炭、石油转变成以新能源为主导的可再生能源。无论是能源生产还是能源消费,全部将转变成以清洁能源为主的局面。

世界正处于百年未有之大变局。从城市到农村,从工业到农业,从制造业到金融,从教育到就业,从汽车到建筑……所有行业都将不可避免地卷入其中,拥抱可再生能源大时代的到来。

我们会发现,不少昔日传统的热门行业不断消失,一些新兴产业或职业将不断诞生,随之而来的是一些人员下岗失业,一些人员走上新出现的工作岗位,获得新的职业。

碳中和是中国乃至全球财富的重新分配。仅从中国来看,到 2060 年要实现碳中和,在清洁能源相关方面的投资将高达百万亿元级规模。

谁的敏感性强、学习能力快，谁捕捉到的发展机会就会多一些。

哪个国家适应性与创新性强，就有机会引领未来，否则极有可能身陷落后挨打的危险境地。

回顾历史我们会发现，任何一次伟大的变革都会伴随着质疑，只有很少一部分人能成为时代的引领者。

中国近代思想家康有为说："盖变者，天道也。"

美国著名思想家爱默生说："改革是积极的，保守是消极的，前者以真理为目标，后者以安宁为目标。"

1879年10月21日，爱迪生发明了白炽灯。但是仅两个多月之后，《纽约时报》就发表社论开始嘲笑这个发明，说爱迪生发明的电灯，绝对不是煤气灯的竞争对手。《纽约时报》给出的理由是，要点8只电灯，就要配1台发电机，所以整个纽约起码要配25万台发电机。而1台发电机的费用为3000美元，因此总共需要7.5亿美元的巨额投资才能照亮整个纽约，这显然是不可能的。不但如此，煤气灯公司的老板们也抓住电灯诸如"安全"之类的一些缺点进行贬低。《纽约时报》还引用了一位著名的电气学家的"权威性"意见，认为电灯可能会昙花一现地热闹于一时，过不了多久，爱迪生的名字将同他的电灯一起销声匿迹。

但是经过科学家们的不懈努力，在19世纪80年代中叶，电灯在美国终于战胜了煤气灯，千家万户都开始使用电灯，从而让人类文明大放异彩。

电灯战胜煤气灯阻力重重，汽车战胜马车同样如此。19世纪前半叶的美国，几乎所有城市都布局紧凑，马车是当时城市的主要交通工具。火车已经逐渐走进了人们的视野，而属于汽车的时代还没有到来。那是马车最后的辉煌时代，几乎每一个男人都渴望拥有一辆自己的马车。

1886年德国人卡尔·本茨获得内燃机汽车专利，这位后来创办了戴姆勒—奔驰公司的发明家开始面向公众生产现代意义上的汽车。即使在技术条件成熟的条件下，汽车也没有被迅速推广。究其原因，当然有公众需要适应的缘故，但更重要的原因在于，汽车当时有个强大的竞争对手——马车。

在当时的伦敦、纽约等大都市，马车行业已经形成了一套庞大的产业体系。据统计，当时仅伦敦一地就养了30万匹马，供私人马车、出租马车、公交马车、有轨马车等各类交通工具之用。马车行业的雇员，除了车夫，还有马夫、马车生产商、马厩管理员、马粪清理工等许多工作。在伦敦，靠此吃饭的雇员再加上他们的家人就有将近10万人。伦敦当时虽号称世界第一大都市，但全城也不过200万人。要用汽车替换马车，就要砸掉全城1/20人口的饭碗。

汽车最终还是战胜了马车。而在过去百余年历史中，煤炭和石油已经发展成为全球最为庞大的产业，加上其配套产业，拥有数以亿计的就业人口。庞大的就业人口已经成为可再生能源产业发展最大的阻力。煤炭和石油产业，也时不时以失业、不稳定、发展为借口，延缓碳中和的到来。

历史上，许多投资机构因为缺乏战略眼光损失惨重，一些行业巨头由于没有紧跟时代步伐而轰然倒下，颇多城市未能把握时代机遇，与新兴产业失之交臂的案例比比皆是。

被誉为"现代通讯之父"的亚历山大·贝尔和他创立的AT&T就是如此。2000年前后，正是全球从传统电话向移动电话普及的关键时刻，本来具有充足资金和领先技术优势的AT&T却没有把握住机会，互联网的兴起彻底击垮了这个曾经的通信帝国。

诺基亚在2G时代颠覆了摩托罗拉在模拟移动通信时代制定的游戏规则，成为全球手机的绝对霸主，但是却倒在了智能手机时代，在苹果公司面前毫无招架之力。

回到国内，在移动互联网时代，微信颠覆了人们的沟通方式，三大运营商惨遭割肉；字节跳动通过今日头条和抖音等旗下产品撼动了"BAT"的霸主地位。

站在今天的时点展望，碳中和将是未来数十年中全球最高层次的政治较量，也是最根本的变革动力。一些国家可能在这次历史性变革中走上舞台的中央，而另一些国家的竞争力将从此大不如前。

面对碳中和，许多人依然不明就里，许多企业依然故步自封，许多国家依然熟视无睹。大部分人都认为事不关己，但是气候灾难越发严峻，没有人可以置身事外。地球已经发起对人类的最后考验，我们有且只有一次拯救自己的机会。

本书行将写完的时候，联合国领导的IPCC发布了第六次评估报告。距离第五次评估报告的发布已经过去了7年时间，此次IPCC发现全球气候变暖的趋势和严峻性比预期的还要严重。该机构指出，在所有排放情景下，全球升温都将至少达到1.5℃。除非全球在2050年前后，通过温室气体的深度减排，实现净零排放，否则1.5℃和2℃的目标都将落空，这也意味着人类将面临灭顶之灾。

未来已来，将至已至。面对席卷而来的碳中和浪潮，我们只有以变革的姿态迎接未来、拥抱未来，才能决胜未来。

参考文献 | References

[1] 张国宝. 筚路蓝缕——世纪工程决策建设记述. 北京：人民出版社，2018

[2] 古清生，黄传会. 走进特高压. 北京：中国电力出版社，2009

[3] [美] 威廉·恩道尔. 石油战争. 赵刚，旷野，戴健，译. 北京：中国民主法制出版社，2016

[4] [美] 丹尼尔·耶金. 能源重塑世界（下）. 朱玉犇，阎志敏，译. 北京：石油工业出版社，2012

[5] [美] 杰里米·里夫金. 第三次工业革命：新经济模式如何改变世界. 张体伟，孙豫宁，译. 中信出版社，2012

[6] [美] 杰里米·里夫金. 零碳社会. 赛迪研究院专家组，译. 北京：中信出版社，2020

[7] [美] 比尔·盖茨. 气候经济与人类未来. 陈召强，译. 北京：中信出版集团，2021

[8] 中国电力企业联合会. 中国电力行业年度发展报告2020. 北京：中国建材出版社，2021

[9] 全球能源互联网发展合作组织. 三网融合. 北京：中国电力出版社，2020

[10] 全球能源互联网发展合作组织. 破解危机. 北京：中国电力出版社，

2020

[11] 全球能源互联网发展合作组织. 中国碳中和之路. 北京：中国电力出版社，2020

[12] 全球能源互联网发展合作组织. 全球能源互联网研究与展望. 北京：中国电力出版社，2019

[13] 生态环境部宣传教育中心. 绿色发展新理念·绿色建筑. 北京：人民日报出版社. 2020

[14] 生态环境部宣传教育中心. 绿色发展新理念·绿色社区. 北京：人民日报出版社. 2020

[15] 生态环境部宣传教育中心. 绿色发展新理念·绿色出行. 北京：人民日报出版社. 2020

[16] 齐景丽，申传龙，王凡，霍正元. 我国石油消费新趋势研究[J]. 当代石油石化，2020(8): 20-24.

[17] 冷媛，傅蔷，王玲. 可再生能源电价附加的收支平衡分析[J]. 当代经济，2016(26): 14-17.

[18] 项目综合报告编写组.《中国长期低碳发展战略与转型路径研究》综合报告[J]. 中国人口·资源与环境，2020, 30(11): 1-25.

[19] 张贤，郭偲悦，孔慧，赵伟辰，贾莉，刘家琰，仲平. 碳中和愿景的科技需求与技术路径[J]. 中国环境管理，2021, 13(01): 65-70.

[20] 孔祥忠. 以碳减排和降污染为重点 全面推进水泥行业绿色低碳可持续发展[J]. 中国水泥，2021(06): 8-11.

[21] 李琛. 水泥行业碳达峰碳中和的机遇与挑战[J]. 中国水泥，2021(05): 40-43.

[22] 姜克隽，向翾翾，贺晨旻，冯升波，刘昌义，谭新，陈莎，代春艳，邓良辰. 零碳电力对中国工业部门布局影响分析[J]. 全球能源互联网，

2021, 4(01): 5-11.

[23] 马德斌. 工业革命为何源于英国 [J]. 全球商业经典，2017(11): 120-125.

[24] 梁鹏. 从智慧城市的"前世今生"看未来 [J]. 信息通信技术，2021, 15(01): 4-7.

[25] 金书秦，林煜，牛坤玉. 以低碳带动农业绿色转型：中国农业碳排放特征及其减排路径 [J]. 改革，2021(05): 29-37.

[26] 孙凯佳，朱建营，梅洋，李若玺，高腾云. 降低反刍动物胃肠道甲烷排放的措施 [J]. 动物营养学报，2015, 27(10): 2994-3005.

[27] 秦海岩. 风电让乡村更美丽、更富裕 [J]. 风能，2021(02): 14-15.

[28] 冯奇缘，苏洋. 我国农业经济增长、农业技术进步与农业碳排放的关系研究 [J]. 内蒙古科技与经济，2021(03): 38-40.

[29] 宁成浩. 化石能源从燃料向原料转变的战略构想 [J]. 中国能源，2013(8): 6-8

[30] 穆青. "邓小平教育思想与中国教育的改革和发展学术研讨会"综述 [J]. 中国特色社会主义研究，2011(04): 110-112.

[31] 张甜. 基于"金课"建设计划对课程改革的几点思考 [J]. 发明与创新（职业教育），2021(02): 174+179.

[32] 孟优悠. 技能人才迎来"高光时刻" [J]. 成才与就业，2021(Z1): 11-13.

[33] 王闻昊，丛威. 国际能源署全球能源行业 2050 年净零排放路线图评析 [J]. 国际石油经济，2021, 29(06): 1-7.